ALGARVE

LAND & LEUTE

Der Südwesten Europas

Kultur und Leben

ALGARVE

DUMONT REISE-TASCHENBUCH

TRIPS
BESUCH ZU
DEN
GROTTEN
PM35L

Tipps für Ihren Urlaub

UNTERWEGS IN DER ALGARVE

Der Westen

Inhalt

REISEINFOS VON A BIS Z

ALGARVE-ATLAS

LAND & LEUTE

»Heute habe ich in der Niederung von Quinta do Bispo die ersten Mandelblüten gesehen. [...] Purpurn leuchteten sie zwischen den bemoosten, uralten und traurigen Olivenbäumen, flüchtige, unaufdringliche, makellose Erscheinungen.«

Manuel Teixeira Gomes

Als Transportmittel eher selten geworden: der Esel

Der Südwesten Europas

Cabo de São Vicente

›BEMVINDO‹ – HERZLICH WILLKOMMEN

Algarve – das Land der Mandeln, Feigen und Orangen, das Land der weiten Strände und malerischen Badebuchten zwischen bizarren Felsen, das Land mit paradiesischem Klima, das schon an Nordafrika erinnert: heiße Sommer, in denen stets ein leichtes Lüftchen vom Wasser her weht, und milde Winter, in denen alles grün ist und schon frühzeitig blüht. Ein südlicher Garten Eden, der jedes Jahr aufs Neue mit gut 3000 Sonnenstunden lockt. Geradezu ein Traumziel also zum Sonnenbaden, für ausgiebiges Strandleben und jede Menge Wassersportarten. Und mehr noch: Neben herrlichen Sandstränden und Felsbuchten bietet der südwestlichste Zipfel Europas eine unglaublich abwechslungsreiche Landschaft mit ruhigen Flussufern und Lagunengewässern, zerklüfteten Steilküsten, lieblichen Obstgärten und kargen Berghöhen.

Al-Gharb – ›der Westen‹: So nannten die Mauren die westlichste Provinz ihres ausgedehnten Emirats. Von 711 bis 1250 herrschten sie in der Algarve, dann eroberten die christlichen Portugiesen ihr verloren gegangenes Reich zurück und starteten im 13. Jh. von den Algarve-Häfen aus ihre Weltmeerbesegelungen. Die Algarve hatte also schon bewegte Zeiten hinter sich, als ihre Schönheit in der zweiten Hälfte des 20. Jh. von den Touristen entdeckt wurde. Zuerst kamen nur ein paar reisefreudige Briten, die den winterlichen Nebeln ihrer Heimatinsel entfliehen wollten, dann aber sprach sich der Liebreiz dieses Landstrichs schnell herum, und die Massen drängten in den Süden Portugals. Aus der armen, von der Hauptstadt vergessenen südlichsten Region des Landes, in der man mühsam von Fischfang und kleinteiliger Landwirtschaft lebte, wurde einer der großen Urlaubermagneten Europas. Im mittleren Drittel der Algarve-Küste zwischen Faro und Lagos stellte man sich in rasantem Tempo auf das neue Zeitalter ein. Fischerdörfer verwandelten sich in Touristenorte, auf den Steilküsten wurden Ferienanlagen und große Hotels mit Meerblick gebaut, Golfplätze entstanden. Zwischen Faro und Lagos herrscht in den Sommermonaten heute Hochbetrieb: Tagsüber reges Strandleben mit bunten Sonnenliegen und Sonnenschirmen, mit dem Duft von Sonnenmilch, dem Rauschen der Brandung und den Rufen der Eisverkäufer. Abends ein Bummel über die Strandpromenade oder um den Yachthafen, und die Restaurants locken mit Fischgerichten und Meeresfrüchten, einem guten Wein, köstlichen Süßspeisen – *doces* genannt – und einer *bica* zum Abschluss, einem starken Kaffee. Und wer am Ende eines solchen Urlaubstages noch fit ist, stürzt sich ins internationale Nachtleben. Sonderlich mondän geht es eigentlich nirgends zu, wohlfühlen kann sich hier jeder Vergnügungswillige.

Eine ganz andere Algarve existiert jenseits von Faro und Lagos, eine Algarve von einer mitunter unglaublichen Ursprünglichkeit – immer noch.

STECKBRIEF ALGARVE

Lage und Größe: Die Algarve im Süden des Landes ist eine der acht historischen Provinzen Portugals und stellt die südwestlichste Region Europas dar. Im Norden grenzt sie an die Provinz Alentejo, im Osten an das spanische Andalusien, im Süden und Westen bildet der Atlantik die Grenze.

Name: Im Portugiesischen ist *o Algarve* männlich, im Deutschen hat sich jedoch die weibliche Form eingebürgert. Die Bezeichnung Algarve stammt vom arabischen *al-gharb* (der Westen) ab.

Fläche und geographische Daten: Portugal hat eine Fläche von 91 906 km², die Algarve nimmt 4988 km² ein. Die Ost-West-Ausdehnung beträgt etwa 135 km, die Nord-Süd-Ausdehnung liegt zwischen 27 und 50 km. Die Algarve-Küste ist insgesamt ca. 200 km lang. Der höchste Berg im Hinterland ist die Fóia mit 902 m.

Einwohner: Rund 350 000 Menschen leben in der Algarve. Die Bevölkerungsdichte beträgt im Schnitt 70 Einw./km² (in Portugal 108 Einw./km²). Die Unterschiede sind allerdings beträchtlich: An der Südküste und in den Städten ist die Dichte hoch (Olhão 291 Einw./km², Faro 257 Einw./km², Vila Real de Santo António 241 Einw./km², Portimão 225 Einw./km²), in abgelegenen Regionen wesentlich geringer (Alcoutim 7 Einw./km², Aljezur 14 Einw./km², Monchique 15 Einw./km²). Die größten Städte sind mit jeweils gut 30 000 Einwohnern Faro und Portimão.

Verwaltungssystem: Die Algarve ist deckungsgleich mit dem Verwaltungsdistrikt Faro, einem von 18 Distrikten in Portugal. In der Distrikthauptstadt Faro hat die Verwaltung ihren Sitz. Der Distrikt Algarve ist in 16 Landkreise (*conselhos*) und 84 Gemeinden (*freguesias*) eingeteilt.

Politik: Die beiden wichtigsten Parteien sind PSD (Partido Social Democrático) und PS (Partido Socialista). Beide Bezeichnungen sind für Deutsche irreführend. Der PSD ist eine liberal-konservative und keine sozialdemokratische Partei, der PS eine sozialdemokratische und keine sozialistische. Der PS wurde 1973 von Mário Soares im Exil in Bad Münstereifel in Deutschland mit Unterstützung der SPD gegründet. Der Partido Popular (PP), Anfang der 1990er aus dem CDS hervorgegangen, verfolgt eine konservativ-populistische Politik. Portugals älteste Partei ist der Partido Comunista Português (PCP), 1921 gegründet und während der Salazar-Diktatur verboten. Seit 1982 gibt es eine grüne Partei, Partido Ecologista Os Verdes (PEV) oder auch einfach Os Verdes oder Partido Verde, die aus einer kommunistisch geprägten, ökologischen Bewegung hervorgegangen ist und nur eine Randrolle in der Parteienlandschaft spielt.

Die Küstenabschnitte westlich von Lagos und östlich von Faro sind zwar nicht unberührt, aber doch vom ausufernden Bauboom bisher verschont geblieben und teilweise paradiesisch schön. An der grandiosen Westküste findet man sogar völlig einsame Fleckchen, genauso im Osten am Grenzfluss Guadiana. In diesen Regionen sind große Abschnitte gegen Bebauung unter Schutz gestellt worden – die Zukunft wird zeigen, mit welchem Erfolg... Und in den Bergen der Algarve schließlich gibt es vollkommen menschenleere Plätze, in denen man höchstens noch auf ein paar Ziegen trifft, und in die abgeschiedenen Bergdörfer ist das moderne Leben bislang überhaupt noch nicht eingedrungen. Die stille Bergwelt bietet sich für schöne Ausflüge an, bei denen man den *medronho,* den aus den Früchten des Erdbeerbaums gewonnenen Schnaps, und andere regionstypische Köstlichkeiten wie Ziegenkäse, Mandelkuchen und deftige Würste probieren kann.

Man findet hier im Süden Portugals dicht beieinander das alte und das neue Portugal, eine interessante und gegensätzliche Mischung also, in der es bisher noch eine Gemeinsamkeit gibt: die geradezu sprichwörtliche Freundlichkeit ihrer Bewohner, die einem stets das Gefühl vermitteln, am südwestlichsten Ende Europas *bem-vindo* – herzlich willkommen – zu sein.

Im Hinterland der Algarve

LANDSCHAFTEN UND NATURRAUM

Felsküste, Sandstrände und hügeliges Hinterland

Die Algarve lässt sich als eine Art Rechteck vorstellen, das im Süden und Westen durch etwa 200 km Küste und im Osten durch den Guadiana begrenzt wird, der gleichzeitig die Algarve vom benachbarten Andalusien trennt. Nach Norden hin bilden die kleineren Flüsse Ribeira de Seixe und Rio Vascão, in erster Linie aber eine Gebirgskette die Abgrenzung zur Provinz Alentejo, die sich nördlich anschließt.

Die Portugiesen unterteilen ihre südlichste Provinz in drei Landschaftsbereiche: Litoral, Barrocal und Serra. Unter Litoral verstehen sie den Küstenstreifen, also die sehr verschiedenartigen Abschnitte der Südküste und der Westküste. Die Serra ist das Gebirge, das sich parallel zur Küste im Norden der Algarve erstreckt, und als Barrocal wird das Vorgebirge bezeichnet, also der hügelige Bereich zwischen Küste und Bergen.

Die Westküste

Die Küste der Algarve könnte abwechslungsreicher kaum sein. Gut 200 km ist sie lang, 150 km davon die eigentliche Südküste, 55 km die Westküste. Mit Abstand am wildesten und rauesten ist die Westküste, die sich vom Cabo de São Vicente in Richtung Norden bis zur Ribeira de Seixe zieht, dem kleinen Grenzflüsschen zwischen Algarve und Alentejo. Als **Costa Vicentina** wird die Westküste hier und auch noch weiter nördlich im Alentejo bezeichnet. Hohe zerklüftete Felswände und steile Klippen prägen die Landschaft, bis zu 150 m ragen sie über der schäumenden Gischt auf. In den Buchten haben sich zwischen den imposanten Felsen Sandstrände gebildet, zu denen man oft nur über steile Pfade hinunter kommt. Einige sind von der Landseite her sogar ganz unzugänglich und nur per Boot zu erreichen. Die Strände sind den Winden und dem wuchtig anrollenden Atlantik ungeschützt ausgesetzt. Die Vegetation ist hier im Westen der Algarve eine völlig andere als weiter östlich. Hauptsächlich niedrige Macchiagewächse gedeihen unter den steten Winden. Benannt ist die Costa Vicentina nach dem **Cabo de São Vicente,** das den südwestlichsten Punkt Europas markiert und Portugals Westküste von der Südküste abgrenzt. Das Kap, das die Menschen seit jeher magisch angezogen hat, ragt 60 m über dem Meeresspiegel auf.

Felsalgarve

Die Südküste hat in Kapnähe noch einen ähnlich zerfurchten Charakter wie die Westküste. Am Kap beginnt die so genannte Felsalgarve, die sich nach Osten bis Quinta do Lago kurz vor Faro zieht. Dieses ist der Küstenabschnitt, der der Algarve ihren Touristenboom beschert hat. Heute nicht mehr wiederzuerkennen ist die ursprüngliche Landschaft, die bis in die Mitte des 20. Jh. das Bild prägte. Geschützte Sandbuchten zwischen pittoresken Felsformationen bestimmten damals die Felsalgarve, ein Großteil davon ist heute zugebaut, nur streckenweise ist die einstige landschaftliche Schönheit noch erhalten. **Barlavento** wird dieser westliche Teil der Südküste von den Portugiesen genannt: Barlavento heißt ›Luv‹, also die dem Wind zugewandte Seite. Auch wenn hier tatsächlich noch ein ordentlicher Wind wehen kann, ist die Felsalgarve im Vergleich zur Westküste insgesamt aber erheblich geschützter. Nach Osten hin wird die Wucht des Atlantik noch weiter abgemildert, so dass – zumal in Buchten – ruhiges Badeleben möglich ist.

Sandalgarve

Einen vollkommen anderen Charakter hat die so genannte Sandalgarve: Die kilometerlangen Sandstrände beginnen zwischen Albufeira und Faro und ziehen sich bis zum Guadiana, also bis zur spanischen Grenze. Ein Großteil der Sandalgarve wird durch eine breite Lagunenlandschaft geprägt. Dem Küstenstreifen sind hier langgezogene schmale Sandinseln mit flachen Dünen vorgelagert. Geschützt hinter den Inseln liegt der Meeresarm der Ria Formosa. Ebbe und Flut sorgen mit ihrem Wechsel von Überflutungen und Trockenlegung für eine Art Wattenmeer, wie es ähnlich an der Nordsee zu finden ist. **Sotavento** heißt dieser östliche Teil der Küste bei den Portugiesen, was ›Lee‹, also windabgewandt, bedeutet. Winde und Atlantik zeigen sich hier deutlich ruhiger als an der Costa Vicentina.

Der **Guadiana,** der die Algarve von Andalusien trennt, ist mit 830 km Länge einer der größten Flüsse der Iberischen Halbinsel. Auf portugiesischem Gebiet ist er nach dem Tejo, der bei Lissabon in den Atlantik mündet, und dem Douro mit seiner Mündung bei Porto der drittgrößte Fluss. Er entspringt – wie die anderen großen Flüsse Portugals auch – in Spanien.

Barrocal und Serra – das Hinterland

Und zu guter Letzt das Hinterland: Das Barrocal, das **Vorgebirge,** ist eine hügelige Landschaft, deren Böden aus fruchtbaren Ton-Kalk- und Dolomitgesteinsschichten bestehen. Üppige Vegetation mit Obstplantagen und Bauerngärten prägen das Barrocal. Am weitesten ausgedehnt ist die Mittelgebirgslandschaft im Bezirk Silves.

Zum Alentejo hin bilden Berge mit Höhen von über 900 m die Grenze. Die beiden Hauptgebirgszüge sind die Serra de Monchique im Westen und die Serra do Caldeirão im Osten. Die **Serra de Monchique** steigt an der Picota auf 773 m an, an der Fóia auf 902 m – die Fóia ist der höchste Gipfel Südportugals. Etwas niedriger sind die Berge der **Serra do Caldeirão,** sie haben Höhen bis 589 m. Die Bergregion besteht in wesentlichen Teilen aus Schiefer und vor allem aus Sandstein – Sandstein ist daher immer ein wichtiges Baumaterial für die Algarve gewesen. Viele kleine Gebirgsflüsse, die in südlicher Richtung in das Vorgebirge und die Ebenen der Algarve abfließen, sorgen für die Bewässerung der Provinz, die allerdings nicht immer ausreichend ist. In der Serra de Monchique gibt es zudem Thermalquellen, die durch Vulkanismus bedingt sind (s. S. 116).

In den Bergen wachsen sowohl nordische als auch mediterrane Pflanzen, also Kiefern, Edelkastanien oder mitteleuropäische Eichenarten und andererseits Korkeichen, Pinien und wilde Azaleen. Oberhalb von 600 m gibt es keine Bäume mehr, die Flächen sind meist von Zistrosensträuchern bedeckt.

Pflanzen und Tiere

Das milde Algarve-Klima sorgt für eine vielfältige Vegetation, die sich im Frühjahr von ihrer schönsten Seite zeigt und sogar im Winter einiges zu bieten hat. Im Januar und Februar blühen als Erstes zartrosa die Mandelbäume, im Februar und März sieht man die kleinen gelben Blütenköpfe der Mimosen, und zwischen Februar und Juni legen die Blüten der Zitrusbäume einen intensiven Duftteppich über die Region, gleichzeitig tragen sie auch schon Früchte.

Macchia

So unterschiedlich wie die Landschaft der Algarve, so unterschiedlich ist auch ihre Pflanzenwelt. Im Westen überwiegt die widerstandsfähige Macchia, ein Buschwald, der sich an Stellen entwickelt, an denen die Natur sich selbst überlassen ist. Die Macchiagewächse sind zwischen 2 und 3 m hoch. Sie zeichnen sich durch harte Blätter oder Nadeln aus, durch die Feuchtigkeit nur langsam verdunstet. Auf diese Weise können sie Wasser speichern und Perioden längerer Trockenheit gut überstehen. Zu den Macchiagewächsen gehören Heide, Ginster, Lorbeer und verschiedene Kräuter wie Rosmarin, Salbei, Oregano, Thymian, Minze und Myrte. Auch Zistrosen mit ihren pergamentartig knittrigen Blüten – in der Algarve gibt es meist weißblühende Zistrosen – zählen zur Macchia. Ausgedehnte Zistrosenflächen sieht man in den mittleren Höhen und im Osten der Algarve. Ebenfalls ein Macchiagewächs ist der Erdbeerbaum, ein niedrig und langsam wachsender Baum, der im Herbst beigefarbene, wachsige Blüten ausbildet und zeitgleich erdbeerähnliche rötliche Früchte trägt. Aus den Früchten wird der starke, für die Algarve typische *medronho* destilliert, das harte Holz eignet sich für Schnitzereien.

Kulturpflanzen

Unter den Kulturpflanzen im Hinterland gibt es viele, die im Lauf der Jahrhunderte in die Algarve eingeführt wurden – sei es zu Zeiten von Fremdherrschaft oder durch die Entdeckung neuer Kontinente, die die Entdeckung einer andersartigen Vegetation mit sich brachte. **Zitrusbäume** kommen beispielsweise aus Asien, der deutsche Name ›Apfelsine‹ (Apfel Chinas) und der lateinische Begriff *citrus sinensis* lassen die

Herkunft noch deutlich erkennen. In China wurden Orangen schon vor 3000 Jahren in Kulturen angepflanzt. Zitrusbäume tragen zweimal im Jahr Früchte – ebenso wie sie zweimal blühen. Im Juni und noch einmal im Dezember ist Erntezeit.

Mandel-, Oliven- und **Feigenbäume** stammen ursprünglich ebenfalls aus dem asiatischen Raum. Mandelbäume kamen durch die Römer nach Südeuropa, durch die Araber auf die Iberische Halbinsel. Sie blühen im Januar und Februar weißrosa, die Ernte erfolgt am besten Ende August oder Anfang September, wenn die Schalen noch weich und gut zu entfernen sind. Später werden sie hart und lassen sich nicht mehr lösen. Süße Mandeln müssen dann noch mindestens drei Wochen in der Sonne trocknen, bis sie gegessen werden können. Aus bitteren Mandeln wird Öl gepresst, das zu kosmetischen Zwecken verwendet wird. Feigen und Oliven gelangten vor 2500 Jahren über Griechenland nach Südeuropa. Grüne oder dunkelviolette Feigenfrüchte wachsen im Sommer und Herbst, ihr Mark ist genießbar. Olivenbäume blühen im Mai und Juni, die Ernte erfolgt erst ab November und geht bis ins folgende Frühjahr hinein. Die Früchte sind zunächst grün und werden dann allmählich dunkel. Durch Pressen wird das Olivenöl gewonnen. Ölbäume können bis zu 2000 Jahre alt werden, sie gedeihen noch in 600 m Höhe.

Aus dem östlichen Mittelmeerraum kommen die **Granatapfelbäume**. Sie werden in der Algarve in Plantagen angebaut. In ihrer harten Schale enthalten die Granatäpfel eine Fülle von Kernen in einer fruchtigen Hülle. Wegen dieser Vielzahl der Samen gelten sie als Sinnbild für Fruchtbarkeit.

Der **Johannisbrotbaum** stammt ursprünglich aus Syrien und wurde von den Arabern in die Algarve gebracht. Der Legende nach hat sich Johannes der Täufer von den Schoten ernährt. Die proteinhaltigen Schoten wurden lange Zeit nur als Viehfutter verwendet, bis man ihre Bedeutung für die Nahrungsmittel-, Pharma-, Kosmetik- und Textilindustrie erkannte. Zwischen Lagos und Tavira wird der Baum in Kulturen angepflanzt. Die Ernte erfolgt zwischen August und Oktober vor den Regenfällen.

Weitere typische Pflanzen

Zumeist in den Städten, also in Parkanlagen oder an Straßenrändern, sieht man **Judasbäume** mit ihren herzförmigen Blättern, die im April rosafarben blühen und anschließend sehr lange braune Schoten ausbilden. Ihren Namen tragen sie, weil sich Judas an einem solchen Baum erhängt haben soll. Von Mai bis Juli blühen die ursprünglich aus Brasilien stammenden **Jacarandabäume** in einem herrlichen Blauviolett, oftmals kommen sie im September noch einmal zur Blüte. Auch **Norfolktannen** sieht man häufig in öffentlichen Gärten. Die hochgestellten Nadelbüschel sind treppenförmig übereinandergeschichtet.

Bis auf die einheimische Zwergpalme sind alle **Palmen**, die man in der Algarve sieht, aus Afrika importiert worden. Die kanarische Dattelpalme wird

Bei Lagos

bis zu 15 m hoch, ihre Wurzeln wachsen bis 30 m in den Boden. Die Früchte der Kanarischen Dattelpalme sind, anders als bei der Echten Dattelpalme, ungenießbar. Der Stamm der Echten Dattelpalme hat einen geringeren Umfang, ihre Palmwedel sind weniger üppig.

An der Küste sieht man **Agaven,** die aus Mexiko nach Europa gebracht wurden. Sie tragen eine steil aufragende Blüte auf meterhohem Stängel. Nach der Blütezeit stirbt das gesamte Blätterwerk ab, die Wurzeln bleiben aber erhalten.

Nutztiere

Weniger als die Pflanzenwelt erschließt sich Urlaubern die Tierwelt der Algarve. Am häufigsten bekommt man Nutztiere zu sehen: Pferde, Schafe, Rinder, Ziegen, Schweine. Esel bzw. Maultiere werden in den ländlichen Algarve-Regionen noch zum Transportieren von Lasten eingesetzt.

Eine absolute Besonderheit ist der portugiesische **Wasserhund** (*cão de água*), der auf den ersten Blick aussieht wie ein schwarzer Pudel. Anders als ein Pudel hat er Schwimmhäute zwischen den Zehen, weshalb er hervorragend und ausdauernd schwimmen kann. Außerdem taucht er bis zu 6 m tief. Er wurde früher von Fischern zum Fischfang mitgenommen und musste zum Beispiel Fische wieder einfangen, die aus dem Netz entkommen waren. Der *cão de água* gilt als treuer Begleiter und guter Wachhund. Nachdem viele Exemplare des fast ausgestorbenen Hundes nach Amerika verkauft worden waren, züchtet man ihn jetzt seit einigen Jahren in der Quinta do Marim bei Olhão.

Tiere in freier Wildbahn

In freier Wildbahn lebende Tiere bekommt man nur selten einmal zu Gesicht: Otter, Wildschweine, Ginsterkatzen, Steinmarder, Hasen, Füchse. An Reptilien sieht man häufig Eidechsen, und mit etwas Glück kann man im Osten der Algarve einmal ein Chamäleon entdecken. In abgelegenen Gebieten leben auch Schlangen, u. a. giftige Vipern und die nur leicht giftige Malpolon monspessulamus, die länger als 2 m werden kann.

Vögel

Vögel lassen sich am besten in den Naturschutzgebieten beobachten: u. a. Fischadler, verschiedene Reiherarten, Stelzenläufer, Rotschenkel, Austernfischer. In den meernahen Sümpfen und Lagunen sieht man viele Zugvögel, die hier Station machen und nach Nahrung suchen oder sogar bleiben und brüten. Die Sümpfe bei Castro Marim sind für ihre Flamingos bekannt. Störche gibt es in der Algarve allerorten, zwischen Februar und April brüten sie in den Dörfern und kleinen Städten.

Naturschutz

Reserva Natural do Sapal de Castro Marim

Knapp 20 größere und kleinere unter Schutz gestellte Flächen gibt es in der Algarve. Drei besonders interessante Biotope seien hier kurz vorgestellt. Ganz im Osten nahe der spanischen Grenze liegt die Reserva Natural do Sapal de Castro Marim, ein fruchtbares Feuchtgebiet von ca. 20 km² mit einem großen Salinenbereich. Die Reserva Natural do Sapal de Castro Marim wurde 1975 unter Schutz gestellt und ist das älteste Naturschutzgebiet Portugals. Sie ist bekannt für ihren Vogelreichtum, neben Reihern, Rohrweihen und Stelzenläufern kann man auch Flamingos beobachten, die hier überwintern (s. S. 175)

Parque Natural da Ria Formosa

Etwas weiter westlich ist die grandiose Lagunenlandschaft des Parque Natural da Ria Formosa dem Küstenstreifen vorgelagert. 1987 wurden 184 km² zum Naturschutzgebiet erklärt. Auf einer Länge von 60 km zieht sich ein schmaler Streifen aus Sandinseln an der Küste entlang, die nur durch einige künstlich geschaffene und einige natürliche Verbindungen zwischen Lagune und offenem Meer voneinander getrennt sind. Dadurch ist per Gezeiten ein ständiger Wasseraustausch in der Lagune möglich. Da nur wenig Süßwasser aus dem Landesinnern in die Ria Formosa einfließt, ist der Salzgehalt hoch – mit ein Grund für die vielen Salinenbecken in der Region. Das flache Wasser über lehmigem Boden, Salzwiesen und Muschelbänke sind Lebensraum für eine große Vielfalt an seltenen Pflanzen, Vögeln und Mollusken. Damit die Lagune nicht versandet, werden die Verbindungsarme zwischen den Inseln ständig freigebaggert. Bedroht ist die Ria Formosa in erster Linie durch Bebauung. Die Situation ist durchaus alarmierend, denn etliche neue Golfplätze, Sporthäfen und Urbanisationen – vor allem zwischen Tavira und Olhão – sind in Planung, gegen die die Leitung des Naturparks machtlos ist (s. S. 156f.).

Parque Natural do Sudoeste Alentejano e Costa Vicentina

Das größte Naturschutzgebiet der Algarve liegt an der Westküste und reicht noch weit nach Norden in den Alentejo hinein. Zwischen Sagres und Sines (Alentejo) wurden 1988 rund 90 km Küstenzone als Parque Natural do Sudoeste Alentejano e Costa Vicentina unter Schutz gestellt. Während die Bevölkerung – vor allem im Alentejo – auf mehr Tourismus und neue Projekte an diesem Küstenabschnitt hofft, weisen Umweltschützer darauf hin, dass hier noch eines der letzten großen Ökosysteme Europas erhalten ist. 60 % aller Reptilien- und 65 % der Amphibienarten Portugals sind hier vertreten, und in den Gewässern sind weit über 100 verschiedene Fischarten gezählt worden.

Reiter im Parque Natural da Ria Formosa

WIRTSCHAFT UND UMWELT

Fischerei und Landwirtschaft

Sardinenfang und Fischkonserven

Hier am Atlantik war Fischfang immer der wichtigste Wirtschaftszweig, im 19. Jh. kam industrielle Fischverarbeitung dazu. Algarve-Fischer holen in erster Linie verschiedene Sardinenarten aus dem Meer, die in Hülle und Fülle in Küstennähe zu finden sind. Thunfischfang, der früher entscheidenden Anteil an der algarvischen Fischerei hatte, spielt kaum noch eine Rolle, die Thunfischschwärme sind Ende der 1960er Jahre in den küstennahen Algarve-Gewässern ausgeblieben. Und für die Hochseefischerei müsste die Fangflotte grundlegend modernisiert werden. Die beiden großen Fischereihäfen in der Algarve sind Olhão und Portimão, alle anderen Häfen sind bedeutend kleiner. Olhão und Portimão sind auch die beiden Städte, in denen die Fischkonservenindustrie lange Zeit ein wichtiger Wirtschaftsfaktor gewesen ist.

Sowohl im Fischfang als auch in der Fischverarbeitung sind aber deutlich Rückgänge zu verzeichnen, und es gibt überhaupt nur noch vier Konservenfabriken an der Algarve. Die Zahl der Fischerboote mit neuem Anstrich, die malerisch und sauber am Strand liegen, nimmt zu. Schilder an den Booten werben für Ausflugsfahrten entlang der Küste – kein Zweifel, der Tourismus ist das lukrativere Unternehmen.

Obst- und Gemüseanbau

Anders gestaltet sich die Situation im Algarve-Hinterland. Dort lebte die Bevölkerung immer vom Obst- und Gemüseanbau, in den Bergen von der Forstwirtschaft. Aber auch in der Land- und Forstwirtschaft gibt es Probleme. Zum Teil haben die EU-Normen das Aus für die Produkte gebracht, wenn die Erzeugnisse eben diesen Normen nicht entsprachen, zum Teil sind die Arbeitsmethoden völlig veraltet und unproduktiv. Und zudem machen sich Folgen der Tourismusindustrie auch hier im Hinterland bemerkbar, da jüngere Arbeitskräfte fehlen, die an die Küste gezogen sind, wo sie mehr Geld verdienen.

Die Produktion von Oliven, Feigen, Mandeln und Gemüse ist zurückgegangen, dagegen wird Johannisbrot noch vergleichsweise viel erzeugt und nach Japan, USA und Holland exportiert. Auch Zitrusplantagen sieht man in großer Zahl, 90% aller in Portugal geernteten Zitrusfrüchte stammen aus der Algarve. 57% der Anbaugebiete sind in Besitz familiärer Bauernhöfe – ein Riesenproblem, denn der Nachbar Spanien produziert in wesentlich größeren Betrieben und damit kostengünstiger. So werden spanische Zitrusfrüchte und andere Agrarprodukte sogar von Portugal eingekauft, was für die Bauern der Algarve natürlich ein Desaster ist und dazu beiträgt, dass die jüngere Generation aus der Landwirtschaft in andere Berufe abwandert.

TOURISMUS AN DER ALGARVE-KÜSTE

Zuerst suchten sich reiche Weinbauern aus dem landeinwärts gelegenen Lagoa den Küstenort Carvoeiro als Sommersitz aus. Sechs große Kellereien produzierten noch Anfang der 1960er Jahre rote Spitzenweine, die auch exportiert wurden. In Carvoeiro selbst wohnten etwa 1000 Leute und lebten vom Fischfang oder fanden Arbeit in der Fischfabrik. Dann kamen ein paar Engländer und entdeckten das kleine Fischerdorf, danach ein paar Deutsche. Einige kamen immer wieder, andere wollten bleiben. Grundstücke wurden plötzlich mit anderen Augen betrachtet als all die Jahrhunderte zuvor. Ihr Wert machte Quantensprünge. Weinbauern witterten die Chance, sie bekamen für ihre Ländereien Irrsinnspreise. Keiner kümmerte sich mehr um Wein, es wurden keine neuen Reben gepflanzt, Ernte und Qualität gingen zurück – schließlich wurde sogar Wein für den eigenen Bedarf eingekauft (s. auch S. 48).

Zu Beginn der 1980er Jahre fanden sich in den Sommermonaten 16 000 Touristen in Carvoeiro wieder, der Ort platzte aus den Nähten. Mitunter wurde die Wasserversorgung problematisch. Um den Ort herum waren die Grundstücke mittlerweile zugebaut. Immerhin war ein Hochhaus-Desaster vermieden worden. Der Preis dafür war ein Ort voller reicher Ausländer, die hier Abschreibeobjekte in Form von Villen hingesetzt hatten. Carvoeiro war einmal umgekrempelt.

Carvoeiro ist nur einer von vielen Orten an der Algarve, die ihr Gesicht verloren haben. 50 % aller Portugal-Touristen reisen an die Algarve. Mehr als 250 000 Betten stehen zur Verfügung. Anfang der 1980er waren es noch 75 000. Der Fremdenverkehr ist mit weitem Abstand der wichtigste Wirtschaftszweig im einst armen äußersten Süden Portugals. Seit Beginn kommen in erster Linie Briten an die Algarve-Küste. Rund 1 Mio. Gäste aus Großbritannien pro Jahr zählt man und etwa halb so viele Deutsche.

In letzter Zeit wird der Golftourismus gefördert, viele neue Golfplätze sind geplant. Das mittlere Drittel der Küste ist gut versorgt, weitere Plätze entstehen im Osten bei Tavira. Probleme mit der Wasserversorgung gibt es nicht mehr – die Algarve ist samt und sonders auf Tourismus eingestellt. Die Bewässerung erfolgt durch wiederaufbereitetes Brauchwasser, außerdem macht man sich Gedanken über Meerwasserentsalzung. Mehr oder weniger vordergründig setzt man neuerdings hier wie in vielen anderen Touristenzentren auf Qualität statt auf Masse. Doch bislang versuchen nur die Naturschutzverbände, ein Auge auf die Entwicklung zu haben. Alarm heißt es nicht nur an der Küste, sondern auch im Hinterland: Der wenig umweltgerechte Abenteuer- und Jeep-Tourismus wächst. Sogar mehrere Naturschutzgebiete sind massiv durch touristische Projekte bedroht. Die Verbände werden aber zum Teil über Planungen gar nicht in Kenntnis gesetzt. »Wir bräuchten fünf oder sechs ›Almargens‹, um für die Belange der Naturschutzgebiete zu kämpfen«, sagt ein Mitglied des Naturschutzvereins ›Almargem‹.

Eukalyptusbäume und Korkeichen

Eine große wirtschaftliche Bedeutung hat an der Algarve wie auch im übrigen Portugal die Anpflanzung von Eukalyptus, dessen Holz zur Papierherstellung gebraucht wird. **Eukalyptus** wird in den Bergen, aber auch an den Rändern von Landstraßen gepflanzt. Der schnell wachsende Baum stammt aus Australien. Er wird in Portugal in großen Flächen zur Papierherstellung angepflanzt, was ein schwerwiegendes Problem für das ökologische Gleichgewicht mit sich bringt. Da Eukalyptusbäume sehr lange Wurzeln ausbilden und sehr tiefes Grundwasser ziehen, tragen sie zur Austrocknung der umliegenden Böden bei. Damit wird beispielsweise den für Portugals Wirtschaft ebenfalls wichtigen Korkeichen die Lebensgrundlage entzogen. Selbst nach Abholzen der Bäume brauchen die Böden 60 Jahre, um sich zu regenerieren. Auch die Papierherstellung selbst ist eine starke Belastung für die Umwelt.

Etwas zurückgegangen ist die **Korkproduktion,** die einst den einzigen bedeutenden Industriezweig im Hinterland darstellte. Noch sieht man Korkeichen, deren Rinde geschält und weiterverarbeitet wird (s. S. 144f.).

Korkeiche mit abgeschälter Rinde

GESCHICHTE IM ÜBERBLICK

Frühgeschichte

Ab 5000 Die frühesten kulturellen Spuren sind einige wenige Zeugnisse der Megalithkultur. Ein paar Dolmen, die bisher kaum erforscht sind, gibt es in den Bergregionen der Algarve. Am Fuß der Serra de Monchique ist mit den Túmulos de Alcalar eine 5000 Jahre alte Nekropole erhalten.

3. Jt. v. Chr.: Iberer aus Nordafrika setzen auf die Iberische Halbinsel über und lassen sich im Süden nieder.

1. Jt. v. Chr.: Um 700 erreichen von Norden kommende keltische Stämme die Iberische Halbinsel. Allmählich vermischen sich die keltischen und iberischen Siedler – knapp 40 keltiberische Stämme, die als Lusitanier bezeichnet werden, bevölkern die Iberische Halbinsel. Im 1. Jt. dringen phönizische Seefahrer und Händler an die südportugiesische Küste vor und treiben Handel mit Zinn und Bernstein. Einige alte Küstenorte der Algarve gehen auf kleine Niederlassungen zurück, die die Phönizier an geschützten Stellen gründen. Ab 500 kommen auch Griechen, um 450 Karthager an die Küsten der Iberischen Halbinsel.

Von den Römern bis zur Völkerwanderung

218 v. Chr. Die Römer fallen auf der Iberischen Halbinsel ein. Die Lusitanier werden besiegt und der römischen Provinz Hispania ulterior eingegliedert. Unter der Führung des legendären Lusitaniers Viriatus setzen sie sich gegen die römische Fremdherrschaft zur Wehr. Viriatus, der bis heute als Nationalheld Portugals gilt, wird 139 v. Chr. umgebracht.

27 v. Chr. Unter Kaiser Augustus wird Hispania ulterior in die Provinzen Lusitania und Baetica geteilt. Baetica entspricht in etwa dem heutigen Andalusien, Lusitania ist das heutige Portugal bis zum Fluss Douro in Nordportugal.

ab 411 n. Chr. Sueben, Vandalen und Alanen dringen in die römische Provinz ein, Alanen und Vandalen ziehen bis an die Algarve. In der ersten Hälfte des 5. Jh. werden sie von den in den iberischen Raum eindringenden Westgoten vertrieben und setzen nach Nordafrika über. Die Westgoten errichten einen ersten christlichen Bischofssitz in Faro und nennen die Stadt – ihrer starken Marienverehrung entsprechend – Santa Maria de Ossonoba. Hauptstadt der Westgoten ist Toledo. Mitte des 6. Jh. kann Justinian für kurze Zeit das byzantinische Reich bis nach Südportugal ausdehnen.

Maurische Herrschaft

711 Berberische und arabische Heere kommen von Nordafrika herüber und besetzen große Teile der Iberischen Halbinsel. Lediglich der Norden der Península bleibt westgotisch, also christlich. Portugal gehört zum Emirat Córdoba, das später Kalifat wird. Südportugal wird als Al-Gharb (der Westen) eine Provinz mit der Hauptstadt Xelb oder Shilb (Silves). Der Fluss Wadi Ana (Guadiana) bildet die Grenze zur Nachbarprovinz Al-Andalus. Die Algarve entwickelt sich unter maurischer Herrschaft zu einer blühenden Region.

922 Die Normannen segeln den Fluss Arade hinauf, um die reiche Hauptstadt der Provinz Al-Gharb zu überfallen, können aber rechtzeitig aufgehalten werden.

11.–12. Jh. Die Reconquista, die Rückeroberung durch die Christen, wird im Norden von León-Kastilien aus eingeleitet. Afonso Henriques gelingt die Ablösung der Grafschaft Portucália von León-Kastilien. 1139 ernennt er sich zum König von Portugal, 1147 erobert er Lissabon aus maurischer Hand. Es dauert noch über 100 Jahre, bis auch Südportugal befreit ist. Sancho I. unternimmt an der Westalgarve erste Vorstöße gegen die Mauren. 1249 erobern die Portugiesen Faro als letzte große Stadt zurück.

1250 Die Algarve wird dem Königreich Portugal eingegliedert.

Burgfest am maurischen Kastell in Silves

Entdeckungen und Eroberungen

1385 Die Herrschaft der Dynastie Aviz beginnt. Von Portugal und Spanien werden in Europa bisher unbekannte Länder und Kontinente entdeckt. Viele der Seereisen starten von der Algarve-Küste aus. Entscheidenden Anteil an den Entdeckungs- und Eroberungsfahrten hat der Christusritterorden, der 1319 in Castro Marim als Nachfolge des Templerordens gegründet worden ist. Heinrich der Seefahrer richtet bei Sagres eine Art wissenschaftliches Zentrum ein. 1415 wird Ceutá in Marokko besetzt, 1419 Madeira entdeckt, 1427 die Azoren. 1434 erreicht Gil Eanes das Kap Bojador, wo nach damaligen Vorstellungen das befahrbare Meer endete.

1444 Nachdem die Portugiesen bis zur Mündung des Senegal vorgestoßen sind, also schwarzafrikanisches Gebiet erreicht haben, bringen sie Schwarze nach Portugal und stellen sie in Lagos zur Schau. Hier entwickelt sich ein Umschlagplatz für den in den Folgezeiten blühenden Sklavenhandel.

1485–1521 In der Regierungszeit von Manuel I. erlebt Portugal sein ›Goldenes Zeitalter‹. 1498 erreicht Vasco da Gama als erster Europäer per Schiff Indien. Im Jahr 1500 landet Pedro Álvares Cabral in Brasilien. Handelsniederlassungen in Asien, Afrika und Brasilien werden gegründet.

1577 Lagos wird Hauptstadt der Algarve.

3. Aug. 1578 Marokkanische und portugiesische Truppen treffen bei Ksar el Kébir aufeinander. Im Jahr 1574 war der marokkanische Sultan Mohammed el Moutaouakil von seinem Onkel Abd al Malik vom Thron gestoßen worden. Mit Waffengewalt will er die Macht wiedererlangen und bittet die Portugiesen 1578 um militärische Hilfe im Kampf gegen die Heere seines Onkels. Diese Schlacht geht als eine der verheerendsten Schlachten in die portugiesische wie auch in die marokkanische Geschichte ein: 20 000 portugiesische Soldaten unter König Sebastião treffen auf 50 000 Männer des Abd el Malik. Allein 8000 Portugiesen lassen das Leben, insgesamt kommen 25 000 Männer um. Mohammed el Moutaouakil wird von einem Pfeil tödlich getroffen, Abd el Malik kommt durch eine Gewehrkugel um, und Sebastião ertrinkt im Oued Makhazine. Diejenigen Portugiesen, die die ›Dreikönigsschlacht‹ überleben, werden als Sklaven gefangen gehalten und können nur durch hohe Lösegelder freigekauft werden.

Niedergang

1580–1640 Spanien regiert in der Algarve. Nachdem Dom Sebastião 1578 bei dem Versuch, Marokko einzunehmen, in der Schlacht von Ksar el Kébir gefallen ist, besetzt der spanische König Philip II., Enkel von Manuel I., Portugal, da es keinen rechtmäßigen Thronfolger gibt. Der

MAUREN IN AL-GHARB

Zu Beginn des 8. Jh. eroberten arabische Heere von Osten kommend das gesamte nordwestafrikanische Gebiet zwischen Mittelmeer, Atlantik und Sahara, den Maghreb. Als ›Maghreb‹ (das im Westen gelegene Land) bezeichneten sie den Landstrich, denn für sie war er der westliche Rand der arabischen Welt, das Land des Sonnenuntergangs vor dem Atlantik. Die ›heiligen Krieger‹ unterwarfen die in Nordafrika lebenden Berber, welche die Römer ›Mauri‹ nannten, und bekehrten sie zum islamischen Glauben. Sie hatten in den Berbern eisern kämpfende Gegner gefunden und setzten nun Berberheere ein, um über die Straße von Gibraltar auf die Iberische Halbinsel vorzustoßen. Das dortige Westgotenreich unter Roderich war in sich zersplittert und leistete keinen organisierten Widerstand. Der Siegeszug in Spanien und Portugal ging infolgedessen zwischen 711 und 714 sehr rasch vonstatten. Den Großteil der Arbeit leisteten Berberheere unter der Führung des wahrscheinlich berberischen Târik Ibn Ziyâd; die eigentliche Inbesitznahme des heutigen Portugals erfolgte vermutlich durch Abd al-'Aziz. Die eroberten Gebiete fielen an das Omajadenreich, das aus zwei Teilen westlich und östlich des Roten Meeres bestand: dem asiatischen mit Hauptstadt Damaskus und dem afrikanisch-spanischen mit Hauptstadt Córdoba.

Der Stadt Silves kam eine besondere Bedeutung zu: Sie wurde vermutlich von jemenitischen Stämmen besetzt und um 1027 als Xelb oder Shilb Hauptstadt von Al-Gharb und Hauptsitz eines unabhängigen Fürstentums. Xelb entwickelte sich zu einer blühenden Stadt, die an Schönheit und Größe selbst Lissabon in den Schatten gestellt haben soll. Sie wurde besungen und in Dichtungen gepriesen, und es muss sich ein bedeutendes kulturelles Zentrum entwickelt haben. Die Zeit des unabhängigen Fürstentums endete, als der größte Teil der Iberischen Halbinsel ab 1061 von aus Nordafrika kommenden berberischen Almoraviden besetzt wurde. Silves fiel politisch in die zweite Reihe zurück. Nach wie vor kamen aber bedeutende Dichter, Wissenschaftler, Juristen, Historiker in die Stadt.

Die Araber brachten eine weit fortgeschrittene Kultur mit auf die Iberische Halbinsel, von der die dortige Bevölkerung in hohem Maß profitierte. In den Burgen wurden große Zisternen und Speicher für Lebensmittel angelegt. Profitable Fischfangmethoden wie die *arte xávega*, bei der lange Netze direkt vor dem Strand gespannt wurden, wurden eingeführt. Im Schiffsbau und in der Schifffahrt waren die Araber den Bewohnern der Iberischen Halbinsel weit voraus, ebenso in der Medizin. Die Landwirtschaft veränderte sich völlig. Zitrus-, Mandel- und Johannisbrotbäume wurden in das Land gebracht und kultiviert. Dazu bediente man sich eines ausgeklügelten Bewässerungssystems, mit dem heute noch Orangen- und Zitronenhaine versorgt werden. Die *nora* (arab.: *noria*), das Wasserschöpfrad, stammt aus jener Zeit. Die Produktion von Oliven und die Herstellung von Olivenöl wurden unter den Mauren ausgebaut – daher sind die Bezeichnungen *azeitona*

(Olive) und *azeite* (Olivenöl) auch arabischen Ursprungs, während der Name für den Olivenbaum selbst, der von den Römern eingeführt wurde, *oliveira* und lateinischen Ursprungs ist.

Über den Rio Arade konnte ein immenser Handel mit dem Mittelmeerraum abgewickelt werden. Waren aus dem Orient wurden per Schiff nach Silves geliefert und gegen die Anbauprodukte eingetauscht. Kein Wunder, dass die Normannen schon früh ein Auge auf Silves geworfen hatten, und sogar versuchten, über den Arade in der Stadt einzufallen. Auch Lissabon und Sevilla müssen damals argwöhnisch auf Xelb geschielt haben. Mitte des 12. Jh. entwickelte sich auf der Pyrenäenhalbinsel wie auch in Nordafrika Widerstand gegen die zunehmend dekadente, innerlich aber geschwächte Almoravidenherrschaft. Die Almohaden, ein Zusammenschluss strenggläubiger Berber, nutzten die Schwäche der Almoraviden und eroberten mit ihren Heeren die Herrschaft in Nordafrika und auf der Iberischen Halbinsel. Almohaden regierten nun auch in Silves. In dieser Zeit waren die Christen im Zuge ihrer Reconquista von Norden her bereits bis nach Lissabon vorgedrungen. 1189 fiel Sancho I. mit Unterstützung von Kreuzrittern – darunter auch Richard Löwenherz und Friedrich Barbarossa – in Xelb ein. Zwei Jahre später mussten die Christen die Stadt aber nochmals den Almohaden für weitere 51 Jahre überlassen. 1242 konnten sie Silves dann endgültig in ihren Besitz bringen. Auch die christlichen Eroberer wussten, was sie mit einer völligen Vertreibung der Mauren kulturell verlieren würden. Um sie im Land zu halten, wurden außerhalb der Stadtmauern maurische Viertel, die *mourarias* angelegt, in denen die bleibenden Mauren unbehelligt wohnen konnten.

Wer die Städte des benachbarten Andalusiens kennt, wird sich jedoch über die vergleichsweise raren Kulturschätze in Südportugal wundern. Der Unterschied ist eklatant. Obwohl die Mauren die Algarve wie Andalusien über Jahrhunderte geprägt haben, sind die Hinterlassenschaften in Südspanien bedeutend eindrucksvoller. Wie kann das sein? Einer der Gründe ist vermutlich, dass ›Al-Gharb‹ eher ein Randgebiet für die Mauren war, ein zweiter, dass die Nordafrikaner schon Mitte des 13. Jh. komplett aus der Algarve vertrieben waren, während sie in Andalusien 250 Jahre länger herrschten. Ihre Baukunst ist in Andalusien voll zur Entfaltung gekommen und wurde anschließend offenbar als solche auch gewürdigt und erhalten. In Portugal dagegen war man zum Zeitpunkt der endgültigen Maurenvertreibung noch vollkommen in mittelalterlichem Denken befangen und hatte nichts Eiligeres zu tun, als kulturelle Zeugnisse der Fremdherrschaft zu zerstören und dem Land den eigenen Stempel des Christentums aufzudrücken. Zu diesen Zerstörungen kamen zahlreiche Erdbeben, denn die Algarve ist zig-mal schwer erschüttert worden. Das schlimmste Beben ereignete sich 1755, aus der Zeit davor sind daher die Reste nur spärlich. Zisternen, Burgmauern oder -fundamente in Maßen – bei Paderne, in Salir, in Silves, in Faro sind sie zu sehen. Bei einem Ausflug nach Mértola im Alentejo kann man sich eine Kirche mit letzten Resten und Anklängen an eine Moschee anschauen.

Herzog von Bragança zettelt einen Aufstand gegen Spanien an, durch den Portugal sich letztlich wieder vom Nachbarland lösen kann. Allerdings dauern die Kämpfe noch bis 1668 an. In die so genannten Restaurationskriege sind die kleinen Algarve-Städte am Guadiana verwickelt.

1706–50 In der portugiesischen Kolonie Brasilien werden nach langer Suche Goldminen entdeckt. Mit den neuen Reichtümern wird nicht investiert, stattdessen verprasst der prunksüchtige João V. das Gold in repräsentativen Bauten.

1755 Ein schweres Erdbeben mit Epizentrum an der Gorgine-Bank ca. 250 km südwestlich der Algarve im Atlantik erschüttert die Küsten von Portugal und Marokko. In den Algarve-Städten gibt es schwere Zerstörungen, Flussmündungen versanden. Das Erdbeben legt auch Portugals Hauptstadt Lissabon in Schutt und Asche.

18. und 19. Jahrhundert

1756 Faro wird Hauptstadt der Algarve. Der Marquês de Pombal, der den Lissabonner Wiederaufbau entscheidend vorangetrieben hat, lässt 1774 die Stadt Vila Real de Santo António nahe der Guadiana-Mündung neu bauen.

1807 Der Besetzung Portugals durch Truppen Napoleons stellen sich die Algarvios teilweise entschieden entgegen. 1808 gibt es einen erfolgreichen Aufstand der Fischer in Olhão.

Um 1800 gebaut: die Knochenkapelle der Carmo-Kirche in Faro

um 1850 Mitte des 19. Jh. macht sich die Industrialisierung auch an der Algarve-Küste bemerkbar. In den Küstenstädten werden Konservenfabriken, im Hinterland Korkfabriken in Betrieb genommen. 1889 wird die Eisenbahnlinie von Lissabon nach Faro eröffnet. 230 000 Einwohner werden in der Algarve gezählt, gut 100 Jahre zuvor waren es nur 85 000.

20. und 21. Jahrhundert

1908 In Lissabon werden König Carlos I. und der Thronfolger Luís Filipe bei einem Attentat ermordet. Eine republikanische Bewegung, die sowohl von Arbeitern als auch von Großgrundbesitzern getragen wird, mündet 1910 nach der Ermordung eines republikanischen Führers in der Revolution von Militär und Zivilisten. Am 5. Okt. 1910 wird die Republik ausgerufen. In den folgenden 16 Jahren gibt es zahlreiche Regierungswechsel.

1926–74 Ein Putsch am 28. Mai 1926 läutet die Diktatur ein. 1933 beginnt die Zeit des faschistischen ›Estado Novo‹. António Salazar gründet die Einheitspartei União Nacional, die Opposition wird verboten. Während des Zweiten Weltkriegs bewahrt Portugal weitgehend Neutralität. 1961 beginnen die umstrittenen Kriege in den afrikanischen Kolonien. 1968 stirbt Salazar, Nachfolger wid Marcello Caetano. Am 25. April 1974 kommt es zur ›Nelkenrevolution‹ – linksgerichtete Militärs stürzen die Diktatur, die Bevölkerung unterstützt den Putsch. Es gibt eine sozialistische Verfassung.

nach 1974 Nach der Nelkenrevolution blickt das westeuropäische Ausland argwöhnisch auf Portugal, schließlich ist die erste Amtshandlung der neuen Machthaber das Ausarbeiten einer sozialistischen Verfassung. Zunächst wechseln sich zahlreiche Koalitionen in der Regierung ab. Nach den ersten Jahren nimmt das politische System dann aber Formen an, die zum erleichterten Aufatmen führen: Die politische Entwicklung ist entgegen ersten Befürchtungen im Ausland pro-westlich. Die wichtigsten Politiker dieser Phase sind der Sozialdemokrat Mário Soares (PS) und der liberal-konservative Cavaco Silva (PSD). Bereits 1982 werden wesentliche sozialistische Elemente der Verfassung abgemildert, 1990 völlig gestrichen.

1986 Portugal wird EU-Mitglied.

1995 António Guterres (PS) wird Ministerpräsident.

2001 Jorge Sampaio (PS), seit 1996 Staatspräsident, wird im Amt bestätigt.

2002 Nach vorgezogenen Neuwahlen gibt es eine Koalitionsregierung von PSD und der rechtskonservativen CDS-PP. Ministerpräsident ist José Manuel Durão Barroso.

LG-1312-C
PROA AO MAR
LG-1307-C
SALMÃO
VENDE-SE
CILENA
LG1284L

Kultur und Leben

Fischerboote im Hafen von Lagos

ALGARVISCHE LEBENSART

Algarvios und Zugezogene

Süd-Nord-Gefälle

Für die Algarvios, wie die Einwohner dieses Landstrichs heißen, war die zweite Hälfte des 20. Jh. die Zeit eines rasanten Umbruchs. Zumindest was die Küste betrifft, ist hier nichts mehr wie es einmal war. Über Jahrhunderte lebte man vom Fischfang und von der Fischverarbeitung, außerdem in Maßen von der Salzgewinnung. Die Algarve-Küste war im 19. Jh. und in der ersten Hälfte des 20. Jh. eine arme Region, zu Wohlstand brachten es die wenigsten – reich wurden nur die Besitzer von Fischkonservenfabriken. Der Tourismus machte die Algarve-Küste wohlhabend. Seit 1960 gibt es einen starken Zuzug, viele Leute ziehen aus den Bergen der Algarve an die Küste hinunter, die Bergregionen sind also im Gegenzug von Abwanderung geprägt.

Im Hinterland lebten die Leute als Handwerker oder von der Landwirtschaft – Trockenfrüchteproduktion, Wein, Obstplantagen. Viele ältere Algarvios tun das bis heute, jüngere verdienen ihr Geld unten an der Küste leichter. Die Unterschiede zwischen Bergland und Küste, alt und jung, arm und reich sind selbst für außenstehende Reisende deutlich sichtbar. Früheres und modernes Algarve-Leben existieren noch nebeneinander. Die soziale Struktur ist an der Küste eine völlig andere als nur wenige Kilometer weiter in den Bergen. Aussagekräftig sind auch die Unterschiede in der Bevölkerungsdichte: An vielen Küstenabschnitten leben weitaus mehr als 200 Menschen auf einem Quadratkilometer, in manchen Bergregionen im Nordosten oder an der Westküste dagegen oft weniger als 20.

Deutsche und britische ›Dauergäste‹

Und die Algarvios mussten sich an die vielen Fremden gewöhnen. Touristen, Zivilisationsmüde, Sonnenhungrige, Aussteiger und Senioren bevölkern seit einigen Jahrzehnten den vom Klima verwöhnten Landstrich. Durch den ständigen Kontakt mit Mittel- und Nordeuropäern gab es natürlich auch soziale und kulturelle Änderungen im Alltagsleben der Algarvios. Die in die Algarve Eingewanderten sind vor allem Briten und Deutsche. Unter den Deutschen galt Südportugal – die Algarve und die nördlich angrenzende Provinz Alentejo – lange noch als das letzte Refugium für Aussteiger: In Portugal, dem ärmsten Land der EU, lebte man billig, und in dem warmen Klima braucht man sowieso nicht viel... Die Aussteiger mit alternativen Lebensvorstellungen leben genügsam irgendwo an der Costa Vicentina, bei Aljezur oder am Fuß der Serra de Monchique von selbstgefertigten Produkten, die auf Märkten verkauft werden. Manche haben sich vielleicht ein kleines abge-

PORTUGIESISCH – ROMANISCHE SPRACHE MIT ARABISCHEN EINSPRENGSELN

Portugiesisch ist eine romanische Sprache, die sich nach dem Zerfall des Römischen Reichs aus dem Lateinischen entwickelt hat, das in der römischen Provinz Lusitania gesprochen wurde. Entstanden ist es im Nordwesten der Iberischen Halbinsel im heutigen Nordportugal und in Galicien. Als 711 n. Chr. der Süden Iberiens von Mauren besetzt wurde, entwickelte sich das Latein in den nicht besetzten nördlichen Regionen in verschiedenen Dialekten weiter. Im Süden sprachen die unter den Mauren verbliebenen Christen (Mozaraber) das Vulgärlatein weiter, das mit Elementen der arabischen Sprache durchsetzt wurde. Erst nach dem 14. Jh., nachdem die Algarve als letzte Bastion der Mauren zurückerobert war, verband sich das Galicisch-Portugiesische mit dem dortigen Mozarabischen zur portugiesischen Standardsprache.

Innerhalb Portugals gibt es nur in vier Regionen regelrechte Dialekte, ansonsten unterscheiden sich die Sprechweisen im Land nicht allzusehr. Im Norden Portugals wird heute noch manchmal – wie im Spanischen – ›b‹ statt ›v‹ gesprochen. In der Algarve wird das ›*algarvio*‹ gesprochen, das etwas breiter klingt als das Lissabonner Portugiesisch.

Die Araber hinterließen in der portugiesischen Sprache viele Spuren, insbesondere sind viele geographische Bezeichnungen und Ortsnamen arabischen Ursprungs, rund 70% sollen es sein. Den Südwesten der Iberischen Halbinsel nannten die Mauren nach der Himmelsrichtung ›Al-Gharb‹ (der Westen), daraus wurde ›Algarve‹. Auch viele andere Begriffe mit der Anfangssilbe ›al-‹ deuten auf arabische Wurzeln hin: Albufeira, Aljezur, *aldeia* (Dorf), *alecrim* (Rosmarin), *almoço* (Mittagessen) etc. Aber auch der Flussname Guadiana (Wadi Ana = der Fluss Anas) geht auf das Arabische zurück. *Tamara* für Dattel ist ebenfalls ein arabisches Wort. Die Araber ihrerseits haben das Wort ›Portugal‹ in ihrer Sprache verewigt: Apfelsine heißt im Arabischen *burtuqal,* eine Bezeichnung, der das Wort ›Portugal‹ als Vorlage diente.

Mit Kenntnis anderer romanischer Sprachen, zumal des Spanischen, kann man relativ leicht Portugiesisch lesen. Das gesprochene Portugiesisch unterscheidet sich aber erheblich von den anderen romanischen Sprachen, da es durch viele Zisch- und Nasallaute gekennzeichnet ist. Die Aussprache ist weich, viele Wörte werden ineinandergezogen, Vokale und einzelne Silben oft verschluckt. Ein typisches Beispiel ist der Lissabonner Stadtteil ›Belém‹, hinter dem sich die Stadt Bethlehem verbirgt. Portugiesisch wird heute von knapp 200 Mio. Menschen gesprochen, ein Großteil davon sind Brasilianer. Was kaum jemand weiß: Nach Chinesisch, Englisch, Spanisch, Hindi, Russisch und Arabisch ist es die am siebthäufigsten gesprochene Sprache.

legenes Häuschen fertiggemacht. Zum Beispiel im Westen, der wegen des rauen Klimas und des ewigen Windes für den Tourismus nicht so profitabel ist wie alle anderen Algarve-Gegenden. Hier sind Grundstückspreise noch relativ niedrig. Allerdings sind die Auflagen streng – man darf nur auf den Mauern eines schon bestehenden Hauses neu bauen, ein Stromanschluss ist teilweise teurer als das Grundstück selbst.

Andere deutsche Aussteiger haben eine feste Existenz in Deutschland aufgegeben und sind mit einem immerhin kleinen Vermögen hierher gekommen, um einen Platz an der Sonne zu ergattern, sind braungebrannt und ferienmäßig gekleidet, haben Kneipen, Bäckereien oder Immobilienbüros aufgemacht. Bei manchen hat der Aufbau einer neuen Existenz geklappt, bei manchen nicht. Diese Aussteiger versuchen sich an der Felsalgarve einzurichten. In Carvoeiro zum Beispiel, einer Hochburg von Deutschen, sind von den knapp 3000 Einwohnern etwa 800 Deutsche. Carvoeiro ist allerdings ein Sonderfall – vermutlich haben hier auch einige der Zugezogenen eines der schicken, angeblich von maurischer Architektur inspirierten Häuschen erworben, um Schwarzgeld unterzubringen. Viele reiche, teilweise auch prominente Deutsche sind in Besitz einer der Villen in und um Carvoeiro. Und natürlich gibt es auch viele Altersruhesitzler an der Algarve-Küste. In überwiegend von Ausländern bewohnten Orten sind die Kosten reichlich in die Höhe gegangen, Mieten und Lebenshaltungskosten sind so hoch wie in Deutschland und für portugiesische Normalverdiener gar nicht mehr zu tragen. Den negativen Folgen steht möglicherweise auch etwas Positives gegenüber: In verlasseneren Gegenden, die von Landflucht bedroht sind, ist es vielleicht von Vorteil, wenn alte Bausubstanz durch reiche Fremde erhalten werden kann.

Feste, Brauchtum und Religion

Feste werden in der Algarve in jedem Monat gefeiert, die meisten im Sommer. Im Februar und März geht es mit Karnevalsfestivitäten an vielen verschiedenen Orten los. Besonders bekannt sind die Straßenumzüge in Loulé mit fantastischen Kostümierungen, brasilianischen Sambagruppen und ausgelassenen Tanzereien. Ebenfalls im Februar gibt es in Loulé das Mandelblütenfest. Wenig später folgt in dem Bergdorf Salir ein Ährenfest. Wiederum in Loulé wird am zweiten Sonntag nach Ostern Nossa Senhora da Piedade einen Prozessionsweg hinauf zu einer kleinen Wallfahrtskapelle getragen, danach wird ein schwungvolles Volksfest gefeiert. Zum Maibeginn gibt es in Alte ein Fest an einer Quelle mit Picknick, Umzügen und Tanz.

In den Sommermonaten werden die Schutzheiligen der Algarve-Städtchen gefeiert. Zu allen diesen Festen gehören Musik und Tänze der jeweiligen Gegend, außerdem regionstypisches Essen. Den Festen für die lokalen Heiligen liegen meist uralte Bräuche zu Grunde, oft verstecken sich hinter Wallfahrten für einen katholischen Heiligen vorchristliche Kulte. Portugal ist ein sehr katholisches Land, wobei Kirche und Staat allerdings voneinander getrennt sind; d. h. es wird keine Kirchensteuer gezahlt, Geistliche werden von der Gemeinde finanziert, Hochzeiten, Taufen und Begräbnisse größtenteils privat bezahlt. In Nordportugal hat die katholische Kirche eine wesentlich größere Bedeutung als in Lissabon, dem Alentejo oder der Algarve. Marienverehrung und Heiligenkult sind aber überall weit verbreitet. Die Schutzheiligen spielen auch heute noch im Alltag vieler Portugiesen eine Rolle. Oft geht man schnell einmal an einer Kapelle mit einem Heiligenbildnis vorbei, wie z. B. bei der Nossa Senhora dos Aflitos in Olhão, die um Genesung, Kindersegen und Schutz der Männer auf hoher See gebeten wird. Auch die Kapellen der Nossa Senhora da Piedade in Loulé und die der Nossa Senhora da Rocha bei Armação de Pêra werden häufig aufgesucht.

Einige lokale Feste

Januar: *Festa dos Chouriços* (Wurstfest) in Querença zu Ehren des hl. Luís
Februar/März: Karneval in Loulé mit einem großen Umzug, und in Algoz, Alte, Castro Marim, Martinlongo, Moncarapacho, Monte Gordo, Paderne, Portimão, São Bartolomeu de Messines, Tavira und Vila Real de Santo António

Prozession in Loulé

Mandelblütenfest in Loulé
Festa das Espigas (Ährenfest) in Salir
März/April: Osterprozessionen in vielen Orten, am Karfreitag und am Ostersonntag
Romaria (Wallfahrt) in Loulé, mit einer Prozession zu Ehren der Mãe Soberana und großem Volksfest
Mai: *Festa da Grande Fonte* (Fest der großen Quelle) in Alte
Juni: São Brás in São Brás de Alportel
Santo António in Faro
São João in Castro Marim, Faro und Tavira
Juli: Nossa Senhora do Carmo in Fuseta
Bierfest in Silves
August: Meeresfrüchtefest in Olhão mit diversen Rock- und Pop-Konzerten
Nossa Senhora da Orada, mit einer großen Wasserprozession in Albufeira
September: São Miguel, der Schutzherr der Feigen, in Olhão.
Oktober: Fest der Nossa Senhora do Amparo in Portimão

Hinweise auf aktuelle Veranstaltungen erhält man in den Touristeninformationen bzw. in den Algarve-Magazinen wie den deutschsprachigen »Entdecken Sie Algarve« und »Xtrablatt«. Hier findet man die Termine von Festen, Fado-Veranstaltungen, Sportveranstaltungen und Märkten sowie das Kino- und Theaterprogramm.

Stierkampf

Stierkämpfe in der Algarve sind weitgehend Veranstaltungen für Touristen und können qualitativ nicht mit den großen Stierkämpfen anderswo in Por-

Stolze Trachtenträgerinnen in Faro

tugal mithalten. Der portugiesische unterscheidet sich vom spanischen Stierkampf vor allem dadurch, dass der Stier in Portugal in der Arena nicht getötet wird. Allerdings wird er unmittelbar nach dem Kampf geschlachtet. In der Algarve werden Stierkämpfe in Albufeira, Lagos, Vila Real de Santo António und Aljezur veranstaltet.

Musik der Algarve

Im benachbarten Andalusien entwickelte sich im 15. Jh. eine regelrechte ›andalusische Musik‹, die dort nach der Vertreibung der Mauren die arabische, jüdische und europäische Musikkultur verband. In der Algarve hat es nie ein entsprechendes herausragendes Musikleben gegeben, uneingeschränktes Zentrum war in der Musikentwicklung Portugals immer Lissabon, wo man sich musikalisch an Mittel- und Nordeuropa orientierte.

Folklore und Tänze

Spezielle Musik der Algarve bekommt man als Folklore bei den vielen Festivitäten zu hören, die es über's Jahr verteilt in den Dörfern und Städtchen der Algarve gibt. Meistens wird zum Tanz aufgespielt. Ursprünglich hatte in Portugal jede kleine Region ihre eigene Musik, dazu typische Tänze in typischen Kleidern. Mittlerweile ist vieles für den Tourismus etwas verfälscht oder durchmischt worden. Einige Instrumente hört man immer wieder: *pipas* (Tonflöten), *gaitas de foles* (Dudelsack) und vor allem *adufes* (eckiges Tamburin) und Gitarren. Der häufigste Tanz der Algarve ist der *corridinho* – eine Polka, eine schwungvolle, sehr schnelle Angelegenheit, bei der einige Kondition erforderlich ist. Getanzt wird er von den so genannten *ranchos folclóricos.*

Sänger und Musikgruppen

Wer sich für die heutige portugiesische Musikszene jenseits von Fado oder Folklore interessiert, bekommt viel Gutes geboten. Das Duo Maria João und Mário Laginha macht Jazz, Experimentelles und in letzter Zeit auch Brasilianisches. Sehr beliebt – auch im Ausland – ist die Gruppe Madredeus mit der herausragenden Sängerin Teresa Salgueiro, die der Musik ihrer Gruppe mit einer glasklaren Stimme einen etwas sakralen Charakter verleiht. Madredeus verbindet portugiesische Folklore mit klassischer Kammermusik. In den 1970er und 1980er Jahren war der Sänger José Afonso für die politisch linke Szene in Europa eine Symbolfigur und geradezu ein Exportartikel. Zeca Afonso, wie er genannt wurde, hatte das Lied »Grândola, Vila Morena« komponiert, das als Startzeichen für die Revolution am 25. April 1974 im Radio gesendet wurde und daraufhin Inbegriff der Nelkenrevolution überhaupt war. Die Gruppe Trovante oder Sänger wie Sérgio Godinho, Rui Veloso und Vitorino folgten der politischen und sozialkritischen Ausrichtung von José Afonso. In ihrer Musik setzten sie überwiegend Elemente der portugiesischen Folklore ein.

FADO

Angeblich leitet sich das Wort *fado* vom lateinischen *fatum* (Schicksal) ab, und wahrscheinlich wird der Gesang deshalb immer wieder als schicksalsschwanger bezeichnet – eines der Klischees, die den Fado stets und ständig begleiten. Melancholisch sei er, so heißt es, in Molltonarten und klagend gesungen. Fado wird oft in engem Zusammenhang gesehen mit der so genannten *saudade,* ein als typisch portugiesisch bezeichnetes Phänomen, das eine rückwärtsgewandte Sehnsucht nach besseren Zeiten, nach der verlorenen Liebe, nach einem verlorenen Zuhause meint. *Saudade* spielt in der portugiesischen Literatur seit dem 12. Jh. eine Rolle, Ende des 19. Jh. gründete sich sogar eine Gruppe ›der vom Leben Besiegten‹. Wegen der rückwärtsgewandten, wenig anpackenden Grundstimmung, die den Gesängen vermeintlich innewohne, wurde der Fado während der Diktatur von António Salazar sogar verboten. Aber er irrte halbwegs, denn Fado kann melancholisch sein und kann in klagenden Molltönen die unerreichbare Liebe besingen, Fado kann aber auch ausgesprochen heiter sein und ganz im Gegenteil in wachem Dur die neue, vielversprechende Bekanntschaft von nebenan zum Thema haben.

Bis heute weiß man nicht genau, wo seine Ursprünge liegen – vielleicht ist er aus einem angolanischen Tanz entstanden, der durch Sklaven nach Brasilien und von dort nach Portugal kam und mit Texten versehen wurde, oder er entwickelte sich aus der frivolen brasilianischen *modinha,* kam mit den Seeleuten nach Portugal und erhielt hier statt der anrüchigen nun sehnsüchtige Texte. Wie auch immer – Anfang des 19. Jh. ist er in den Hafenvierteln Lissabons aufgetaucht. Er breitete sich in den sozial schwächsten Kreisen aus, Fadosänger, die *fadistas,* waren meist kleine Gauner, mitunter auch Zuhälter. Fado wurde in den *casas de fado* gesungen, die eine Mischung aus Bordell und Unterhaltungslokal darstellten. Zunehmend sangen auch Frauen. In dieses Milieu geriet Mitte des 19. Jh. ein Graf, der sich in die hochgeschätzte Fadosängerin ›A Severa‹ verliebt hatte – eine Legende schon zu Lebzeiten, sie wurde nur 26 Jahre alt. Mit dem Grafen nahm der Fado seinen Weg in die gutbürgerlichen Kreise.

Zum klassischen Lissabonner Fado spielt eine Gitarre einfache Akkorde, sie legt den Rhythmus zu Grunde. Dazu kommt eine spezielle Fado-Gitarre, die *guitarra portuguesa,* die im Dialog mit der Gesangsstimme steht. Sie umspielt die gesungene Melodie oder übernimmt in Gesangspausen die Stimmführung. Die *guitarra portuguesa* ist lautenförmig, ihre 12 Saiten erzeugen einen metallisch vibrierenden Klang. Das Eindruckvollste am Fado ist aber der Gesang der *fadistas.* Sänger oder Sängerin scheinen mit ihrer gesamten Haltung und Vortragsweise die Inhalte ihrer Gesänge zu verkörpern. Frauen haben oft ein schwarzes Tuch umgeschlungen, das, wenn sie einen klagenden Fado ertönen lassen, fast eine Art Schutzhülle gegen die Härten des Lebens darstellen könnte. Die Klage ertönt als melismatischer

Gesang, der an Musik aus dem arabischen Raum erinnert. Für Mitteleuropäer ist mitunter auch die Art und Weise ungewöhnlich, mit der Portugiesen den Gesängen zuhören: sehr konzentriert. Manchmal versinken sie regelrecht in besungenem Leiden und großem Weltschmerz. Andererseits sorgt ein witziger und etwas frivoler Fado beim Publikum für allergrößte Heiterkeit.

Große *fadistas* haben in Portugal immer eine wichtige Rolle gespielt. Sie wurden geliebt und verehrt – ›A Severa‹, Carlos Ramos, Maria da Fé, Max, Nuno da Câmara Pereira, Hermina Silva und viele mehr. Alfredo Marceneiro war einer der ganz großen, er war Schreiner (*marceneiro*) und blieb seinem Beruf ein Leben lang treu, trotz seiner Erfolge als Fado-Sänger. Die größte *fadista* des 20. Jh. war aber Amália Rodrigues, die wie ›A Severa‹ schon zur Legende wurde, als sie noch lebte. 1920 wurde sie im Lissabonner Stadtteil Alcântara geboren. Sie machte eine wahre Bilderbuchkarriere vom armen Mädchen aus dem Hafenviertel zur großen *fadista*, die auf den Brettern der internationalen Bühnen stand: Schon mit 23 Jahren trat sie in Madrid auf, es folgten das Olympia in Paris, Casablanca, Rio de Janeiro, Rom, Berlin, dann Schweden, die Türkei, Japan, die UdSSR, Afrika, Nord- und Südamerika – kurz: sie brachte den Fado in alle Welt. In den 1940er Jahren spielte sie in mehreren portugiesischen Filmen mit, die heutzutage Klassiker sind. 1999 ist Amália Rodrigues gestorben, und ganz Portugal trauerte. Neben Größen der portugiesischen Geschichte wie Vasco da Gama oder Heinrich dem Seefahrer wird sie im Panteão Nacional in Lissabon mit einem Kenotaph geehrt. Auch ohne diese Ehrung hat sie sich verewigt mit ihren schönsten Fados, die nach ihrem Tod als CDs neue Auflagenrekorde erreichten: »uma casa portuguesa«, »tudo isto é fado«, »nem às paredes confesso«, »Coimbra«, »barco negro« – und und und...

Fado hat Ende des 20. Jh. eine willkommene Renaissance erlebt. Sehr gute junge Interpreten führen die Tradition fort. Lange hatten Carlos do Carmo, Carlos Paredes, Pedro Caldeira Cabral und Rão Kyão den Fado über Jahre wachgehalten. Dann kamen Sängerinnen wie Dulce Pontes, Mísia, Mafalda Arnauth, Cristina Branco, Mariza oder der Sänger Camené, die Fado auf ihre Weise singen, alle aber ziemlich eng an den klassischen Vorbildern bleiben.

Wer guten Fado hören möchte, sollte versuchen, einen Auftritt von den hier Genannten live zu erleben. Der Ausstrahlung von echtem Fado kann sich kaum jemand entziehen. Fado bekommt man in der Algarve jedoch meistens nur in der Touristenversion in Hotels oder Restaurants geboten. Regelmäßige Fado-Abende gibt es u.a. in Silves (Quinta da Pomona), Portimão (Hotel Delfim und Hotel Dom João II), Porches (Restaurant Porches Velho), Albufeira (Hotel Sol e Mar), Quinta do Lago (Hotel Quinta do Lago). Termine und Orte sind in den gängigen Veranstaltungshinweisen abgedruckt. Aller touristisch aufbereitete Fado ist leider nur ein schwacher Abklatsch, den man meist auch noch teuer bezahlt. Bei speziellen Amateurfado-Veranstaltungen oder Fado-Festivals kann man unter Umständen noch weniger touristisch aufbereiteten Fado erleben.

KUNST UND ARCHITEKTUR

Kirchen

Während es in Andalusien einen Kulturtourismus gibt, wird die Algarve wegen ihrer 3000 Sonnenstunden pro Jahr bereist. Die wenigen sehenswerten Baudenkmäler sind in der Regel Kirchen. Als die Mauren vertrieben waren, fing man an, christliche Gotteshäuser zu bauen – zu diesem Zeitpunkt in spätromanischem bzw. frühgotischem Stil. Romanisches gibt es an der Algarve außer in einem Kirchlein bei Raposeira westlich von Lagos und in einer kleinen Kapelle bei Armação de Pêra also praktisch nicht. Silves und Faro bieten ein wenig Gotik.

Typisch manuelinische Ornamentik sieht man in relativ vielen kleinen Dorfkirchen – hier ein Portal oder ein Altarbogen, dort eine Deckendekoration oder eine Seitenkapelle. Barockes gibt es in verschiedenen Ausformungen. Die spezielle *azulejo*-Kultur hat in dieser Zeit eine große Rolle gespielt (s. S. 137), und auch die *talha dourada* ist eine typisch portugiesische Dekoration des Barock (s. S. 44).

In die kunstgeschichtliche Entwicklung des 18. Jh. fiel die Erdbebenkatastrophe – eine schwere Zäsur, die ungeahnte Anforderungen stellte. Was in den Trümmern übrig geblieben war, wurde gerettet und drumherum Neues gesetzt. Was völlig zerstört war, musste neu aufgebaut werden. Dazu holte man auch Fachleute aus anderen Ländern, wie den Italiener Francisco Xavier Fabri. Fabri war nach dem Erdbeben vom damaligen Bischof der Algarve, Francisco Gomes de Avelar, nach Südportugal gerufen worden, um die vielen beschädigten Kulturgüter zu begutachten und zu ersetzen. Der größte Teil an Bausubstanz, den man heute in der Algarve sieht, stammt also aus der Zeit nach 1755.

Manuelinische Ornamentik

Manuel der Glückliche (1469–1521) gab dem Ornamentstil seinen Namen. In seine Regierungszeit fielen die Seereisen, Entdeckungen und Eroberungen in Übersee und die Begegnung mit fremden Kulturen und Ländern. Portugiesen, die an Fahrten nach Übersee teilgenommen hatten, brachten neue Ideen aus der Fremde mit. Dabei ist die Manuelinik aber kein Architekturstil, sondern Dekorationsstil, ornamentale

Römische Ausgrabungen

Die Römer haben Spuren ihrer Kultur hinterlassen, die erst seit einigen Jahrzehnten systematisch durch archäologische Grabungen freigelegt und erforscht werden. Ergiebige Ausgrabungsstätten sind die von Milreu bei Estói (s. S. 130) und von Cerro da Vila bei Vilamoura (s. S. 112).

Kirche São Lourenço bei Almancil

Auskleidung; die Bauten selbst wurden mit den charakteristischen Architekturelementen der europäischen Spätgotik oder der Frührenaissance errichtet. Die Reichtümer, die im 16. Jh. ins Land flossen, ermöglichten eine ausschweifende Bautätigkeit überall in Portugal. Große Projekte entstanden vor allem in der Hauptstadt, aber auch viele Dorfkirchen in der Algarve wurden mit manuelinischer Bauplastik geschmückt: Exotische Früchte und Pflanzen aus fernen Erdteilen, Korallenstöcke, dicke Schiffstaue, das Astrolabium – ein nautisches Instrument – und das königliche ›M‹ für Manuel zieren Kirchenportale, -gewölbe und -wände. Alles, was das Land im 15. und 16. Jh. beschäftigte, wurde in einer landestypischen Formensprache verarbeitet, die von den großen europäischen Strömungen abgekoppelt einzig und allein in Portugal entstand. Gezeigt wird das unverfänglich Fremde, das schöne ›Exotische‹, Pflanzenteile eben oder fremdartige Architekturzitate. Als steinernes Zeugnis dokumentiert die Manuelinik die damaligen Entdeckungen und Eroberungen neuer Welten. Vieles blieb trotz des Erdbebens erhalten oder wurde anschließend restauriert.

Algarvische Architektur

Traditionelle Häuser der Algarve sind kubusförmige Einraumhäuser mit flachem Dach, wie man sie auch in Nordwestafrika bis hinunter nach Mauretanien findet. Deutliche Ähnlichkeiten mit Nordafrika weisen auch die mit sparsamen geometrischen Formen ge-

BAROCKE PRACHT - TALHA DOURADA

Ende des 17. Jh. wurden in der damals portugiesischen Kolonie Brasilien endlich die ersehnten Goldminen gefunden, und nun gab es in Portugal kein Halten mehr. Unter dem als verschwenderisch bekannten João V. entstanden die prächtigsten Bauten, die soweit es irgend ging mit Gold versehen wurden. Portugal hat dadurch in der Barockzeit eine extravagante Besonderheit hervorgebracht, die in dieser überbordenden Art einzigartig ist: *talha dourada* (vergoldetes Schnitzwerk) findet man im ganzen Land vor allem in Kirchen, mitunter auch in nichtsakralen Räumen. Für die Schnitzarbeiten wurde Eichenholz genommen, oftmals Eiche aus Brasilien, das fein geschnitzte Holz überzog man mit Blattgold.

Bereits in der Gotik war *talha dourada* ein beliebtes Mittel zur Dekoration, jedoch viel schlichter. Schlicht begann man auch im 17. und 18. Jh.: Anfangs wurden überhaupt nur Gemälde etwas auffälliger gerahmt. Aber dann ging man daran, Kanzeln und Altäre, sogar ganze Hochaltäre aus vergoldetem Schnitzwerk zu gestalten. Schließlich wurde es ein regelrechter Rausch. Noch nachträglich nahm man sich Kirchen vor – gotische Kirchen, Renaissancekirchen – und überzog die Wände mit einer wohlduftenden Holzschicht, der man ganz und gar Blattgold auflegte. In der Algarve ist mit der Kirche Santo António in Lagos (s. S. 88) eine der üppigsten *talha dourada*-Dekorationen Portugals erhalten. Und in der Kirche São Lourenço in Almancil (s. S. 134) hat man die Gelegenheit, eine weitere, ebenfalls übliche Verfeinerung kennenzulernen: die Kombination von goldener *talha dourada* mit blauweißen Fliesen. Ein herrlicher Warm-Kalt-Kontrast.

Eigentlich hätte man das Geld, das ins Land sprudelte, besser gebrauchen können. Bezahlt wurden mit den neuen Reichtümern auch Importe aus England und riesige, überdimensional angelegte Repräsentationsbauten. Für andere Ausgaben aber, die bitter nötig gewesen wären, ›fehlte das Gold‹. Zum Beispiel für die Wasserversorgung der Lissabonner. Ihr Aquädukt mussten sie mit Steuerabgaben finanzieren – der Hof badete in Gold, die Bevölkerung wurde immer ärmer.

schmückten Friese an der Fassade auf. Diesen Haustyp findet man oft noch im Hinterland. Aus dem Grundtypus sind dann durch An- und Aufbauten und Aufsetzen von Satteldächern großräumigere Wohnhäuser entstanden.

Flachdächer

Eine regionale Besonderheit der Algarve-Architektur sind die *açoteias*, die es nur in Olhão und in dem kleineren Ort Fuseta wenige Kilometer östlich gibt. Die kubischen Häuser haben keine geziegelten Walm- oder Spitzdächer wie in den Orten drumherum, sondern flache, begehbare Dächer, auf denen Früchte und Fisch getrocknet oder Teppiche und Decken gelüftet werden und mitunter Wäsche aufgehängt wird. Teilweise lagern die Fischer auch Netze und andere Arbeitsutensilien hier oben. Auf den Dächern gibt es oft noch kleine Türmchen, *mirantes* genannt, auf die ein paar Stufen hinaufführen und von denen man meist bis auf die Lagune gucken kann. Diese Häuser sind deutlich von den kleineren Stadthäusern Marokkos inspiriert und z. B. auch auf den kanarischen Inseln zu finden.

Schornsteine

Die *chaminés* sind für die gesamte Algarve typische Schornsteine. Jedes Haus hat seinen ureigenen Schornstein, der hoch oder niedrig, rund oder eckig sein kann, kunstvoll mit unterschiedlichen Mustern und Verzierungen gefertigt wird und häufig Ähnlichkeit mit einem kleinen Minarett hat. Die Schornsteine waren früher Einzelanfertigungen, und auch heute sieht man selten einmal zwei gleiche Exemplare, obwohl sie mittlerweile seriell hergestellt werden.

Geflieste Kirche: das Innere von São Lourenço mit *azulejos* und *talha dourada*

ESSEN UND TRINKEN

Essen gehen

Frühstück

Schon das Frühstück (*pequeno almoço*) – bestehend aus einem Kaffee und einem Buttertoast (*torrada*), einem Toast mit Käse und Schinken (*tosta mista*), einem Brötchen mit Käse (*sandes com queijo*) oder geräuchertem Schinken (*sandes com presunto*) oder einem süßen Teilchen – nehmen viele Portugiesen in einem einfachen Café ein. Generell hat das Frühstück eher eine untergeordnete Bedeutung, was man als Tourist auch in Pensionen und kleineren Hotels merkt. In größeren Hotels wird in der Regel ein internationales Frühstücksbuffet angeboten.

Mittag- und Abendessen

Restaurants öffnen ihre Türen mittags von ca. 12.30 bis 15 Uhr zum Mittagessen (*almoço*) und abends ca. 19 bis 22 Uhr zum Abendessen (*jantar*). Auf der Speisekarte (*ementa, lista*) stehen mitunter Tagesgerichte (*prato do dia*) und Touristenmenüs (*ementa turística*), die günstig und meist nicht schlecht sind. Außerdem sind manchmal Preise für eine halbe Portion (*meia dose*) angegeben, die für einen etwas kleineren Hunger absolut ausreichend ist.

In der Regel werden einem gleich zu Beginn Brot und Butter, manchmal dazu auch Käse, Sardinenpaste und Oliven auf den Tisch gestellt. Obwohl es wie ein Angebot des Hauses aussieht, muss man normalerweise einen geringfügigen Betrag dafür bezahlen. Meist ist das als Einstieg ganz schön. In Restaurants der gehobenen Kategorie kann aber auch eine Portion Scampi unaufgefordert auf dem Tisch landen. Die ist dann bedeutend teurer, und wenn man davon auch nur ein Stückchen probiert, zahlt man das Ganze. Wer das nicht möchte, sollte den Teller gleich wieder zurückgehen lassen.

Die meisten der im Reiseteil angegebenen Restaurants haben ein mittleres Preisniveau, d. h. man zahlt für ein Hauptgericht zwischen 6 und 7,5 €.

Die Küche in Portugals Süden

Portugals Küche ist einfach und sehr schmackhaft. Man isst hervorragend in schlichten Lokalen und zahlt nicht viel. Bleibt man längere Zeit an einem Ort, schleicht sich möglicherweise aber der Verdacht ein, dass die portugiesische Küche nicht die abwechslungsreichste ist. Es gibt relativ große Unterschiede zwischen Südportugal und Nordportugal, aber innerhalb einer Region findet man immer wieder die gleichen Gerichte auf der Karte. In der Algarve hat man nun allerdings das ›Glück‹, dass es auch Restaurants der gehobenen Klasse gibt, in denen die portugiesische Küche etwas verfeinert wird und dadurch nun doch ganz abwechslungsreich sein kann.

Sardinengrill im Hafen von Portimão

Suppen

Vor einem Hauptgericht ist eine Suppe ein wirkliches ›Muss‹, denn Portugals Suppen sind bereits der Inbegriff des Einfachen und Schmackhaften. Es gibt gute Fischsuppen, garantiert leckere Gemüsesuppen und *caldo verde,* eine Art portugiesische Nationalsuppe auf einer Grünkohl-Kartoffel-Basis. Sie wird sehr unterschiedlich zubereitet – insbesondere was die Grünkohlverarbeitung anbetrifft – enthält immer aber eine Scheibe *chouriço,* geräuchte Wurst vom Schwein.

Hauptgerichte

Bei den Hauptgerichten gibt es, wie es sich für eine Küstenregion gehört, viel Fisch. Man muss wörterbuchmäßig gut gerüstet sein, denn diverse Fischarten stehen auf der Speisekarte. Sardinen sind im ganzen Land Nationalgericht und waren einmal ausschließlich ein Arme-Leute-Essen. Immer noch sind sie relativ günstig zu haben, aber ganz so offensichtlich wie ehedem fallen sie nicht mehr aus dem Preisrahmen. Sardinen werden meistens nur mit Kartoffeln serviert, einen Salat sollte man gesondert dazubestellen. Das gilt auch für andere Fischgerichte sowie oft für Fleischgerichte, denn Gemüsebeilagen oder frische Salate sind selten Bestandteil eines echten portugiesischen Essens. Sehr leckere Fische, die man oft auf der Karte findet, sind *cherne* (Barsch), *peixe espada* oder *espadarte* (Schwertfisch), *lulas grelhadas* (kleine gegrillte Tintenfische), *salmão* (Lachs) und natürlich *bacalhau* (Stockfisch), ein

WEINLAND PORTUGAL

Portugal ist ein Weinland, obwohl das bisher kaum nach Mitteleuropa durchgedrungen ist. Ein Grund dafür sind sicher die etwas belanglosen Weine, die über Jahrzehnte hinweg in Deutschlands Supermärkten portugiesische Verkaufsschlager waren wie der Mateus rosé oder der Gatão, ein *vinho verde.* Mehr Auswahl an portugiesischen Weinen hatte man früher auch kaum, obwohl der Weinanbau in Portugal eine lange Tradition hat und Portugals Weingesetze die ältesten in Europa sind. Schon 1756 wurde eine *região demarcada* eingeführt; mit dieser Maßnahme sollte die Produktion von Portwein in überschaubaren Grenzen gehalten werden. Aus einer *região demarcada* kamen immer Qualitätsweine. Mit EU-Beitritt wurde stattdessen die *Denominação de Origem Controlada* (DOC) eingeführt. Bei Weinen mit dieser Bezeichnung werden Traubensorten, Anbau, Herstellung und Ertragsgrenzen kontrolliert. Mit EU-Beitritt haben die Weinbauern in Portugal den Ehrgeiz entwickelt, nicht nur Tischweine zu produzieren, sondern sich den Ansprüchen der Weintrinker im europäischen Ausland zu stellen. Der Export lockt. Mit Ideenreichtum, modernen Keltermethoden und einer Anpassung der Weingesetze an die der EU sind in letzter Zeit in der Tat ein paar sehr gute Weine kreiert worden.

Die wichtigsten portugiesischen Anbaugebiete sind das traditionsreiche Dão-Gebiet nordöstlich von Coimbra, Covilhã an der Serra da Estrela, Bucelas, Carcavelos und Colares bei Lissabon und Setúbal etwas südlich der Hauptstadt. Aus dem Minho nördlich von Porto kommt der bekannte *vinho verde,* ›grüner‹ Wein, der früh geerntet wird. Als *vinho verde* werden überwiegend leicht säuerliche Rotweine mit wenig Alkohol produziert, aber auch alkoholstärkere Weißweine. Außerdem ist das Douro-Tal östlich von Porto ein sehr gutes Anbaugebiet, u. a. kommt vom Douro der weltberühmte Portwein, die Reben werden in einem Gebiet bei Peso da Régua angebaut.

Die Alentejo-Weine aus Südportugal gelten immer noch als Geheimtipp, seit ein paar Jahren sind sie wirkliche Aufsteiger mit hoher Qualität. Die besten kommen aus den Genossenschaften von Borba, Redondo und Reguengos. Und die Algarve-Weine? Sie rangieren bisher noch ziemlich weit unten. Lange Zeit kümmerte man sich kaum um Weinanbau, obwohl viele Algarve-Bauern früher davon gelebt hatten. Als aber Grundstücke für touristische Projekte teuer verkauft werden konnten, ergriffen viele die günstige Gelegenheit. Damals sind die Anbaugebiete reduziert worden. Erst seit Ende der 1990er Jahre deutet sich eine Veränderung an. Reichhaltige Böden, hochwertige Reben und das Klima bringen gehaltvolle, säurearme Weine mit einem hohen Alkoholgehalt hervor. Anbaugebiete gibt es bei Lagos, Portimão, Silves und São Brás de Alportel. Das mit Abstand wichtigste Weingebiet befindet sich bei Lagoa, wo recht schwere Rotweine erzeugt werden. Einfache Tischweine werden im Gegensatz zu früher kaum noch produziert. In den letzten Jahren setzt man auch hier auf Qualität statt Quantität.

früheres Arme-Leute-Essen in 365 Variationen. Darunter sei auch für Skeptiker die Zubereitung *bacalhau à brás* empfohlen: Der Stockfisch wird in kleine Stücke zerteilt und mit Zwiebeln, Ei, Kartoffel und Petersilie gemischt. Mariscos sind Meeresfrüchte, und die werden an der Algarve-Küste natürlich in rauen Mengen angeboten. Günstiger bekommt man *camarães* (Krabben), *gambas* (Scampis), *sapateiras* (Krebse) oder *lagostas* (Langusten) selten einmal. *Arroz de marisco* ist ein Reistopf mit verschiedenen Meeresfrüchten. Typisch für die Algarve-Küche sind Gerichte, die in einer geschlossenen Kupferpfanne gedünstet werden: *cataplana de mariscos,* eine Meeresfrüchtezubereitung, oder *amêijoas na cataplana,* Herzmuscheln.

Auch Fleisch steht immer auf der Karte – im Hinterland etwas häufiger als an der Küste. *Bife* ist ein mitunter etwas zähes Steak, das oft mit einem Spiegelei serviert wird. *Carne de porco* ist Schweinefleisch, und wenn man Glück hat, bekommt man es in der typischen Version des Alentejo als *carne de porco à Alentejana,* dann kommen Schweinefleischstücke mit Herzmuscheln in einer köstlichen Sauce auf den Tisch. Je nach Vorliebe kann man *borrego* (Lamm) oder *cabrito* (Zicklein) bestellen. Auch *leitão assado* (Spanferkel) wird immer wieder einmal angeboten. Eine Algarvespezialität ist *frango com piri-piri*, ein Hähnchen, das mit dem nordafrikanischen *piri-piri* scharf gewürzt wird.

Wer nur wenig Hunger hat, bestellt ein Omelett oder einen meist sehr guten Eintopf wie *feijoada* (Bohneneintopf), *caldeirada* (Fischeintopf) oder *cozida à portuguesa* (Gemüseeintopf mit etwas Fleisch).

Nachspeisen

Schließlich gibt es die portugiesischen Nachspeisen, wie die Suppen ein ›Muss‹. Es gibt Ei-Zucker-Mandel-Variationen ohne Ende mit den fantasievollsten Namen. Auf der Karte stehen zum Beispiel *beijos de freiras* (Nonnenküsse), *barriga de freira* (Nonnenbauch), *toucinho do céu* (Himmelsspeck) – Namen, von denen man sich einfach überraschen lassen muss. Fast immer werden *pudim flan* (Karamellpudding), *pudim Molotov* (luftige Pudding-Eischnee-Masse), *arroz doce* (Milchreis) und *leite creme* (überbackene Creme aus Eiern, Zucker und Milch) angeboten. Wer auf Nummer Sicher gehen möchte, bestellt *gelado* – ein Eis.

Getränke

Zum Abschluss des Essens gibt es einen kleinen starken Kaffee, der südlich von Lissabon unter dem Namen *bica* zu bekommen ist (*café* wird natürlich auch verstanden). Und dann kann man noch einen *aguardente velha* (alten Weinbrand) bestellen. Oder man trinkt zum Schluss einen *medronho* (Schnaps aus Früchten des Erdbeerbaums) oder einen *bagaço* (Tresterschnaps).

Zum Essen selbst bestellt man Bier (*cerveja*), wenn man ein frisch gezapftes möchte ein *imperial* – ein kleines gezapftes – oder ein *caneca* – ein

Farbenprächtig und appetitlich: der Markt in Aljezur

großes. Wasser gibt es meistens ohne Kohlensäure (*água sem gás*), wer Wasser mit Kohlensäure möchte, fragt nach *água com gás.*

Typische Lokale

Restaurants

Es gibt viele einfache und gute Restaurants, die für den mitteleuropäischen Geschmack nicht allzu gemütlich eingerichtet und meist mit Neonlicht beleuchtet sind. Oben in einer Raumecke läuft meistens der Fernseher, und irgendwo an der Seite gibt es ein Waschbecken zum Händewaschen. Besonders einfache, oftmals gute Lokale tragen Bezeichnungen wie *casa de pasto* oder *tasca.* Etwas teurer sind *restaurantes* (Restaurants), daneben gibt es in Portugal verschiedentlich auch *marisqueiras,* in denen neben Fischgerichten in erster Linie Meeresfrüchte und alle Arten von Schalentieren angeboten werden. In einer *churrasqueira* bekommt man vorwiegend Grillgerichte – hauptsächlich Fleisch. Manchmal findet man auch die Zusatzbezeichnung *grelhados,* was ebenfalls eine Spezialisierung auf Grillgerichte – auch gegrillten Fisch – zu erkennen gibt. In einer *cervejaria* (Bierhaus) bekommt man ebenfalls etwas zu essen.

Cafés

Außerhalb der Restaurantzeiten geht man in Cafés, die kleine süße Törtchen und mitunter auch leckere salzige Teile (*petiscos* oder auch *salgados*) und Sandwiches anbieten. Oft gibt es hier Selbstbedienung mit so genanntem *pré-pagamento,* man muss sich überlegen, was man nehmen möchte, dann bezahlen und erst dann erhält man auf Kassenbon das Gewünschte. Die *petiscos* sind außerhalb Portugals bisher noch wenig bekannt und sehr zu empfehlen: zum Beispiel *pastel de bacalhau* (fritiertes Bällchen aus Kartoffelbrei, Stockfischstückchen und Zwiebeln), *chamuça* (kleine dreieckige, fritierte Teigtasche mit einer scharfen Hackfleischfüllung), *rissois de camarão* (Teigtasche mit Krabbenfüllung) oder *empada* (kleines Törtchen mit Krabben- oder Hühnchenfüllung). Für den kleinen Hunger zwischendurch bekommt man jederzeit auch ein belegtes Brötchen (*sandes com queijo* – mit Käse, *sandes com fiambre* – mit gekochtem Schinken) oder einen *prego no pão*, eine Art ›Hamburger‹.

In den *pastelarias* und *gelaterias* gibt es eigentlich nur Süßes, hier treffen sich in der Regel Schüler, meistens Schülerinnen, und generell fast ausschließlich Frauen. Andererseits gibt es Cafés, in denen nur Männer sitzen und in die man als Touristin zwar gehen kann, sich ohne männliche Begleitung aber irgendwie fehl am Platze fühlt. Mittlerweile sind die meisten Orte aber gut durchmischt, und in Touristenzentren spielen diese Traditionen kaum noch eine Rolle.

Kulinarische Einkaufstipps & Märkte

Kulinarische Tipps

Verschiedene Mandelprodukte, Honig, Ziegenkäse, Chouriço-Würste, Marmeladen, Süßes aus Feigen, Mandeln, Eiern und Honig sowie Liköre sind **typische Produkte der Algarve.** Eine Getränkespezialität ist der hochprozentige *medronho*-Schnaps, der aus den Früchten des Erdbeerbaums produziert wird. In den Algarve-Bergen verkaufen einige Privaterzeuger aus eigener Herstellung. Auskünfte über Erzeuger der Region Alte erteilt die Tourismusinformation in Alte. Auch in dem kleinen Bergdorf Querença findet man eine gute Auswahl (s. S. 151).

Ein typisches Getränk ist der **Portwein,** der allerdings in Nordportugal erzeugt wird. In einigen Geschäften gibt es eine große Auswahl an Weinen und speziell Portweinen: In Faro (Supermercado Garrafeira Rui, Praça Ferreira de Almeida 28); in Loulé (Garrafeira Mestra, Rua José Fernandes Guerreiro).

Märkte

Die besten und bekanntesten Märkte der Algarve finden in Olhão, Loulé, São Brás de Alportel, Tavira (samstags) und Quarteira (mittwochs) statt. In den Tourismusinformationen erhält man Auskunft über weitere Märkte in der jeweiligen Region. Markttermine sind außerdem in den Veranstaltungshinweisen des deutschsprachigen Magazins »Entdecken Sie Algarve« angegeben.

Tipps für Ihren Urlaub

An der Westküste

Urlaubsziel Algarve

In die Algarve fährt man wegen des angenehmen Klimas und wegen der zahllosen Strände. Nicht umsonst haben viele Deutsche und Engländer ihren Wohnsitz nach Südportugal verlegt – das Klima an der Algarve-Küste ist das ganze Jahr über mild. Einer der Gründe dafür ist die Gebirgskette im Norden der Algarve. Sie bildet eine regelrechte Klimagrenze: Kühle Luftmassen und kältere Witterung aus nördlichen Gefilden werden durch die Berge abgefangen, und südlich davon ist das Klima schon ähnlich wie in Marokko. Die Algarve ist mit durchschnittlich mehr als 3000 Sonnenstunden im Jahr eine der sonnensichersten Regionen der Erde.

Zum guten Klima kommen die hervorragenden Strände: In der so genannten ›Sandalgarve‹ östlich von Faro gibt es flach ins Meer abfallende Sandstrände und in der ›Felsalgarve‹ westlich von Faro malerische Strandbuchten zwischen herrlichen Felsformationen. Und schließlich gibt es noch die fantastischen wilden Strände an der Westküste der Algarve, die wegen des stetigen Windes vor allem auch bei Surfern beliebt sind.

Die Praia da Bordeira bei Carrapateira

Pauschal oder individuell?

Viele Algarve-Touristen buchen ihren Urlaub vorab über deutsche Reisebüros oder spezielle Portugalanbieter. Vor allem für teurere Unterkünfte und in der Hauptsaison ist dies meist erheblich preisgünstiger, als einen Flug zu buchen und sich vor Ort auf eigene Faust ein gutes Hotel zu suchen. Oft ist ein günstiger Mietwagen noch mit im Paket. Auch Mittelklasseunterkünfte bucht man besser pauschal.

Wer sich nicht festlegen möchte, wo er bleiben will, oder ganz einfach verschiedene Ecken Südportugals kennenlernen möchte, kann die Algarve allerdings auch hervorragend individuell bereisen – ein sehr schönes, aber im Vergleich etwas teureres Vergnügen. In den Städten und überall in Küstennähe gibt es jedoch auch zahlreiche günstige Pensionen und einfache Privatzimmer. In den Bergen und in der Ostalgarve findet man generell nicht allzu viele Unterkünfte, so dass man vorab schon etwas genauer planen muss, wo man nächtigen möchte.

Vielseitige Algarve

In der Algarve findet man Trubel ebenso wie Abgeschiedenheit, touristische Badeplätze mit einem breiten Wassersportangebot ebenso wie einsame Strände, Meer und Berge – und weil die Algarve nicht allzu groß ist, kann man auch innerhalb weniger Stunden von einer Atmosphäre in die andere wechseln.

Traumhafte Sandstrände

An Stränden hat die Algarve für jeden Geschmack etwas zu bieten: Berühmt sind die zahlreichen schönen Strandbuchten der Felsalgarve im Westen, die von malerischen Klippen begrenzt sind (besonders pittoreske gibt es bei Lagos). Aber auch in diesem Küstenabschnitt findet man lange Strände wie die Meia Praia bei Lagos und die Praia da Falésia westlich von Vilamoura. Landschaftlich beeindruckend sind vor allem die großen Sandbuchten an der Westküste, an denen man die Wucht des Atlantiks noch uneingeschränkt zu spüren bekommt, hier ist die Natur wild und rau. Einen gegensätzlichen Charakter haben die kilometerlangen Sandstrände im Osten der Algarve, meistens sind dies Strände auf schmalen vorgelagerten Düneninseln. An sehr vielen Algarve-Stränden weht die ›blaue Flagge‹ als Hinweis auf gute Strandqualität, also sauberes Wasser und sauberen Sand.

FKK ist an Portugals Stränden nicht erlaubt. An einigen wenigen Stränden, wie an der Praia da Galé zwischen Armação de Pêra und Albufeira, auf der Ilha de Tavira oder nahe der Ponta da Piedade bei Lagos wird es akzeptiert. An größeren Stränden mit internationalem Publikum können Frauen meist ›oben ohne‹ (sonnen-) baden. Generell ist in dieser Hinsicht jedoch Feingefühl gegenüber portugiesischer Strandnachbarschaft angezeigt. Im Übrigen gibt es genügend einsame Strände, an denen sich niemand an mitteleuropäischen Badegepflogenheiten stört.

Familienurlaub

Trubel

Wer nicht gerade die Einsamkeit sucht sondern es tagsüber und abends gesellig mag, sollte in den mittleren Abschnitt der Südküste zwischen Faro und Lagos fahren. Kleinere Orte und Dörfer sind dort fast nicht zu finden, stattdessen relativ schöne, sehr touristische Ferienorte wie Lagos, Albufeira oder Carvoeiro oder auch Hochhausansammlungen wie Praia da Rocha oder Armação de Pêra, in denen man den Tag am Strand verbringt und abends eine große Auswahl an Restaurants, Kneipen und Diskotheken hat. Bekannt für ausgeprägtes Nachtleben sind vor allem Albufeira und Praia da Rocha. Portugiesisches Nachtleben beginnt sehr spät, normalerweise erst gegen 23.30 Uhr. In den Touristenzentren der Algarve geht es schon etwas eher los, zieht sich aber auch bis tief in die Nacht bzw. bis zum nächsten Morgen. Im Osten dagegen gibt es nur eine einzige Touristenstadt mit höheren Häusern und vielen Hotels: Monte Gordo.

Ruhe und Natur

Einsamkeit, eindrucksvolle Landschaften und eine teilweise noch intakte Natur findet man in den Bergen der Algarve, im Osten zum Guadiana hin und an der Westküste. Gute Bedingungen für ruhesuchende Individual- und Alternativreisende mit schmalem Geldbeutel bieten vor allem die kleinen Orte an der Westküste. Hier geht es durchweg noch recht ›portugiesisch‹ zu. Betuchtere Urlauber finden im küstennahen Hinterland der Südküste zum Teil sehr ansprechende, individuelle und noble Hotels.

Städtisches Leben und Kultur

Voraussetzungen für einen richtigen Kulturtrip bietet die Algarve nur bedingt. Wer etwas Abwechslung zu Strandtagen und Ausflügen in die Natur haben möchte, kann Stadttage einlegen. Sehr zu empfehlen sind Faro, Loulé, Silves und Tavira, wo zugleich auch Kultur in Maßen geboten wird. Auch Lagos und Albufeira sind hübsche Orte, allerdings vom Badetourismus geprägt. Am großstädtischsten wirkt Portimão, das sich um die Urlauber wenig schert, ebenso wie Olhão. Auskunft über die römische Zeit an der Algarve geben Ausgrabungen bei Estói nahe Faro und bei Vilamoura, mit der Geschichte der portugiesischen Nation wird man bei Sagres konfrontiert und einen typisch portugiesischen Palastgarten kann man in Estói besichtigen. Ansonsten erhält man Einblick in die Regionalgeschichte in vielen kleinen Museen in Städten und Dörfern.

Urlaub mit Kindern

Die Algarve bietet sich für einen Familienurlaub allein wegen des hervorragenden Wetters an. Man muss bei der Wahl des Ortes allerdings einiges berücksichtigen: Die Westküste ist sehr rau; vor allem Baden ist dort für Kinder nur unmittelbar in Strandnähe möglich und auch nur dann, wenn der Boden ganz sacht abfällt, sich die Wellen also weit draußen brechen. Ein geeigneter Strand an der Westküste ist die Praia da Amoreira bei Aljezur, weil es gleich hinter dem Strand eine Lagune mit ruhigem Wasser gibt. Generell gilt, dass der Atlantik – auch im Osten, wo er auf den ersten Blick harmloser wirkt – zum Baden für Kinder gefährlich ist. Schöne und für Kinder geeignete Strände gibt es auf den Inseln Ilha de Tavira, Ilha da Armona und Ilha da Culatra, gut sind u. a. auch die weiten Sandstrände bei Monte Gordo und Quinta do Lago, die Stadtstrände von Albufeira, Carvoeiro und von Armação de Pêra, die Strände von Alvor und Olhos de Água, die Meia Praia bei Lagos und weiter westlich die Strände von Luz und Salema. Wer mit Kindern reist und ohne großen Aufwand etwas Abwechslung haben möchte, ist mit Albufeira oder Carvoeiro recht gut bedient. Die meisten größeren Hotels sind mit ihrer Ausstattung auf Kinder eingestollt und bieten Animationsprogramme für Kinder an, normalerweise gibt es Planschbecken und Swimmingpoolecken für Kinder. Zudem kann man an der Algarve Ausflüge zu kleinen Tierparks, Badelandschaften und ins Hinterland machen oder zu einer der Inseln im Osten hinüber fahren. Angeboten werden außerdem Bootsausflüge entlang der Felsküste, Flussfahrten auf dem Rio Arade und auf dem Guadiana.

Golf

Golf gehört zu den wichtigsten Sportarten in der Algarve, der Golftourismus ist ein wesentlicher Wirtschaftsfaktor. Derzeit stehen 24 Golfplätze zur Verfügung, sieben davon werden zu den Top 100 der Welt gezählt. Und die Zahl der Plätze wie die der Golfer steigt ständig.

Während sich die Golfplätze bisher fast ausschließlich an der Südküste westlich von Faro befanden, sind nun auch die ersten Plätze östlich von Faro bei Tavira und Castro Marim eröffnet worden, und in dieser Region sind zahlreiche weitere in Planung. Schon jetzt stehen Golfplätze für jeden Schwierigkeitsgrad zur Verfügung, außerdem kann man die unterschiedlichsten Golfplatz-Landschaften auswählen. Zu den schönsten und elegantesten gehört der Platz Pinheiros Altos bei Quinta do Lago. Für Anfänger gibt es in der Algarve auch Golfkurse.

Die Tourismusämter und das ICEP geben Golfbroschüren heraus (spezieller Golfführer s. S. 192). Informationen im Internet unter www.algarvegolfe.com und www.barringtons-pt.com

Wassersport

Viele Hotels vermieten Bretter zum **Windsurfen**, an vielen großen Stränden gibt es auch Schulen, die Kurse veranstalten und Bretter verleihen. Gute Windbedingungen gibt es an der Praia da Galé westlich von Albufeira,

Golfplatz bei Vilamoura

an der Praia da Falésia bei Vilamoura und an der Meia Praia bei Lagos.

Segeltörns werden vor allem entlang der Südküste angeboten. Die Veranstalter organisieren Halbtages- und Ganztagestouren, die in Armação de Pêra, Portimão, Alvor, Lagos, Sagres, Albufeira und Vilamoura ablegen. Segelkurse werden u. a. in Tavira und in Vila Real de Santo António angeboten.

Zum **Tauchen** und **Schnorcheln** eignet sich der westliche Abschnitt der Südküste am besten, gute Bedingungen hat man in windgeschützten Buchten wie an der Praia de Porto de Mós bei Lagos und an der Praia da Galé westlich von Albufeira. In allen größeren Orten gibt es Tauch- und Schnorchelschulen. Eine Tauchschule mit deutschsprachigem Lehrer gibt es u. a. bei Lagos.

Für das **Wellenreiten** herrschen an den Stränden der Westküste ideale Bedingungen. Eine Schule gibt es beispielsweise an der Praia do Amado bei Carrapateira. Für Kinder ist diese Region ungeeignet. Sie können an der weniger wilden Südküste mit Buggyboards den Umgang mit Wellen üben.

Außerdem eignen sich die Algarve-Gewässer hervorragend zum **Angeln,** nicht umsonst sieht man überall auf den Seebrücken oder auf hohen Klippen Portugiesen mit langen Angeln sitzen. Man benötigt keine Angellizenz. Besonders fischreich ist die Westküste, wo es über 100 Fischarten gibt. Ein bevorzugtes Angelgebiet sind die Gewässer bei Sagres, in den Touristeninformationen erhält man Auskunft, auf welchen Booten man mitfahren kann. Auch Angeln mit der ganzen Familie wird in Sagres organisiert. An der Felsküste zwischen Sagres und Vilamoura werden vielerorts Angeltouren für Anfänger und fortgeschrittene Angler angeboten. Zum Hochseefischen werden Fahrten mit größeren Booten hinaus auf's Meer veranstaltet. Auskünfte geben die jeweiligen Touristeninformationen vor Ort, oder man erkundigt sich direkt in den Häfen (z. B. Vilamoura, Lagos oder Portimão), wo die Anbieter ihre Stände oft nebeneinander aufgereiht haben und man gut vergleichen kann.

Reiten

Ausritte am Strand und durch das einsame Hinterland gehören zu den unvergesslichen Erlebnissen eines Algarve-Urlaubs. Sowohl in Küstennähe als auch im Hinterland gibt es verschiedene *centros de equitação* oder *centros hípicos*, Reitställe und Reitschulen. Meistens werden sowohl Unterricht als auch Ausritte angeboten. Auch einige Hotels haben Reiten im Programm, und Gästen von ländlichen Unterkünften der gehobeneren Kategorie stehen mitunter auch Pferde zur Verfügung. Auskünfte über aktuelle Adressen von Reitställen geben die Touristeninformationen.

Radfahren

Fahrradfahrer gehören in Portugal zu den absoluten Raritäten. Ab und zu einmal sieht man auf dem Seitenstreifen der N 125 ein mit zwei Personen besetztes Rad, das unbeleuchtet durch die späte Dämmerung taumelt. Radwege gibt es nicht, und die portugiesischen Autofahrer sind nicht wirklich auf Radfahrer im Straßenverkehr eingestellt. Natürlich ist Radfahren aber eine der schönsten Arten, die Algarve zu erkunden. Auf jeden Fall sollte man die lebensgefährliche N 125 meiden, ebenso die stark befahrenen Straßen südlich davon in Richtung Küste. Nördlich der N 125 gibt es nur noch wenig Autoverkehr, allerdings wird es hier schnell hügelig und bergig. Relativ voll sind die Straßen hinauf in die Serra de Monchique nach Monchique und die Straßen nach Silves – insgesamt hält sich aber auch hier der Verkehr in Grenzen. Generell muss man als Radfahrer in Portugal immer mit einer gewagten Fahrweise von Autofahrern rechnen, mit riskanten Überholmanövern, Kurvenschneiden und überhöhten Geschwindigkeiten, und das natürlich auch auf leeren Straßen. Nachts zu fahren ist sehr gefährlich, da keiner auf nächtliche Radfahrer eingestellt ist. Eine der schönsten Strecken, auf der man es mit nur wenig Autoverkehr zu tun hat, ist die Straße am Guadiana entlang von Foz de Odeleite in Richtung Norden bis Alcoutim (s. auch S. 193).

In fast allen Orten an der Küste werden mittlerweile Fahrräder und Mountainbikes vermietet und gleichzeitig auch organisierte Touren angeboten.

Wandern

Kleinere Wanderungen lassen sich im Hinterland unternehmen – insbesondere in der Serra de Monchique, in der Umgebung von Silves und in der Gegend zwischen Alte und Salir. An der Küste gibt es östlich von Carvoeiro Abschnitte, die sich zum Wandern eignen.

Für einen regelrechten Wanderurlaub bietet sich die Algarve aber nicht unbedingt an, da es bisher nur wenig markierte Wege, ausgearbeitete Routen und Routenbeschreibungen gibt. In den Tourismusämtern vor Ort bekommt man kleine Wanderbroschüren, oder es liegen Handzettel mit den Routen aus (s. auch S. 193). Außerdem erhält man hier auch Informationen über organisierte Wanderungen in diesen

Gebieten. Besonders in der Serra de Monchique werden lohnende geführte Wanderungen angeboten (s. S. 117).

Organisierte Touren und Bootstouren

Busausflüge innerhalb der Algarve kann man in den Reisebüros überall an der Küste buchen. Außerdem haben mehrere Anbieter auch Ausflüge nach Lissabon, Fátima, Sevilla und Gibraltar im Angebot.

Bootstouren entlang der Felsküste mit kleinen Fischerbooten oder Ausflugsschiffen werden angeboten ab Albufeira, Portimão, Lagos, Carvoeiro und Armação de Pêra. Verschiedene Anbieter organisieren auch einen Bus-Shuttle von etlichen Hotels an der Küste zum Bootsanleger. Auf dem Rio Arade kann man Flussfahrten unternehmen, die in Portimão losgehen und bis nach Silves führen. Ab Vila Real de Santo António starten Flussfahrten den Guadiana aufwärts bis Alcoutim. In Alcoutim werden Ausflüge auf dem Guadiana bis in die Provinz Alentejo angeboten.

So genannte ›**Jeep-Safaris**‹ ins Algarve-Hinterland sind in den letzten Jahren in Mode gekommen. Man kann sie in allen Reisebüros an der Küste buchen. Sie sind meist mit viel Gedröhne und trubeligem Spektakel verbunden und passen eigentlich gar nicht in die ruhigen, abgeschiedenen Gegenden, in denen noch weitgehend intakte Naturräume erhalten sind. Im Osten wird auch eine Kombination angeboten, bei der man zuerst durch das Naturschutzgebiet bei Castro Marim zum Guadiana fährt und dann weiter mit dem Boot auf dem Guadiana. Im Westen werden Jeep-Ausflüge durch

Bootstour an der Ponta da Piedade

den Naturschutzpark Costa Vicentina veranstaltet. Diese letztgenannten werden von Anbietern in Sagres und in Salema mit etwas mehr Umweltbewusstsein veranstaltet, und Besucher erhalten tatsächlich einen kleinen Einblick in die Natur vor Ort. Sinnvoller und eindrucksvoller ist es sicher, an geführten Wanderungen im Hinterland teilzunehmen.

Wann ist die beste Reisezeit?

Hauptsaison ist von Anfang Juli bis Ende September – in diesen Monaten liegen die Preise für Unterkünfte deutlich höher als in den übrigen Monaten. In dieser Zeit kann es tagsüber sehr heiß werden (bis 35°C), allerdings gibt es meist eine wohltuende Brise vom Atlantik her.

Außerhalb der Hauptsaison sind die Monate Mai, Juni und Oktober gute Reisemonate. Auch März und April können schon sehr angenehmes, warmes Wetter bringen. Die Frühlingsmonate als Hauptblütezeit sind in der Algarve besonders schön, alles ist grün und frisch, in den Sommer- und Herbstmonaten ist die Natur dagegen trocken und ausgedörrt.

Winter kann in der Algarve wunderschön sein, aber eine Garantie für gutes Wetter gibt es nicht. Richtig kalt ist es nie – weniger als 10°C sind eher selten – allerdings sind auch die Unterkünfte oft nicht beheizbar, wodurch es drinnen dann etwas unbehaglich sein kann. Richtig störend können massive Regenfälle sein. November, Dezember, Januar und März sind erfahrungsgemäß die regenreichsten Monate. Nach einem Regen kann es aber selbst in den Wintermonaten sofort wieder sonnig und schön warm werden: T-Shirt-Wetter!

Und ein paar Worte noch zu den Wassertemperaturen: Mollig warm ist der Atlantik niemals. Selbst im August und September, wenn sich das Wasser etwas erwärmt hat, steigen die Temperaturen nicht über 22°C, in den Wintermonaten fallen sie auf etwa 15°C ab. Im Osten der Algarve zur spanischen Grenze hin ist der Atlantik immer etwa 2°C wärmer als im Westen.

Was kommt in den Koffer?

In den Sommermonaten braucht man natürlich leichte Kleidung und Badezeug, sowie Sonnenschutz mit einem hohen Lichtschutzfaktor. Für Abende sollte man selbst im Juli, August und September eine Jacke oder einen Pullover dabei haben, da es immer einen frischen Wind geben kann. Ganz besonders gilt das für die Westküste, bei Ausflügen zum Cabo de São Vicente braucht man oft sogar tagsüber etwas gegen kühleren Wind. In allen übrigen Monaten muss man ohnehin an warme Kleidung für die Abende denken. Zwischen Oktober und April ist man mit Regenkleidung und sogar einem Paar Gummistiefel nicht schlecht beraten, denn Straßen und Fußwege verwandeln sich bei richtigem Regen innerhalb kürzester Zeit in kleine Sturzbäche oder Seen.

UNTERKÜNFTE MIT ATMOSPHÄRE UND URLAUB AUF DEM LAND

Pousadas sind luxuriöse Unterkünfte in alten Kastellen, ehemaligen Klöstern und Palästen oder in neueren Gebäuden an Plätzen mit besonderer Aussicht. Für eine Nacht in einer Pousada muss man zwischen 70 und 160 € für ein Doppelzimmer rechnen (je nach Saison). Wer durch Portugal reist und es irgendwie ermöglichen kann, sollte sich dieses Vergnügen wenigstens einmal leisten. Die Algarve bietet bisher zwei solcher Übernachtungsmöglichkeiten – zwei moderne Häuser in Sagres und in São Brás de Alportel, die herrlich liegen und wunderbare Ausblicke bieten: In Sagres wohnt man hoch oben direkt über dem Meer und in São Brás im Mittelgebirge mit einem weiten Blick hinunter in die Ebene und auf den Küstenstreifen. Sagres hat eine Dependance in einer alten Verteidigungsanlage auf einem Felsen über dem Meer, in der ganze vier Zimmer vermietet werden. Was natürlich seinen speziellen Reiz hat. Und eine dritte Pousada wird derzeit im Rokoko-Schlösschen in Estói eingerichtet. Wer in die Algarve fährt, sollte gucken, ob der Traum in Altrosa seine Türen schon geöffnet hat (www.pousadas.pt).

Eine *Residencial* entspricht einer guten Pension oder einem kleinen Hotel und ist oft ein Familienbetrieb. Manchmal ist das Frühstück im Preis nicht inbegriffen. Eine *Albergaria* ist noch eine Kategorie besser und entspricht etwa einer Vier-Sterne-Pension oder einem kleinen Hotel. Auch Albergarias sind meist Familienbetriebe und können sehr viel Atmosphäre haben. Eine *Estalagem* ist ein schönes, etwas besonderes Hotel, das einem gleich teuren Hotel fast immer vorzuziehen ist. Estalagens sind recht selten. Es gibt sie in verschiedenen Preislagen, sie sind aber nicht nach einem Sterne-System kategorisiert. Oftmals sind sie besonders schön gelegen und eigentlich immer eine sehr empfehlenswerte Adresse.

Daneben empfiehlt es sich, das Programm des *Turismo de Habitação* auszuprobieren. Unter *Turismo de Habitação* oder auch Turihab, zu dem auch die preiswerteren Varianten *Turismo Rural* und *Agroturismo* gehören, sind Unterkünfte zusammengefasst, die privat geführt, aber staatlich kontrolliert werden. Wer auf einem schönen Landsitz oder in einem algarvischen Bauernhof wohnen möchte, sollte nach den *Turismo Rural*- oder *Agroturismo*-Plaketten Ausschau halten, die an den Gebäuden angebracht sind. Auch manche Häuser in historischen Altstädten gehören zum *Turismo de Habitação*. Immer ist man hier quasi zu Gast bei den Besitzern der jeweiligen Häuser und erfährt auf diese Art und Weise auch noch etwas über Land und Leute. Die Turihab-Preise sind unterschiedlich: Es gibt einfache Häuser, die immer aber sehr gepflegt sind und in denen ein Doppelzimmer manchmal nur 40 € kostet. Andererseits zahlt man auch umgerechnet 100 € und mehr. Information: Solares de Portugal, Praça da República, 4990-062 Ponte de Lima, Tel. 258 741672, Fax 258 931320, turihab@mail.telepac.pt

Chefe
da
Estação

UNTERWEGS IN DER ALGARVE

Ein Leitfaden für die Reise und viele Tipps für unterwegs.

Genaue Beschreibungen von Städten und Dörfern, Reiserouten und Ausflugszielen, Sehenswürdigkeiten und Stränden.

Die Algarve erleben: Ausgesuchte Hotels und Pensionen, Pastelerias und Restaurants.

Im Bahnhof von Faro

BOM DIA

Der Westen

Im Hafen von
Lagos

Algarve-Atlas S. 208 – 211

DIE WESTKÜSTE

Europas südwestlichster Winkel ist windumtost und mythenumwittert. Hier zeigt sich die Algarve von ihrer herben Seite – selbst an warmen Sommertagen. Ein steter Wind braust über die karge Vegetation auf dem hohen Felsplateau, das abrupt und steil ins Meer abfällt. Nur an wenigen Stellen haben sich grandiose Strände gebildet. Die Natur ist ursprünglicher als an jedem anderen Küstenfleck im Süden Portugals und glücklicherweise in weiten Abschnitten unter Schutz gestellt.

Odeceixe

Algarve-Atlas: S. 208, B 1
Im äußersten Nordwesten der Algarve liegt unmittelbar an der Grenze zum Alentejo der kleine Ort Odeceixe. Den Grenzfluss zur Nachbarprovinz bildet die Ribeira de Seixe, die hier ein breites, flaches Tal mit einer lieblichen Auenlandschaft durchfließt und 3,5 km westlich von Odeceixe in den Atlantik mündet. An der Südseite des Flusstals ziehen sich die Häuser von Odeceixe den Hang hinauf. Wer durch die stillen Gässchen hinaufsteigt, kann ganz schön ins Keuchen kommen, denn es geht steil bergauf. Ganz oben werden die Mühen dann belohnt: Zum einen bietet sich ein schöner Blick in das Flusstal, zum anderen thront hier oben auf dem Hügel eine ausgesprochen hübsche **Windmühle,** die sorgsam restauriert und hergerichtet wurde. Das Prachtexemplar besucht man am besten, wenn eine leichte Brise herrscht – dann nämlich kann man das leise Konzert wahrnehmen, das die windumblasenen Tongefäße an den Schnüren zwischen den Mühlenflügeln erzeugen (Besichtigung Mi–So 10–12 und 15–18 Uhr).

Weiter unten im Dorf geht es besonders in den frühen Abendstunden etwas lebhafter zu. In den Cafés und Kneipen treffen sich die Dorfbewohner, und im Sommer gesellen sich Touristen dazu. Die Leute aus Odeceixe sprechen teilweise sogar ein paar Brocken Deutsch, denn der kleine Ort mit seinem schönen Strand ist Lieblingsziel vieler junger Deutscher.

Praia de Odeceixe

Der **Strand** von Odeceixe erstreckt sich – umrahmt von etwas höheren Felsen – direkt an der Mündung der Ribeira de Seixe, also 3,5 km westlich. Die landschaftlich wunderschöne Praia de Odeceixe ist insbesondere in Nebensaisonzeiten vollkommen leer, in der Hochsaison finden sich hier vorwiegend jüngere deutsche Urlauber ein. In schönster Lage am Hang oberhalb der Praia de Odeceixe liegen die Häuschen und Gassen des gleichnamigen Dorfes.

Residência do Parque: Rua do Correio 15, 8670–320 Odeceixe, Tel. 282 94 71 17, Fax 282 94 75 79. Im Ortszentrum über einem Café/Lokal, einfache Zimmer mit Bad, TV und Heizung. 1. Sept.–14. Juli 12,5 €, 15. Juli–30. Aug. 37,5 €.

Pensão Luar: Rua da Váreza 28, 8670–320 Odeceixe, Tel. 282 94 71 94. Angenehme, kleine Pension, freundlich geführt, im unteren Ortsteil nahe der Straße zur Praia de Odeceixe. DZ um 25 €.

Camping

Parque de Campismo de São Miguel, 2 km außerhalb von Odeceixe an der Straße nach Lissabon.

Odeceixe liegt an der Strecke Lagos-Aljezur-Alentejo, ein bis vier Busse täglich.

Aljezur

Algarve-Atlas: S. 209, D 1

Aljezur südlich von Odeceixe besteht aus einem alten und einem neuen Ortsteil, die durch das Flüsschen Ribeira de Aljezur getrennt sind. Bei der Einfahrt aus Richtung Norden hat man einen schönen Blick auf den am Hang gelegenen alten Teil mit der Burganlage. Die Straße führt zunächst am neuen Ortskern vorbei, und unmittelbar hinter der Brücke zieht sich das historische Zentrum hinauf.

Windmühle in Odeceixe

Altstadt

Unten am Fluss, der hier von hohen Pappeln gesäumt ist, bildet der Largo do Mercado noch vor der Brücke einen kleinen Treffpunkt. Hier befindet sich auch die Touristeninformation. Durch die Sträßchen in der kleinen Altstadt spaziert man am besten zu Fuß. Gleich drei Museen gibt es in Aljezur: Am Ende der Rua João Dias Mendes liegt am Largo 5 de Outubro das **Museu Municipal** (Mi–Fr 9.30–12.30, 14–17.30 Uhr, Sa, So 10–13 Uhr) mit einer kleinen archäologischen Sammlung und einer Ausstellung mit landwirtschaftlichem Gerät aus der Region Aljezur. Weiter bergauf kommt man zunächst zum **Museu Antoniano,** das dem Leben des hl. Antonius gewidmet ist, und schließlich in der Rua do Castelo zur **Casa Museu José Cercas** mit Gemälden des aus Aljezur stammenden Malers José Cercas, der sein Werk nach seinem Tod im Jahr 1992 seinem Heimatstädtchen vermachte. Auf halber Höhe steht die **Igreja da Misericórdia** aus dem 16. Jh., der eine Sammlung mit sakraler Kunst angeschlossen ist (Museu de Arte Sacra).

Oberhalb der Altstadt thront das **Castelo,** das auf eine Gründung der Mauren im 10. Jh. zurückgeht. An die Anwesenheit der Mauren erinnert übrigens auch der Ortsname: Er stammt vermutlich vom arabischen *al-juzur* (Inseln) ab. Bei archäologischen Grabungen stieß man hier oben auch auf Spuren aus der Eisenzeit, wiewohl man weiß, dass eine Besiedlung schon wesentlich früher stattgefunden hat. Die Lage war günstig und bot die Möglichkeit, den Fluss zu beobachten, der wenige Kilometer westlich von Aljezur in den Atlantik mündet. Eukalyptusgeruch und das Bimmeln von Ziegen- und Kuhglocken aus dem Tal hinauf begleiten den Besuch der Burganlage.

Neustadt

Östlich des Flusses lohnt auch die Neustadt (Igreja Nova genannt) einen kurzen Besuch. Dieser neue Ortsteil entwickelte sich um die **Igreja Matriz** oder auch Igreja Nova, die nach dem Erdbeben 1755 außerhalb der Altstadt errichtet wurde. Der **Largo 1° de Maio** neben der Kirche und die Straßen um den Platz bilden das Zentrum der Neustadt von Aljezur.

Largo do Mercado: Tel. 282 99 82 29. Im Internet: www.aljezur.net

Hotel Residencial Vale da Telha: Tel. 282 99 81 80/1/2, Fax 282 99 81 76. Gepflegtes und solides kleines Hotel ›in the middle of nowhere‹ – in der nicht allzu attraktiven Region von Vale da Telha westlich von Aljezur. DZ 35–47 €.

Residencial D. Sancho II.: Largo Igreja Nova 1, 8670–083 Aljezur, Tel./Fax 282 99 87 63, turimol@mail.telepac.pt. Einfache Unterkunft im neuen Ortsteil oben in einer Nebenstraße direkt am Kirchplatz, in dem kleinen Supermarkt nachfragen. DZ ca. 30 €.

Camping:

Parque de Campismo de Municipal de Aljezur***: 1500 Plätze, Vale da Telha, westlich von Aljezur, Tel. 282 99 84 44.

Parque de Campismo de Serrão***: 1600 Plätze, nördlich von Aljezur an der Straße zur Praia de Amoreira, Tel. 282 99 85 93/4, Fax 282 99 86 12.

Primavera: nahe der Hauptstraße Richtung Vila do Bispo, südlich der Brücke (ausgeschildert). Regionale Küche.

Bis zu fünf Busse täglich von Lagos nach Aljezur. Busverbindungen auch zu den Stränden (Information im Touristenbüro)

Traumhafte Strände

Algarve-Atlas: S. 208/209, A2 und D2
Westlich von Aljezur erstreckt sich zum Atlantik hin ein Gebiet, das man vor Jahren im großen Stil touristisch erschließen wollte. Auf dem Hochplateau um **Vale da Telha** zeugt eine merkwürdig zersiedelte Landschaft mit vielen kleinen Straßen und verstreuten Häuserkomplexen von den Vorhaben, die vorerst auf Eis gelegt zu sein scheinen, da die erwarteten Gäste – u. a. wohl wegen des vergleichsweise rauen Klimas – von Anfang an ausblieben. Einen schönen Strand und eine hübsche Ansiedlung von Häusern gibt es in **Monte Clérigo.** Die **Praia da Arrifana** weiter südlich wirkt landschaftlich etwas gewaltig und düster – hohe dunkle Felsen, über die sich die Häuseransammlung von Arrifana hinzieht, erstrecken sich um die Bucht. Unten gibt es einen kleinen Fischerhafen. Von dem Felsvorsprung **Pedra da Carraça** mit einer alten Burgruine bietet sich ein weiter Blick auf den Atlantik, Ort und Strand von Arrifana und die lange, etwas unwirtliche Steilküste.

Mit dem Auto ist auch die **Praia da Amoreira** etwas nördlich von Monte Clérigo gut zu erreichen. Zwar ist die Anfahrt relativ lang, dafür ist der Strand leer und landschaftlich sehr schön mit einer kleinen Lagune, die sich landeinwärts zieht.

Carrapateira

Algarve-Atlas: S. 209, D2
Der hübsche kleine Ort Carrapateira ca. 20 km südlich von Aljezur lohnt mindestens einen Zwischenstopp. In schönster Lage steht die Dorfkirche aus dem 16. Jh. mit schlichtem manuelinischem Portal, vom Kirchvorplatz bietet sich ein Blick über den Ort und in die Umgebung. Außerdem sind Überreste einer Burganlage aus dem 17. Jh. erhalten.

Praia da Bordeira und Praia do Amado

Die eigentlichen Schätze von Carrapateira sind die großen Strände Bordeira nordwestlich und Amado südwestlich. Beide Strände sind in den Sommermonaten sehr beliebt und frequentiert, ohne aber überfüllt zu sein. Wellenreiter kommen vor allem an der Praia do Amado voll auf ihre Kosten. Eine landschaftlich höchst eindrucksvolle Route ist die Schotterpiste, die oberhalb der Küste verläuft und beide Strände miteinander verbindet.

Casa Fajara: Tel. 282 97 31 23. Modernes Haus mit hübschem Garten, unmittelbar nördlich von Carrapateira recht idyllisch in der Landschaft gelegen, Preis für das Gebotene akzeptabel, Swimmingpool, Ausritte per Pferd möglich. DZ 55 €.

Traumhafter Strand: Praia do Amado

Pensão das Dunas: Rua da Padaria 9, Carrapateira, Tel./Fax 282 97 31 18. Wunderschöne einfache Pension mit kleinem Garten. Im Sommer sollte man so früh wie möglich reservieren, da es insgesamt nur wenige Übernachtungsmöglichkeiten in der Gegend gibt und die Pension sehr beliebt ist. DZ 15–33 € (je nach Saison). **Privatzimmer** werden in der Bar Barroca nahe der Kirche vermittelt.

O Sítio do Forno: an der Piste zwischen Praia da Bordeira und Praia do Amado; gute, günstige Fischgerichte.

Surfen: Zum Wellenreiten bietet sich die Praia do Amado an, hier gibt es auch eine Schule.

Wer in dieser abgelegenen Gegend ein **Taxi** braucht, meldet sich in der Bar Barroca oder unter Tel. 282 97 32 20.

Vila do Bispo

Algarve-Atlas: S. 208, C3
Über die von großen Pinien und Eukalyptusbäumen gesäumte Straße erreicht man Vila do Bispo. Das ›Städtchen des Bischofs‹ ist Sitz der Verwaltung dieser Region, deren bekanntester Ort das nahe gelegene Sagres ist. Der Ort ist recht unspektakulär und profitiert in erster Linie von den vielen Stränden in der Umgebung. Auffälligster Bau ist die weiß strahlende **Dorfkirche** aus dem 18. Jh. Wer sie offen findet, beispielsweise an einem Sonntagvormittag, sollte einen Blick hineinwerfen: Sie ist sehr eindrucksvoll mit Wandfliesen ausgekleidet, deren Einheitlichkeit lediglich durch einige *talha-dourada*-Verzierungen (s. S. 44) unter-

brochen wird. Die dreiteilige Holzdecke ist mit Zierranken und Putten bemalt. Neben der Kirche befindet sich ein kleiner Dorfplatz. Hier und in den Straßen drumherum lassen verschiedene Restaurants auf Tourismus in kleinem Stil schließen.

Strände in der Nähe

Die große Attraktion von Vila do Bispo sind die Strände westlich bzw. nordwestlich und südlich des Ortes. Wie auch weiter nördlich sind die Strände **Praia do Castelejo, Praia da Cordama** und **Praia da Barriga** an der Westküste direkt der Wucht des Atlantiks ausgesetzt. Sie liegen am Fuß der hohen Steilküste, sind teilweise schwierig zu erreichen und landschaftlich absolut großartig. Lediglich in den Hochsaisonmonaten wird es hier mal etwas voller, aber nie auch nur ansatzweise überfüllt. Weil sie wenig Schutz gegen Westwinde bieten, können sie nicht gerade als lieblich bezeichnet werden – vielleicht einer der Gründe, dass es hier immer vergleichsweise leer ist. Schotterpisten führen über das Hochplateau nordwestlich von Vila do Bispo zu den Stränden. Dabei passiert man die **Torre de Aspa,** die mit 156 m die höchste Erhebung in diesem Küstenabschnitt darstellt. Die kleineren Strände und Strandbuchten südlich von Vila do Bispo haben einen völlig anderen Charakter. Sie liegen im Schutz der südwestlichen Spitze Portugals in einer langgezogenen Bucht, entsprechend ist der Atlantik hier etwas abgemildert, und Wellen und Winde sind ein kleines bisschen entschärft.

Pensão Mira: Tel. 282 63 91 60. Etwas veraltete Pension gegenüber der Dorfkirche, einfach und freundlich. DZ mit Bad 35 €, ohne Bad 25 €.

Nahe der Kirche gibt es mehrere einfache, aber nicht allzu günstige **Restaurants,** u. a. Restaurant Central.

Nossa Senhora da Guadalupe

Algarve-Atlas: S. 209, D3
Einen kleinen kulturellen Schatz findet man ca. 4 km östlich von Vila do Bispo zwischen den Dörfern Raposeira und Figueira: die kleine Kapelle Nossa Senhora da Guadalupe (Mo. geschl.). Das weiße Kirchlein, das 1942 zum Nationalmonument erklärt wurde, steht nördlich der N 125 mitten in der Landschaft (zu erreichen über eine kleine Parallelstraße zur N 125, kleines braunes Schild hinter dem Ortsausgang von Raposeira bzw. von Osten kommend hinter Figueira). Im 15. Jh. gehörten diese Gebiete zum Besitz Heinrichs des Seefahrers, und man vermutet, dass er die Kapelle regelmäßig aufgesucht hat. Auch glaubt man, dass hier die Einführungsriten der Christusritter stattfanden und dass vor den großen Entdeckungsfahrten in der kleinen Kirche gebetet wurde. Die schlichte Kapelle Nossa Senhora da Guadalupe wurde wahrscheinlich in der zweiten Hälfte des 13. Jh. direkt nach der Vertreibung der Mauren aus der Region gebaut. Sie weist romanische und frühgotische Stilmerkmale auf. Besonders hübsch sind die Schlusssteine im Chor und die Kapitelle, die einfache Menschen- und Tierköpfe, darunter einen

im Porto da Baleeira, dem Hafen von Sagres, spielt die Fischerei noch eine Rolle

Stierkopf zeigen. Der steinerne Stierkopf als Symbol für Macht und Stärke ist einzigartig in einer portugiesischen Kirche. Im Chorraum ist ein Bildnis von Heinrich dem Seefahrer aufgestellt. Neben der Kirche stieß man auf römische Spuren, Becken und Rinnen, die in den Fels geschlagen wurden. An dieser Stelle ist der Bau eines Informationszentrums zu Fragen der Geschichte und Archäologie geplant.

Sagres

Algarve-Atlas: S. 208, C4
10 km südwestlich von Vila do Bispo liegt in karger, unfruchtbarer Landschaft das legendäre Sagres, dessen Namen die meisten Algarve-Besucher schon vorab kennen. Der erste Eindruck ist meistens enttäuschend, denn bei aller Bekanntheit hat der mit rund 2000 Einwohnern recht kleine Ort nicht allzu viel zu bieten. Genauer gesagt gibt es keinen wirklichen Ort mit gewachsenem Kern. Häuser und Straßen liegen etwas verloren auf der baumlosen, windumbrausten Hochebene, und dörfliches Leben findet man allenfalls an der **Praça da República,** wo es neben der (privaten) Touristeninformation mehrere Cafés und Restaurants gibt. Ansonsten scheint man hier im Südwesten Europas tatsächlich am Ende der Welt angekommen zu sein – für Ruhesuchende genau das Richtige.

Sagres wartet mit einigen Unterkünften auf – eine Pousada, Pensionen und mehrere Hotels –, die durch die Lage oben auf der Steilküste grandiose Ausblicke bieten. Wer eine solche Bleibe mit Meerblick findet, für den lohnt der Besuch von Sagres allemal. Recht schöne **Strände** sind die Praia da Baleeira und die Praia da Mareta direkt am Ort, die Praia do Tonel im Westen und die Praia do Martinhal etwas nordöstlich, der kleine Vogelinseln vorgelagert sind. Landschaftlich besonders schön ist die Praia do Beliche unmittelbar östlich des Cabo de São Vicente. Einen Abstecher lohnt auch der **Hafen** von Sagres, der Porto da Baleeira, in dem es ausgeprägten Fischereibetrieb gibt. Die eigentliche Bedeutung von Sagres aber ist historischer und geografischer Natur, und aus diesem Grund hat Sagres jetzt sogar die Aufnahme in die Liste der UNESCO als Weltkulturerbe beantragt. Organisierte Bustouren lassen den Ort meist links liegen und fahren direkt zu den beiden Attraktionen außerhalb: die geschichtsträchtige Fortaleza und das fast etwas mythische Cabo de São Vicente.

Fortaleza de Sagres

Algarve-Atlas: S. 208, C 4
Die Ponta de Sagres mit der Fortaleza de Sagres liegt etwas südwestlich unmittelbar in Ortsnähe. In den Sommermonaten herrscht hier Hochbetrieb, und für die vielen Besucher hat man einen etwas überdimensionalen Parkplatz angelegt. Unter den Ausflüglern sind immer auch viele Portugiesen, die der bedeutenden Geschichtsstätte ihres Landes gern einen Besuch abstatten. Die Fortaleza auf der Ponta de Sagres hat für die großen Entdeckungs- und Eroberungsreisen der Portugiesen vermutlich eine recht entscheidende Rolle gespielt. Heinrich der Seefahrer hat hier in seinem Sitz auf dem windumwehten Kap über dem Atlantik im 15. Jh. Wissenschaftler zusammengebracht, deren zusammengetragenes Wissen der portugiesischen Seefahrt damals wesentliche Impulse gegeben hat (s. S. 76f.). 1587 wurde die Fortaleza de Sagres bei einem Angriff von Sir Francis Drake, der mit seiner Truppe auf dem Weg nach Cádiz war, teilweise zerstört, weitere Schäden richtete das Erdbeben 1755 an. Erst in den 1950er Jahren kümmerte sich die Salazar-Regierung um die Anlage, da sich 1960 der Todestag des Infanten zum 500. Mal jährte. Über Jahre war innerhalb der Festungsmauern eine Jugendherberge untergebracht, die restlichen Gebäude standen vergessen auf dem Kap – alles in allem aber war die Anlage atmosphärisch ausgesprochen eindrucksvoll. In den 1990er Jahren ist das ehemalige Fort dann gründlich restauriert worden und trägt seither den Namen »Vila do Infante« nach dem Beinamen von Heinrich dem Seefahrer (Mai–Sept. 10–20.30 Uhr, Okt.–April 10–18.30 Uhr).

Hat man die wuchtigen Festungsmauern passiert, sieht man gleich links auf dem Boden ein großes kreisrundes Steingebilde, das unter dem Namen *Rosa dos ventos* (Windrose) im Prinzip schon das Interessanteste innerhalb der Fortaleza ist. Ob dieser Kreis mit 43 m Durchmesser wirklich als Windrose gedient hat, ist bisher nicht eindeutig geklärt, da er in 42 Kreissegmente unterteilt ist statt der für Windrosen üblichen 32 Segmente.

Wer sich dann zunächst etwas Übersicht verschaffen möchte, dem bietet sich oben von den Festungs-

HEINRICH DER SEEFAHRER

Heinrich war kein Seefahrer. Nur einmal, im Alter von 21 Jahren, hat er seinen Fuß auf ein Schiff gesetzt, nämlich als er von Portugal nach Nordafrika segelte und dort an einem Kreuzzug teilnahm. ›O Navegador‹ wird er genannt, weil er bahnbrechende Neuerungen für die Seefahrt in die Wege geleitet hat. Nicht Heinrich der Seefahrer sollte er heißen, sondern besser Heinrich der Reeder, der Informationsbesessene, der Geschäftsmann, der Großinvestor, der rationale Planer, der Missionar, der Grausame. In Portugal wird er allerorten verehrt. Überall wo man auf ›Dom Henrique‹, auf ›O Infante‹ oder auf ›O Navegador‹ stößt – ein Restaurant, ein Hotel, eine Autobahn – ist er gemeint. Lange Zeit wurde er romantisch verklärt, insbesondere im 19. Jh., und noch 1960 hat man ihm in Lissabon anlässlich seines 500. Todestages am Tejo-Ufer ein aufwändiges Denkmal gesetzt.

Heinrich wurde am 4. März 1394 im nordportugiesischen Porto geboren. Er war der vierte Sohn von João I., dem Begründer der Aviz-Dynastie, unter deren Herrschaft Portugal zur führenden Welt- und Handelsmacht aufstieg. Dem Erbgut der englischen Mutter schreibt man Heinrichs spätere Erfolge zu: Philippa von Lancaster soll ihm seinen nüchternen Verstand, Mut, Askese und politisches Geschick mit auf den Weg gegeben haben.

Dreierlei war für seinen erfolgreichen Weg entscheidend. Zum einen wurde er zum Gouverneur der Algarve mit ihren zahlreichen Häfen ernannt, nachdem er 1415 bei dem Kreuzzug nach Nordafrika an der Eroberung von Ceutá beteiligt gewesen war. Außerdem war Heinrich Großmeister des mächtigen Christusritterordens, der die portugiesischen Weltmeerbesegelungen initiierte und finanzierte. Und schließlich kam Heinrich mit den Kenntnissen der Araber in Berührung – wie, ist nicht bekannt, denn als Heinrich die politische Bühne betrat, waren die Mauren bereits seit mehr als 150 Jahren aus der Algarve vertrieben. Auf jeden Fall war er besessen davon, arabisches Wissen in eigenen Studien zu ergründen und zu vertiefen. Die Araber hatten bereits seit Jahrhunderten ein Schifffahrts- und Handelssystem mit dem Fernen Osten aufgebaut, über das sie aber eisern wachten und an dem Europa keinesfalls teilhaben sollte. Gleiches galt für ihre herausragenden nautischen und astronomischen Kenntnisse, mit denen die Seereisen überhaupt nur möglich waren. Von ihrem reichen Erfahrungsschatz hatte die Algarve profitiert – etwa in der Landwirtschaft –, aber zu Zeiten, als Heinrich Gouverneur der Algarve wurde, lag viel ungenutztes Wissen brach.

In seinem Sitz hoch über dem Meer – der Vila bei Sagres – muss Heinrich Zusammenkünfte bedeutender Kosmologen, Astronomen und Nautiker aus verschiedenen Ländern initiiert haben, bei denen das Wissen der damaligen Zeit zusammengetragen wurde. Eine regelrechte Schule, wie es so oft heißt, hat es aber wohl nie gegeben. Die geographischen Kenntnisse waren in Europa noch mittelalterlich: Noch nahm man an, dass das Meer nur bis zum Kap Bojador an der nordwestafrikanischen Küste auf Höhe der Kanarischen Inseln zu befahren sei. Dahinter würde das Wasser zähflüssiger und heißer und schließlich eine brodelnde Masse, in der Ungeheuer lebten. Oder man stellte sich vor, das Wasser würde an einem bestimmten Punkt hinter dem Kap einfach über eine riesige Kante hinunterstürzen. Vorsichtshalber segelte man immer in Sichtweite der Küste, wo wiederum bei gefährlichen Wind- und Wetterlagen Felswände und Riffe drohten. Mit den erstmals in Europa zusammengetragenen nautischen und astronomischen Kenntnissen konnte man das Meer auch weitab der Küsten besegeln. Denn nun hatte man mit Sonnenstand, berechenbaren Sternenbahnen und Gestirnspositionen gänzlich neue Orientierungspunkte, und mit dem Astrolabium, einem nautischen Instrument der Araber, konnte man exakt den eigenen Standort bestimmen. Entscheidend war zudem das Wissen über Schiffsbau und -konstruktion. Neben den arabischen gingen auch die Erfahrungen nordeuropäischer Seefahrer in die Entwicklung der portugiesischen Karavelle ein, die wesentlich sicherer, seetüchtiger und manövrierfähiger war als die bisherigen Segelschiffe. Die neuen Schiffe wurden in Werften an der Algarve-Küste mit Hölzern aus den Algarve-Bergen gebaut, z. B. in Lagos oder Portimão.

Was in Sagres oben auf den Felsen am Ende der Welt gesprochen, diskutiert und geforscht wurde, wurde nicht öffentlich. Man bewahrte Stillschweigen, über neue Erkenntnisse zu sprechen war bei Strafe verboten. Keinesfalls sollte dieses Wissen an andere Herrscher gelangen, die es für sich hätten nutzen können. Außerdem durfte nicht bekannt werden, dass man sich auf arabische Kenntnisse stützte, die der römischen Kirche ein rotes Tuch waren. Und für die arbeitete man schließlich. Im Großen und Ganzen jedenfalls. Der Missionsgedanke war für Heinrich sicherlich ein treibender Faktor, und sein Christusritterorden finanzierte einen Großteil der Forschung. Ein kaum weniger wichtiger Faktor waren jedoch die Geschäfte. Soweit man weiß, war Heinrich an einer Handelsgesellschaft in Lagos beteiligt, die sich ein Monopol auf alle erstmals in Portugal ankommenden Waren gesichert hatte. Heinrich finanzierte die Missions- und Eroberungsreisen unter anderem mit Steuergeldern, die er von den Algarvios einkassierte. Als wichtigen Handelsstützpunkt in Nordafrika nutzten die Portugiesen Ceutá, für dessen Verwaltung und Verteidigung Heinrich zuständig war. Als nun die Mauren ihrerseits seinen Bruder Fernando gefangen genommen hatten und ihn nur gegen eben dieses Ceutá herausgeben wollten, blieb Heinrich zugunsten des Handelsvorteils hart und ließ den Bruder in den Händen der Mauren umkommen.

Dank seiner zweifelhaften Motive erkundete Heinrich geradezu visionär die Weltmeere, um fremde Erdteile zu erreichen. Er leitete damit für Portugal und letztlich für ganz Europa, ja für die gesamte Weltgeschichte, eine neue Epoche ein, auch wenn die portugiesischen Seefahrer zu seinen Lebzeiten gerade einmal bis zur Senegalmündung kamen, dies allerdings mit bereits verheerenden Konsequenzen – dem Einsetzen des Sklavenhandels im Jahr 1444. Am 13. November 1460 starb Heinrich in Sagres an einem ›Fieber‹.

mauern aus ein guter Blick über den gesamten Bereich der Fortaleza. Die kleine Igreja de Nossa Senhora da Graça wurde im 16. Jh. gebaut. Die weiteren Gebäude sind Neubauten mit einem Laden, einer Cafeteria sowie Räumlichkeiten für Wechselausstellungen und Veranstaltungen. Ein Stück weiter nach Süden passiert man noch ein kleines Auditorium und kann dann einmal die Ponta de Sagres umrunden. Von dem Weg aus, auf dem man an mehreren Grotten, Aussichtspunkten und Kanonen vorbeikommt, bietet sich ein hervorragender Ausblick auf den Küstenstreifen bei Sagres und hinüber zum Cabo de São Vicente.

Turinfo: Praça da República, Tel. 282 62 00 03, Fax 282 62 00 04. Engagierte private Touristeninformation und Reiseagentur, die jede Art von Tipps parat hält; organisiert auch Boots- und Angeltouren, Ausflüge; Fahrradverleih.
Posto de Turismo: Rua Comandante Matoso, Tel. 282 62 48 73.

Pousada do Infante: Ponta da Atalaia, Tel. 282 62 42 22, Fax 282 62 42 25. Moderne Pousada in schöner Lage über dem Meer, aller für eine Pousada übliche Komfort, Tennisplatz und Swimmingpool. DZ ca. 115 €. Eine kleine Perle ist die Dependance der Pousada in der Fortaleza de Beliche: Tel./Fax 282 62 41 24, nur 4 Zimmer gibt es an diesem ungewöhnlichen Fleckchen, rechtzeitige Reservierung (über die Pousada do Infante) empfohlen! DZ ca. 75 €.
Hotel da Baleeira: Tel. 282 62 42 12, Fax 282 62 44 25, hotel.baleeira@mail.telepac.pt. Komfortables Hotel, oberhalb des Hafens von Sagres gelegen; Swimmingpool mit Liegewiese und Meerblick. DZ je nach Saison 29–89 €, für Zimmer mit Meerblick zahlt man bis zu 10 € mehr.
Pensão Residência D. Henrique: Praça da República, Tel. 282 62 00 03, Fax 282 62 00 04. Angenehme Pension in sehr schöner Lage: in unmittelbarer Nähe zum Dorfplatz und auf der anderen Seite mit Blick zum Meer. DZ je nach Saison 25–70 €, Zimmer mit Meerblick kosten bis zu 15 € mehr und sind schnell ausgebucht.
Camping:
Parque de Campismo de Sagres**, 1130 Plätze, an der Straße nach Vila do Bispo, Tel. 282 62 43 51, Fax 282 62 44 45.

A Tasca: Porto da Baleeira. Traditionelles Touristenlokal im Hafen von Sagres, in dem man hervorragend Fisch und Schalentiere essen kann, Gerichte liegen bei 15 €.
A Sagres: Am Kreisel an der Ortseinfahrt, eher für ein kleines Essen zwischendurch als für ein abendfüllendes Programm, Kleinigkeiten und gute einfache Fischgerichte um 5 €.

Bootstouren: In der Saison täglich zum Cabo de São Vicente, Moby Dick-Bar (Porto da Baleeira) bzw. Pensão Navegante II, Tel. 282 62 44 42, angeboten werden auch Angelfahrten (Angeln mit der ganzen Familie und Haiangeln).
Jeep-Touren: in das Naturschutzgebiet der Costa Vicentina, bei Turinfo (s.o.).
Tauchen: Centro de Mergulho, Tel. 282 62 47 36, Porto da Baleeira (beim Restaurant Tasca), Kurse und professionelle Begleitung; auch Flaschenfüllstation.
Windsurfing: Gute Bedingungen gibt es an der Praia do Martinhal.

Täglich mehrere **Busse** von Lagos nach Sagres. Ankunft an der Praça da República, Abfahrt in der Nähe des Posto de Turismo.

Fortaleza de Beliche

Algarve-Atlas: S. 208, C 4
Zum Cabo de São Vicente kommt man über eine Straße, die sich oben auf der Hochebene in leichtem Bogen um die Bucht von Beliche zieht. Die Gegend ist ausgesprochen karg, nur ein paar Macchiagewächse trotzen den stetigen Westwinden. Nach etwa 3 km erreicht man die Fortaleza de Beliche, eine kleine Befestigungsanlage, deren Ursprünge im Dunkeln liegen. Die jetzige Anlage, über die der Santo António als Schutzpatron wacht, stammt aus dem 17. Jh., die vorherige war ebenfalls von Sir Francis Drake weitgehend zerstört worden. In der Festung sind im Sommer eine Dependance der Pousada in Sagres mit nur vier Zimmern und ein Restaurant eingerichtet – zweifellos ein außergewöhnliches Plätzchen. Auf dem Gelände steht außerdem eine der Santa Catarina geweihte Kapelle, die massiv vom Absturz bedroht ist, da die Steilküste darunter durch Erosion stark gefährdet ist. Wie lange die Fortaleza de Beliche noch bewohnt werden kann, ist offenbar nur eine Frage der Zeit.

Fortaleza de Beliche: Schönes, gepflegtes Restaurant in den Mauern der Fortaleza, angenehme Atmosphäre, kleine Terrasse mit Blick in den Garten und auf's Wasser.

Cabo de São Vicente

Algarve-Atlas: S. 208, C 4
Das 60 m hohe Kap 6 km nordwestlich von Sagres hat als südwestlichster Punkt Europas seit jeher die Menschen magisch angezogen. Einst wurde hier eine Gottheit verehrt. Von einer kultischen Bedeutung weiß man durch den

Bei Surfern beliebt: die Westküste

Blick nach Amerika: am Kap São Vicente

griechischen Geografen und Historiker Strabo, der das Kap als ›heiligen Gebirgszug‹ erwähnte, und Plinius der Ältere schrieb über das ›heilige Vorgebirge‹ (Promontorium Sacrum). Der Name Sagres leitet sich von *sacrum* oder *sagris* (geheiligt) ab. Den Römern galt das Kap als Sitz der Götter, und auch den Mauren war der Ort heilig, wenngleich sich während ihrer Herrschaftszeit eine christliche Kapelle am Kap befand. Eingedenk dieser Vergangenheit nimmt sich der Leuchtturm, der heute das Kap markiert und an dem die Straße endet, geradezu lapidar-pragmatisch aus. Allerdings hat es unter christlicher Herrschaft an dieser Stelle bis ins 16. Jh. ein lange Zeit vom Hieronymusorden geführtes Kloster gegeben, das aber dem Ansturm Sir Francis Drakes zum Opfer fiel. In den Klosterräumen waren Pilger untergebracht worden, die es an diesen speziellen Ort zog. Natürlich strömen auch heute die Besucher zum südwestlichsten Punkt Europas. In den Sommermonaten sind hier diverse Buden aufgebaut, u. a. bekommt man dicke Wollpullover gegen den kühlen Wind und Algarve-Produkte wie Honig und Trockenfrüchte, außerdem die »letzte Bratwurst vor Amerika« (www.letztebratwurst.com). Hinter dem trubeligen Park- und Marktplatz erhebt sich der 22 m hohe Leuchtturm, der 1846 im Auftrag von Maria II. gebaut worden ist. Bereits in einem Turm des einstigen Klosters hatte es ein mit Öl betriebenes Leuchtsignal mit einer Reichweite von etwa 20 Seemeilen gegeben. Mit der Optik der heutigen Lichtanlage, die mit 2,66 m Durchmesser die größte Europas sein soll, wird eine Reichweite von immerhin bis zu 33 Seemeilen (etwa 60 km) erzielt. Der Leuchtturm kann besichtigt werden (Öffnungszeiten unregelmäßig).

KAP DES HEILIGEN VINZENZ

Der Legende nach wurde der Leichnam des hl. Vinzenz im 8. Jh. an eben diesem Kap angetrieben, und zwar in einem führerlosen Boot, in dem nur zwei Raben mit an Bord waren. Nun war der Heilige aber schon seit geraumer Zeit tot, soweit man weiß seit etwa 400 Jahren. Vinzenz hatte im 3./4. Jh. in Saragossa als Diakon des Bischofs Valerius gelebt. Es heißt, dass er dem damaligen römischen Statthalter vorgeführt, nach Valencia gebracht und eingekerkert wurde. Im Jahr 304 wurde er zum Tode verurteilt und bei lebendigem Leib auf einen glühenden Rost oder ein Nagelbrett gelegt – in den Überlieferungen herrscht Uneinigkeit über die Art seines Martyriums. Über sein Vergehen, für das er sich das Todesurteil einhandelte, weiß man gar nichts. Der Legende nach muss der Raum im Moment seines Todes hell geworden sein, und der Fussboden soll sich in ein Blütenmeer verwandelt haben. Begraben wurde er in Valencia.

Auch über sein Leben herrscht wenig Klarheit, was dann aber folgte, ist noch verwirrender. Eine Version ist die eingangs genannte, einer anderen Legende zufolge wurde sein Leichnam hier in ein Boot gelegt, das man den Wellen überlassen hat. Noch größer wird die Verwirrung, wenn man hört, dass der hl. Vinzenz auch in Spanien verehrt wird und dass es auch dort ein Grab des Heiligen gibt, in Avilà. Wahrscheinlich haben die Erzählungen folgenden historischen Hintergrund: Als Berberheere im 8. Jh. aus Nordafrika nach Südspanien übersetzten und schließlich nach Valencia kamen, flüchteten Christen mit den Überresten des inzwischen Heiliggesprochenen in einem Boot in Richtung Westen und gingen am hinreichend abgelegenen Kap an Land. Die Christen errichteten an der exponierten Stelle eine Kapelle, die sie dem hl. Vinzenz weihten und die zu Zeiten der maurischen Herrschaft eine wichtige christliche Pilgerstätte war. Als die Christen unter Portugals erstem König Afonso Henriques Lissabon im 12. Jh. aus maurischer Hand zurückerobert hatten, ließ dieser die Überreste des hl. Vinzenz nach Lissabon bringen, denn die kleine Kapelle am südwestlichsten Kap Europas war mittlerweile von fanatischen maurischen Almohaden zerstört worden. Die Gebeine wurden zunächst in der Kirche São Vicente de Fora aufbewahrt, heute steht ein Reliquienschrein in der Sakristei der Kathedrale von Lissabon. São Vicente wurde zum Schutzheiligen der portugiesischen Hauptstadt erklärt. Das Stadtwappen zeigt ein Schiff mit zwei schwarzen Raben.

Zur Zeit der Araber wurde die Kapelle ›Rabenkirche‹ genannt und das Kap ›Rabenkap‹, was die enge Verbindung zwischen dem Heiligen und den Raben noch unterstreicht. Die Rabenkirche muss damals immerhin so bedeutend gewesen sein, dass sie auf alten Karten neben der arabischen Hauptstadt der Algarve als einziger Ort an der Küste eingetragen ist. Möglicherweise sind die Raben als Attribute des hl. Vinzenz auf die Rabenkrähen zurückzuführen, die sich noch heute in großer Zahl in der Region des Cabo de São Vicente aufhalten.

DIE FELSALGARVE IM SÜDWESTEN

Bizarre Felslandschaften und windgeschützte Buchten sind die klassischen Attraktionen der Felsalgarve. Hier locken beliebte Urlauberziele wie Albufeira, Carvoeiro, Armação de Pêra und Praia da Rocha, in denen im Sommer unvergleichlicher Trubel herrscht und die Schattenseiten des Massentourismus deutlich sichtbar sind. Dazwischen findet man Lagos und Portimão als größere Städte und Alvor und Ferragudo als noch relativ intakte Dörfer.

Küstendörfer westlich von Lagos

Salema

Algarve-Atlas: S. 209, D3
Von Vila do Bispo aus führt die N125 über rund 150 km in Richtung Osten immer parallel zur Küste bis nach Vila Real de Santo António am Grenzfluss zu Spanien. 8 km östlich von Vila do Bispo ist Salema der erste größere Küstenort östlich von Sagres. Einst ein ziemlich uriges Fischerdorf ist Salema noch vergleichsweise untouristisch, auch wenn sich das Bild in den letzten Jahrzehnten schon geändert hat. Zwei große Hotel- bzw. Apartmentbauten und eine kleine Strandpromenade sind entstanden. Weiter oben auf dem Hang sind komplett neue Siedlungen gebaut worden. Das einstige Minidorf mit den kleinen Häusern, das sich im Wesentlichen um eine Hauptgasse am Hang hochzieht, hat sein Aussehen dagegen kaum verändert. Schon vor Jahrzehnten hat es hier eine Art Hippie-Tourismus gegeben – traditionell zieht es vor allem Deutsche und Engländer nach Salema. Der Strand ist nicht allzu groß und kann in der Hochsaison schon mal etwas voller sein. Im östlichen Teil findet man bei günstigen Strömungsverhältnissen schöne große Muscheln.

Von Salema aus lassen sich ausgedehnte Spaziergänge parallel zur Küste und ins Hinterland machen. In Richtung Osten kommt man über die Steilküste zur **Boca do Rio,** eine von einem Strand umzogene kleine Flussmündung, an der archäologische Funde auf die einstige Anwesenheit der Römer hindeuten. An dieser Stelle wird es vermutlich bald vorbei sein mit der Idylle, denn es gibt Pläne für größere Bauvorhaben: Das Gebiet wurde von einer britischen Gesellschaft aufgekauft, und ein Yachthafen soll entstehen. Westlich von Salema kommt man über Figueira zu der meist relativ leeren Praia da Figueira.

Horizonte: Praia da Salema, Tel./Fax 282 69 59 20. Gute private Agentur (dtspr.), die alle nötigen Auskünfte erteilt und Ausflüge etc. anbietet.

Estalagem Infante do Mar: Praia da Salema, Tel. 282 69 01 00, Fax 282 69 01 09. Empfehlenswerte Adresse und die bessere Alternative zum Hotel unten im Ort, existiert seit 32 Jahren oben auf dem Hang mit Top-Blick auf's Meer, hübsche kleine Anlage mit Swimmingpool. DZ 35–70 € (je nach Saison).
Privatzimmer: werden überall im Dorf angeboten (per Aushang an der Tür, ansonsten in einer Bar nachfragen). Auch die Agentur Horizonte vermittelt gute Privatadressen.
Casa Meranka Apartments: Rua do Rossio, Figueira, Tel./Fax 282 69 53 03. Wer mindestens eine Woche in der Gegend bleibt, findet in dem Dorf Figueira diese recht schöne, originelle Adresse. Drei einfach ausgestattete Apartments gruppieren sich um einen südlichen Innenhof mit Swimmingpool. Apartment 175–460 € pro Woche.
Camping:
Quinta dos Carriços**, 600 Plätze, Praia da Salema, Tel. 282 69 52 01, Fax 282 69 51 22. Schöner baumreicher und gut geführter Campingplatz im Tal an der kleinen Zufahrtsstraße nach Salema.

O Atlântico: direkt am Strand von Salema. Fischgerichte, Fleisch zu üblichen Preisen.
Boia-Bar: unten im alten Dorf am Strand, ist auf deutsche Touristen eingestellt, es gibt Frühstück, u. a. auch Müsli.

Horizonte bietet gute und vergleichsweise umweltverträgliche **Touren** durch das Naturschutzgebiet Costa Vicentina an.

Fischliebhaber kommen an der Algarve-Küste auf ihre Kosten

Internetzugang bekommt man in der Bar A Aventura unten im Dorf.

Busse der Linie Lagos-Sagres halten in Salema bzw. an der N125.

Burgau und Luz

Algarve-Atlas: S. 209, E3
Der nächste kleine Ort in Richtung Osten ist **Burgau,** insgesamt etwas kompakter als Salema zieht er sich an der Küste hinauf. Der Strand ist recht klein und vergleichsweise unattrakiv. **Luz** ist etwas touristischer; hier sind viele Apartments gebaut worden – allerdings in Flachbauweise und somit insgesamt recht ansehnlich. Eine kleine Promenade zieht sich am Strand entlang, und wer etwas mehr touristische Infrastruktur wünscht als in Burgau und Salema, findet sie hier in Luz.

›Weiße Stadt am blauen Meer‹: Lagos

Casa Grande: Burgau, Tel. 282 697416, Fax 282 697825, casagrande@mail.telepac.pt. Eine unkonventionelle und großzügige alte Villa am Rand von Burgau, die mit einiger Genialität von Engländern eingerichtet wurde und geführt wird. Teilweise sehr große Zimmer. DZ 30–65 €, spezielle Wochentarife, auch Halbpension möglich.

Viele **Busse** der Linie Lagos-Sagres halten in den Dörfern.

Lagos

Algarve-Atlas: S. 209, F3

Lagos ist mit 14 000 Einwohnern einer der Hauptorte der Felsalgarve. Portimão und Albufeira weiter östlich sind zwar größer, Lagos blickt dafür auf eine bedeutendere und bewegte Geschichte zurück und ist bis heute im Ausland bekannter als die beiden anderen Städte. Die kleine Stadt ist vom Tourismus geprägt, sie verdankt den alljährlichen Trubel den berühmten Stränden, Buchten und pittoresken Felsen in der Umgebung. Einige wenige Straßen in der hübschen Altstadt sind touristisches Zentrum mit Souvenirläden, zahlreichen Cafés und Restaurants. Aber sobald man in eine der Nebenstraßen kommt, ändert sich das Bild schlagartig, hier spielt sich ein ganz normaler portugiesischer Alltag ab. Die Leute leben in Lagos außer vom Tourismus auch vom Handel und vom Fischfang, insbesondere Sardinen und in Maßen Thunfisch werden gefangen.

Die Stadt liegt im geschützten Westen der langgezogenen Bucht Baia de Lagos an der Mündung der kleinen Ribeira de Bensafrim. Eben diese Lage hat schon die Phönizier dazu bewogen, hier einen Hafen für ihre Handelsflotte einzurichten – der letzte bevor es aus ruhigeren Gefilden in die stürmischen Gewässer des Atlantik weiterging. Später machten griechische und karthargische Schiffe hier ihre Zwischenstopps. Unter den Mauren hatte die Stadt neben dem wichtigeren Silves nur zweitrangige Bedeutung. Im 15. Jh. aber rückte Lagos in den Blickpunkt des europäischen Geschehens, als nämlich die Karavellen von diesem wichtigsten Hafen Südportugals aus ihre Weltmeerbesegelungen starteten. Die kleine Stadt nahm einen ungeheuren Aufschwung, hier wurden die berühmten portugiesischen Segelschiffe gebaut und hierher brachten die Zurückkommenden anfangs ihre erbeuteten Güter aus Übersee mit. Später lief ein Großteil des portugiesischen Welthandels über Lagos. 1577 wurde Lagos offiziell Hauptstadt der Algarve. Doch schon ein Jahr später war das Ende des Goldenen Zeitalters für ganz Portugal besiegelt. Ebenfalls von Lagos aus startete 1578 nämlich der junge portugiesische König Sebastião (s. S. 27 u. S. 90), um Gebiete in Nordafrika in seinen Besitz zu bringen. Gleich bei der ersten Schlacht kam er um. Da es keinen Thronfolger gab, machte der spanische König Philipp II., ein Enkel Manuels I., Ansprüche auf die portugiesische Krone geltend und besetzte das Land. Die Hauptstadt der Algarve versank dann über Jahrhunderte im Dornröschenschlaf, aus dem sie erst im 20. Jh. erwachte, als die Touristen die Schönheit der Felsalgarve entdeckten.

Praça do Infante

Südlich der Fußgängerzone liegt die weite, belebte Praça Infante Dom Henrique oder einfach Praça do Infante mit dem Denkmal für Heinrich den Seefahrer, also für den Infanten, der als Symbolfigur für die in Lagos gestarteten Weltumsegelungen und Eroberungen in Portugals Goldenem Zeitalter gilt. 1960, zu Salazar-Zeiten, als man sich besonders gern dieser Glanzzeit in der Historie des Landes erinnerte, stellte man das Denkmal hier auf – Anlass war sein 500. Todestag. In der **Igreja de Santa Maria** 1 an der Südseite des Platzes wurde 1460 eine Grabstelle für Heinrich den Seefahrer eingerichtet, später wurden die sterblichen Überreste aber in das Kloster in Batalha gebracht, wo noch weitere Nachkommen des Königs João I. ruhen – Heinrich der Seefahrer war ja ein Sohn des Aviz-Königs.

Sehenswürdigkeiten

1 Igreja de Santa Maria
2 Zollbehörde
3 Städtisches Museum
4 Kirche Santo António
5 Gouverneurspalast
6 Fortaleza Ponta da Bandeira
7 Kirche São Sebastião

Übernachten

8 Residencial Lagosmar
9 Pensão Cidade Velha
10 Pensão Mar Azul
11 Jugendherberge

Essen und Trinken

12 O Alberto
13 O Escondidinho
14 A Forja
15 Adega da Marina

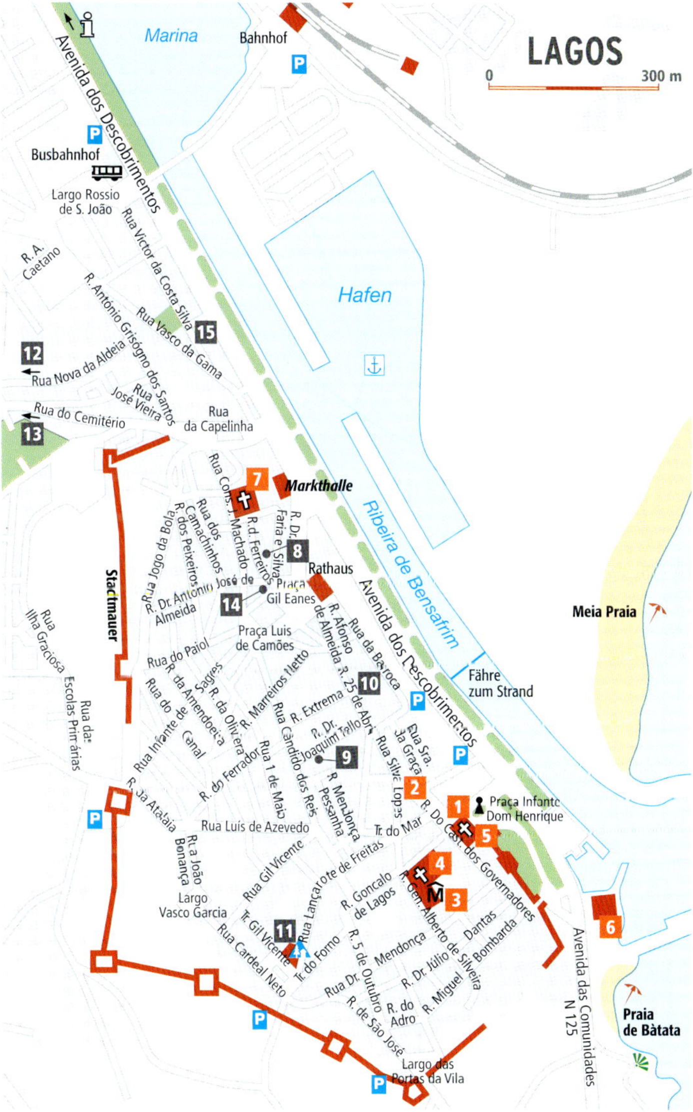
LAGOS
0
300 m
Marina
Bahnhof
Avenida dos Descobrimentos
Busbahnhof
Largo Rossio de S. João
Rua Victor da Costa Silva
R. A. Caetano
R. António Grisógno dos Santos
Rua Vasco da Gama
Hafen
15
12
Rua Nova da Aldeia
Rua José Vieira
Rua do Cemitério
Rua da Capelinha
13
Markthalle
7
Rua Cons. J. Machado
Rua dos Camachinhos
R. dos Peixeiros
Rua Jogo da Bola
R. d. Ferreiros
R. Dr. Faria e Silva
8
Rathaus
Praça Gil Eanes
Stadtmauer
R. Dr. António José de Almeida
14
Ribeira de Bensafrim
Avenida dos Descobrimentos
Praça Luis de Camões
R. Afonso de Almeida
Rua da Barroca
Meia Praia
Rua Ilha Graciosa
Rua das Escolas Primárias
Rua do Paiol
R. da Amendoeira
Rua do Canal
Rua Infante de Sagres
R. da Oliveira
R. Marreiros Netto
R. Extrema
R. 25 de Abril
10
Fähre zum Strand
Rua Cândido dos Reis
R. Dr. Joaquim Tello
R. do Ferrador
Rua 1 de Maio
9
Rua Silva Lopes
Rua Sra. da Graça
2
R. Mendonça Pessanha
R. da Atalaia
Rua Luís de Azevedo
1
Praça Infante Dom Henrique
5
R. Do Cast. dos Governadores
Tr. do Mar
Rua Gil Vicente
Rua Lançarote de Freitas
R. Gonçalo de Lagos
4
3
R. Gen. Alberto da Silveira
R. João Bonança
Largo Vasco Garcia
Tr. Gil Vicente
11
Rua Cardeal Neto
Tr. do Forno
R. 5 de Outubro
Rua Dr. Mendonça
R. Dr. Júlio Dantas
R. Miguel Bombarda
6
Avenida das Comunidades
N 125
R. de São José
R. do Adro
Praia de Bàtata
Largo das Portas da Vila

SKLAVENHANDEL

Zur Beute der portugiesischen Seeleute gehörten auch schwarze Afrikaner, die erstmals in Lagos ab 1444 als Sklaven versteigert wurden. Kurze Zeit später richtete man auf der Praça do Infante den ersten offiziellen Sklavenmarkt ein. Lagos entwickelte sich sehr schnell zum Zentrum des internationalen Sklavenhandels, und unter den Arkaden der Zollbehörde kam man ins Geschäft. Man tauschte beispielsweise einen Menschen gegen zehn Pferde, wobei der Wert der Schwarzen unterschiedlich war, u. a. wurden christlich getaufte Afrikaner höher eingestuft. Ein Viertel der verschleppten Schwarzafrikaner überlebte schon den Transport nach Portugal nicht, da die Karavellen meist völlig überbesetzt waren und wegen mangelnder Hygiene und Lebensmittelsknappheit an Bord oft schwere Krankheiten ausbrachen. Wer aufmuckte, wurde niedergeschlagen. Schwarze Sklaven wurden damals als Arbeitskräfte in einem Land eingesetzt, dessen Männer in dieser Zeit überwiegend zur See fuhren oder dort umgekommen waren bzw. neue Arbeits- und Lebensmöglichkeiten in den neu entdeckten Ländern suchten. Manche Landstriche in Portugal waren wie leergefegt, die Landwirtschaft lag stellenweise total brach.

Ein nächster geschichtsträchtiger Ort an diesem Platz erinnert an die schwarzen Seiten des Goldenen Zeitalters: Unter den Arkaden der **Zollbehörde** 2 (Delegação da Alfândega) wurden ab 1444 Schwarzafrikaner angekettet und präsentiert (s. oben).

Museu Municipal de Lagos

Das meist gut besuchte **städtische Museum** 3 (Rua General Alberto Silveira, Di–So 9.30–12.30, 14–17 Uhr) zeigt in einem schönen Sammelsurium allerlei Interessantes und Kurioses: Unter anderem sieht man eine umfangreiche Gemäldesammlung portugiesischer Werke, wertvolle archäologische Exponate, die die Stadtgeschichte dokumentieren, eine Waffen-, eine Stein- und eine Münzsammlung, außerdem deutsche Inflationsgeldscheine. Daneben gibt es ausgestopfte Tiere und präparierte Tierembryonen – Stolz des Museums sind eine achtbeinige Ziege und ein dreiäugiger Hund. Wirklich lohnend ist der Besuch des Museums schließlich wegen der **Kirche Santo António** 4, die man nur im Rahmen eines Museumsrundgangs besichtigen kann. Die dem hl. Antonius geweihte Kirche zählt zu den sehenswertesten Kirchen in Südportugal. Im 18. Jh. wurde sie als Regimentskirche für eine Truppe gebaut, deren Schutzpatron der Heilige war. Die genauen Baudaten sind nicht bekannt, aber wegen ihrer Ausgestaltung kann man die Kirche auf die Regierungszeit von João V. (1706–50) datieren. Unter dem als verschwenderisch bekannten König entstanden die prächtigsten Bauten, die soweit es irgend ging, mit Gold aus Brasilien versehen wurden. So ist auch die Igreja de Santo António innen mit der typischen *talha dourada* (s. S. 44) verziert worden. Am Altar und an den Seitenwänden ist sie mit zwei verschiedenen Goldlegierungen ausgestattet, Gold findet man auch über dem eigentlichen Eingang, und die dicken Putten sollten wohl noch zusätzlich auf ein gut genährtes Land hinweisen. Besonders hübsch sind die drei Tugenden, die aus all dem Gold über dem Eingangsportal hinuntergucken: Hoffnung, Treue und Nächstenliebe. Auch das Eichenholz, dem das Gold aufgelegt wurde, stammt aus Brasilien. Auf dem Hochaltar sieht man eine Figur des hl. Antonius, und auf den Gemälden über dem Fliesenfries an den Seitenwänden sind verschiedene Wunder dargestellt, die er vollbracht haben soll.

Avenida dos Descobrimentos

Auf der ›Avenida der Entdeckungen‹, der Uferstraße, herrscht in Hauptverkehrszeiten immer Hochbetrieb. An der Straße zieht sich ein Stück der alten Stadtmauer entlang, in die direkt am Platz der alte **Gouverneurspalast** 5 mit dem so genannten Dom-Sebastião-Fenster eingebaut ist. Von besagtem Fenster aus soll Dom Sebastião die letzte Messe vor seiner Abfahrt nach Nordafrika gehört haben, die unter freiem Himmel abgehalten wurde. Im Gouverneurspalast hatte bis Mitte des 18. Jh. die Verwaltung der

In den autofreien Straßen der Altstadt von Lagos kann man gemütlich flanieren

EIN PORTUGIESISCHES DILEMMA

Die Geschichte der *sebastianistas* nimmt ihren Anfang mit einem für Portugal traumatischen Ereignis: Sebastião wurde 1554 als Enkel des Königs João III. geboren – sein Vater João starb kurz vor seiner Geburt. Schon bevor er das Licht der Welt überhaupt erblickt hatte, wurde Sebastião zum ›o desejado‹, zum Ersehnten, denn von der werdenden Mutter erhoffte man inständig einen männlichen Thronfolger. Nur wenige Jahre später starb sein Großvater, und der kleine Sebastião wurde 1557 im Alter von drei Jahren König von Portugal. Die Regierungsgeschäfte tätigte zunächst ein Großonkel, doch mit 14 übernahm Sebastião selbst das Zepter.

Schon der junge Sebastião soll ein fanatischer Christ gewesen sein, dem die Ausbreitung des christlichen Glaubens ein wesentliches Anliegen war. Das islamische Nordafrika war ihm ein Dorn im Auge. 1578 bat der marokkanische Saadier-Sultan Mohammed el Moutaouakil die Portugiesen um militärische Hilfe im Kampf gegen die Heere seines Onkels Abd al Malik. Sebastião witterte eine von Gott gegebene Gelegenheit. So machte er sich selbst auf den Weg nach Marokko, um mit einem Heer von 20 000 Leuten die christliche Vorherrschaft in Nordafrika einzuleiten. Ein ehrgeiziges Unterfangen, das er offenbar mit jugendlichem Leichtsinn, zumindest aber ohne viel Vorbereitung in Angriff nahm. Nach einer Messe vor seinem Palast in Lagos, die er vor der Abreise von seinem Fenster aus anhörte, bestieg er im Hafen ein Segelschiff, und die Flotte startete in Richtung Marokko. Am 3. August 1578 trafen die Truppen bei Ksar el Kébir aufeinander (s. S. 27). Sebastião kehrte nicht aus dieser Schlacht zuück.

Zunächst wollte niemand wahrhaben, dass der junge König tatsächlich auf dem Schlachtfeld ums Leben gekommen sein sollte. Täglich hoffte man auf seine Wiederkehr. Zumal es keinen Thronfolger gab. Schließlich witterte der spanische König Philipp II. seine Chance: Der Enkel von Manuel I., unter dem Portugal sein ›Goldenes Zeitalter‹ erlebt hatte, meldete seine Ansprüche auf den portugiesischen Thron an. 1580 besetzte er Portugal. 80 Jahre lang ertrug das Land die Schmach der spanischen Fremdherrschaft. Und wartete immer noch verzweifelt auf den Ersehnten, den Erretter, der allein das kleine Land von seinem übermächtigen Nachbarn hätte befreien können. Als es irgendwann unwahrscheinlich wurde, dass São Sebastião tatsächlich selbst noch als Retter in Erscheinung treten würde, begann man, von den *sebastianistas* zu sprechen. Das waren die, die nicht aufhören konnten, an die Rettung von außen zu glauben. Als Sebastianismus bezeichnet man zudem eine angeblich für Portugal typische Passivität, mit der man sich hier in sein Schicksal fügt, ohne Anstrengungen zu unternehmen, sich selbst aus dem Schlamassel herauszureißen. Irgendjemand, irgendetwas wird schon zu Hilfe kommen. Und noch heute wartet Portugal auf seinen ersehnten Erretter, wenn das Schicksal besonders hart zuschlägt. In schlechten Zeiten soll Sebastião, der zum Heiligen erhoben wurde, alles zum Guten wenden.

gesamten Algarve ihren Sitz. Parallel zur Avenida fließt die **Ribeira de Bensafrim,** die hier kurz vor der Mündung als Kanal vom Fischerei- und vom Yachthafen zum Atlantik geführt wird. Segelyachten und Fischerboote fahren hier ein und aus, und eine Minifähre setzt Sonnenhungrige und Badefreudige zum Strand von Lagos über. Der liegt jenseits hinter einem schmalen Dünengürtel – der westliche Teil der langgestreckten und beliebten Meia Praia. Man blickt von hier aus im Prinzip einmal die gesamte Bucht von Lagos entlang und erkennt in der Ferne die Hochhäuser von Alvor und Praia da Rocha und die Felsküste östlich von Praia da Rocha. Am südlichen Ende der Avenida kommt man zur **Fortaleza Ponta da Bandeira** 6, eine Festung, die im 17. Jh. gebaut wurde, um den Hafen zu schützen. Im Inneren werden hin und wieder Ausstellungen gezeigt (Di–So 9.30–12.30 und 14–17 Uhr).

An der Uferstraße lohnt zudem in den Vormittagsstunden ein Bummel durch die Markthalle, in der jede Menge frischer Fisch verkauft wird. Wer gut zu Fuß ist, kann weiter am Wasser entlanggehen, und sich die 1995 gebaute Marina ansehen.

Praça Gil Eanes und Umgebung

Von der Praça do Infante aus zieht sich eine lebendige Fußgängerzone durch die Innenstadt bis zur Praça Gil Eanes. In den Sommermonaten sind die Straßen von Touristen belebt, ein Restaurant reiht sich an das andere. Die Praça ist benannt nach einem Seefahrer, der um 1400 in Lagos geboren wurde. Mit der Umsegelung des Kap Bojador an der westafrikanischen Küste im Jahr 1434 ging er in die Geschichte ein. Die Figur mitten auf der Praça Gil Eanes ist aber nicht dem Seefahrer gewidmet, sondern dem jungen König Dom Sebastião, der von Lagos aus startete, um Marokko zu erobern. João Cutileiro, der wohl bekannteste portugiesische Bildhauer der Gegenwart, hat Anfang der 1970er diese Skulptur gestaltet. Ein weiterer hübscher Platz ist die benachbarte **Praça Luís de Camões** – kleiner und etwas weniger turbulent.

Über die Rua Conselheiro Joaquim Machado kommt man zur **Kirche São Sebastião** 7, die einen Blick lohnt. Sie stammt ursprünglich aus dem 15. Jh., allerdings richtete das Erdbeben 1755 starke Schäden an. Von dem ersten Bau ist aber noch das Renaissanceportal erhalten. Im dreischiffigen Innern ist links vom Altar ein Kruzifix zu sehen, von dem es heißt, es sei mit auf der Fahrt des Königs Dom Sebastião in Marokko gewesen und anders als die meisten Männer seiner Truppe unversehrt zurückgebracht worden.

Strände in der Umgebung

In unmittelbarer Umgebung von Lagos locken mehrere Strände und außergewöhnliche Felslandschaften. Vom Stadtgebiet aus zieht sich die flache **Meia Praia** über viele Kilometer in Richtung Nordosten bis zum Lagunengebiet bei Alvor. Dagegen steigen südlich der Stadt sogleich die Felsen an. In einer der Buchten liegt die beliebte **Praia da Dona Ana,** die wegen ihrer bizarren Felsformationen geradezu Berühmtheit erlangt hat. Da direkt oberhalb des Strandes einige Hotels gebaut wurden, ist die Praia da Dona Ana in der Saison oft sehr voll. Weiter südlich gibt es ein paar etwas leerere Strände, an denen teilweise auch FKK üblich ist.

Ponta da Piedade

Algarve-Atlas: S. 209, F3
Die höchsten Felstürme dieser eindrucksvollen Felsenwelt sieht man an der Ponta da Piedade südlich von Lagos. Die schönste Art, die Felsenlandschaft zu erkunden, ist die Fahrt mit kleinen Ausflugsbooten, zu denen eine Treppe hinuntergeht. Ein Wanderweg mit herrlichem Blick führt von der Ponta da Piedade zur Praia de Porto de Mós.

Posto de Turismo: Rua Dr. Vasco da Gama/Largo Marquês de Pombal, Tel. 282 76 30 31. Lage: ein ganzes Stück außerhalb der Innenstadt am nördlichen Stadtrand. Autofahrer aus Richtung Portimão finden die Touristeninformation am zweiten Kreisel hinter der Brücke über den Fluss. Autofahrer aus Richtung Westen fahren am besten auf der N 125 südlich um die Stadt herum, am Fluss entlang Richtung Portimão und finden die Touristeninformation an dem Kreisel am nördlichen Stadtrand. Fußgänger müssen die Avenida dos Descobrimentos entlang noch an der Marina vorbei.

Residencial Lagosmar 8: Rua Dr. Faria e Silva 13, Tel. 282 76 35 23, Fax 282 76 73 24. Saubere, nette Pension in einer ruhigen Seitenstraße in der Innenstadt mit Dachterrasse. DZ 40–65 € (je nach Saison).

Pensão Cidade Velha 9: Rua Dr. Joaquim Tello 7, Tel. 282 76 20 41, Fax 282 76 19 55, residlagos@ mail.telepac.pt. Zentral gelegene, saubere Pension mit sehr freundlicher, zuvorkommender Atmosphäre. Zimmer sind teilweise gerade neu renoviert. DZ 45–50 €.
Pensão Mar Azul 10: Rua 25 de Abril 13, Tel. 282 76 91 43, Fax 282 76 99 60. Direkt in der Fußgängerzone gelegen, Zimmer nach hinten haben Blick auf den Hafenkanal, allerdings auch auf Parkplatz hinter'm Haus. DZ 40 €.
Jugendherberge 11: Rua Lançarote de Freitas 50, Tel. 282 76 19 70, Fax 282 76 96 84, lagos@movijovem.pt. Sehr gute Jugendherberge, u.a. mit Doppelzimmern, keine Schließzeiten.
Pensão Dona Ana: Außerhalb, Praia da Dona Ana, Tel./Fax 282 76 23 22. Einfache Pension oberhalb der Praia Dona Ana, allerdings etwas zurückgesetzt und also ohne Meerblick. DZ 40 €.
Residencial Sol e Praia: Außerhalb, Praia Dona Ana, Tel. 282 76 20 26, Fax 282 76 02 47. Solides kleines Hotel direkt oberhalb der Praia Dona Ana. DZ 55 €, Zimmer mit Blick Richtung Meer 65 €.
Camping:
Parque de Campismo de Lagos***, 2250 Plätze, Tel. 282 76 00 31/2/3, Fax 282 76 00 35. Sehr groß, gut ausgestattet, im Sommer Bus-Shuttle vom und zum Bahnhof.
Parque de Campismo da Trindade*, 300 Plätze, Tel. 282 76 38 93, Fax 282 76 28 85. Innenstadtnaher Campingplatz oben auf der Steilküste unter hohen Eukalyptusbäumen.

O Alberto 12: Largo Convento Sra. da Glória 27, Tel. 282 76 93 87. Sehr beliebtes Restaurant in der Altstadt aber außerhalb der touristischen Fußgängerzone gelegen. Schon der Blick in die Küche garantiert Erfreuliches, gute Wein-

Eindrucksvolle Felsenwelt: die Ponta da Piedade

karte. À la carte-Gerichte um 6 € und aufwärts.

O Escondidinho 13: Rua do Cemitério, gleich um die Ecke von O Alberto gibt es die preisgünstigere und einfachere Alternative: ein typisches Lokal ohne jeden Luxus, bekannt für gute Grillgerichte.

A Forja 14: Rua dos Ferreiros 17. Ein kleines bisschen abseits vom Trubel gelegen, einfaches, sehr portugiesisches Restaurant mit guten Fischgerichten um 7,5 €.

Adega da Marina 15: Avenida dos Descobrimentos 35, Tel. 282 76 42 84. Sehr großes Lokal, das Touristen anzieht, in das aber auch die Leute aus Lagos gerne gehen, viele Grillspezialitäten.

Café: A Casa Amarela: Rua 25 de Abril 59. Wer seinen Tee gern in mitteleuropäischer Atmosphäre einnehmen möchte, kann dies in der ruhigen Casa Amarela tun; es gibt auch Weine, Portwein, Wein aus Madeira und eine Eiskarte.

In Lagos findet man problemlos alles. Ein schöner Laden mit marokkanischem Interieur ist Lojas Fantasia, Avenida dos Descobrimentos 43b. Portugiesischen Trödel und Antikes, alte Möbel, Gemälde, Schmuck, Geschirr findet man bei Carlos Domingues Simões & Irmãos, Rua 25 de Abril 27–29.

Centro Cultural: Rua Lançarote de Freitas; wechselnde Ausstellungen und ein rundum interessantes Kulturprogramm u.a. mit guten Konzerten.

Windsurfing: Gute Bedingungen an der Meia Praia, Parasailing an der Meia Praia bzw. ab Lagos Marina.

Tauchen: Blue Ocean Diving Center, Estrada de Porto de Mós, (Motel Ancora), Tel. 282 78 23 41, Fax 282 78 27 18, www.blue-ocean-divers.de

Reiten: Tiffany's Centro Hípico, Tel. 828 69 73 95, www.valegrifo.com, mit Abholservice von Lagos, Luz, Burgau, Salema.

Bootsfahrten: Fahrten zur Ponta da Piedade und Grottenfahrten, Start an der Marina und an der Ponta da Piedade.

Bahnhof: nordöstlich der Innenstadt jenseits des Flusses, eine Brücke führt direkt zur Stadtseite, Tel. 808 20 82 08.
Busbahnhof: Rossio de S. João, Tel. 282 76 29 44.

Zum Stausee Barragem de Bravura und zur Nekropole von Alcalar

Barragem de Bravura

Algarve-Atlas: S. 209, E 2
Von Lagos aus kann man einen Abstecher nach Norden zum **Stausee** Barragem de Bravura machen. Lohnend ist der Ausflug besonders im Frühling und Frühsommer, wenn alles frisch und grün ist. Eine landschaftlich sehr schöne Strecke führt von Odiáxere aus durch eine liebliche Wiesenlandschaft mit Obstplantagen und später über eine etwas herbere Hochebene mit Zistrosenflächen. Der See selbst bietet das für Portugals Stauseen übliche, etwas triste Bild: Er ist von einheitlichen Eukalyptuswäldern umzogen, meist ist auch der Wasserspiegel etwas abgesenkt. Spaziergänger finden hier aber ein paar schöne Wege vor.

Monumentos de Alcalar

Algarve-Atlas: S. 209, F 2
Nordöstlich von Lagos, am Fuß der Serra de Monchique, befindet sich die wohl interessanteste **megalithische Stätte** der Algarve. Auf der N 125 von Lagos kommend biegt man noch vor dem Abzweig nach Alvor nach links in Richtung Norden ab. Nach ca. 4 km kommt man zu den Monumentos de Alcalar, einer 5000 Jahre alten Nekropole, in deren Zentrum eine von Steinschichten überdeckte Rundgrabanlage steht. 1880 hat man hier mit ersten Ausgrabungen begonnen. Zu den Funden gehören zahlreiche Grabbeigaben, von denen einige in den Museen in Lagos und Silves ausgestellt sind.

Alvor

Algarve-Atlas: S. 209, F 3
Wenige Kilometer östlich von Lagos erstreckt sich ein Lagunengebiet, das aus mehreren Flüssen gespeist wird. Die N 125 führt in weitem Bogen um das von zahlreichen Wasserläufen und grünen Auen durchzogene Gebiet, in dem Rinderherden weiden, herum, dann zweigt eine Nebenstraße nach Alvor ab. Der kleine Fischerort liegt nicht am offenen Meer, sondern am Ostufer der Lagune, die an dieser Stelle allerdings fast den Eindruck eines flachen Meeres erweckt. Der Fischfang spielt sich im Wesentlichen in den Gewässern der Lagune ab. Alvor geht auf eine Gründung der Araber zurück, Albur hieß die befestigte Ansiedlung damals. ›Weißer Schimmer‹ – so etwa könnte man den portugiesischen Ortsnamen übersetzen, und wenn sich Alvor in dem stillen Lagunenwasser spiegelt, bestätigt sich die schöne Bezeichnung. Inmitten der touristischen Felsalgarve ist der kleine Ort eine Ausnahmeerscheinung: Erstens ist die unmittelbare Umgebung nicht felsig sondern flach, zweitens hat sich der Tourismus

hier bisher im Rahmen gehalten. Alvor ist touristisch, aber in Maßen. Der Ort mit seinen weißen Häusern zieht sich einen flachen Hügel hinauf und ist in seiner Bebauung ursprünglich geblieben. Hochhäuser gibt es nur in der Umgebung von Alvor an der wunderschönen **Praia de Alvor** südlich vom Ort. Dort allerdings hat man auch schon wieder über die Stränge geschlagen.

In Alvor selbst sollte man der hübschen **Dorfkirche** aus dem 16. Jh. einen Besuch abstatten, in der einiges aus manuelinischer Zeit erhalten geblieben ist: das Hauptportal, das Seitenportal, der Altarbogen und die Kapitelle der Säulen im Innern. Ein stimmungsvoller kleiner Platz ist die **Praça da República** mit der Kapelle Santa Casa de Misericórdia und einem kleinen **Museum** mit einer Ausstellung zu Landwirtschaft, Fischerei und Alltagsleben in Alvor (abends 20–23.30 Uhr). Der **Hafenbereich** unten am Wasser ist komplett modernisiert worden – man hofft, mit der Erneuerung der Uferzone mehr Touristen anlocken zu können. Allerdings ist die einstige Beschaulichkeit des Hafens dabei ein bisschen verloren gegangen.

Posto de Turismo: Rua Dr. Afonso Costa 51, Tel. 282 45 75 23, Fax 282 45 75 25, ptalvor@mail.telepac.pt. Über die Touristeninformation kann man auch von Deutschland aus günstig Unterkünfte und Ausflüge buchen, vor Ort günstige Zimmervermittlung.

Hospedaria Buganvilia: Rua Padre Mendes, Tel. 282 45 94 12. Saubere und angenehme Pension. DZ in der Hauptsaison 35 €.

Ababuja: Rua da Ribeira 11. Kleines Restaurant direkt unten am Hafen, Spezialität ist Bohneneintopf mit Muscheln, Gerichte ab 7 €.
Lusitânia: Rua Frederico Ramos Mendes 65. Auch Vegetarisches, man sitzt auf einer schönen Terrasse. Gerichte ab 6 €.
Buganvilia: Rua Padre Mendes. Zur Pension gehört ein sehr empfehlenswertes Restaurant, das nicht so schön gelegen ist, in dem man aber günstige und absolut gute portugiesische Gerichte bekommt. Nachspeisen probieren!

Portimão

Algarve-Atlas: S. 210, A 3
Mit etlichen Hochhäusern und Schnellstraßen macht Portimão an einigen Ecken fast den Eindruck einer Großstadt. Portimão ist mit 30 000 Einwohnern so groß wie Faro und die größte Stadt der Felsalgarve. Über die touristische Attraktivität der Stadt an der Flussmündung des Arade lässt sich streiten. Manche finden die Mischung aus Fischereihafen, Fischverarbeitungsindustrie, Einkaufszone für Touristen und täglichen Staus zur Rushhour absonderlich, andere wissen die Stadt als wohltuende Alternative zu den künstlichen Urbanisationen für Touristen in der Umgebung zu schätzen. Portugiesischen Alltag bekommt man hier auf jeden Fall geboten, was tatsächlich auch lange Autoschlangen zur Hauptverkehrszeit einschließen kann – vor allem nachmittags sollten Autofahrer die Innenstadt von Portimão meiden.

Portimão lebte lange Zeit überwiegend vom Hafen und von der Fischindustrie. Zahlreiche verlassene Sardinenfabriken zeugen noch von der bis Mitte der 1970er Jahre boomenden Fischverarbeitung. Heute gibt es zwei Fischkonservenfabriken und mehrere kleine Werften, ansonsten lebt die Stadt von Touristen, die aus ihren Urlaubsdomizilen in der Umgebung gerne zum Einkaufen hierher kommen. In der Innenstadt gibt es eine kleine Fußgängerzone mit Geschäften und vielen Restaurants, außerdem zum Hafen hin ein paar hübsche Plätze mit verschiedenen Cafés.

Portimão geht auf eine phönizische Gründung zurück. Die günstige Lage an der Westseite der Arade-Mündung nutzten auch Griechen und Römer. Als im 15. und 16. Jh. die großen Seereisen von der Algarve-Küste aus starteten, blühte in Portimão der Schiffbau. In zahlreichen Werften wurden aus dem Holz des Monchique-Gebirges Karavellen gebaut. Bartolomeu Dias brach von Portimão aus 1487 auf und umsegelte als erster Europäer die Südspitze Afrikas. Natürlich nahm auch der Handel damals einen gehörigen Aufschwung. Am 1. November 1755, dem Tag des Erdbebens, erging es Portimão ähnlich wie den anderen Orten der Region – viel blieb von der Hafenstadt nicht übrig. Erst durch die zunehmende Bedeutung der Fischindustrie etwa 100 Jahre später erholte sich Portimão von der Katastrophe.

Innenstadt

Gäste der Stadt können ihren Besuch gut am Hafen beginnen, was sich auch wegen der Parkmöglichkeiten am **Lar-**

Bedeutender Fischereihafen: Portimão

go do Dique direkt am Wasser anbietet. Sowohl die benachbarte Praça Manuel Teixeira Gomes als auch die parkähnliche Praça Visconde de Bivar gleich anschließend bieten sich für einen ersten Kaffee oder ähnliches an. Hier trifft man in erster Linie auf Touristen. Am Ufer reihen sich die Anbieter von Grottenfahrten, Angeltouren und Flussfahrten aneinander. Auf der Praça Manuel Teixeira Gomes kann man dem Brunnen mit der Darstellung von Teixeira Gomes Beachtung schenken – Teixeira Gomes stammte aus Portimão, war Diplomat und Schriftsteller und wurde 1924 Präsident von Portugal.

Ein Stückchen in Richtung Westen kommt man zu dem weitaus intimeren **Largo 1° de Dezembro.** Der rechteckige Platz ist wesentlich weniger belebt, obwohl er sehr schön angelegt ist. Beim Gang durch den kleinen Park wird man auf liebevolle Weise mit der portugiesischen Geschichte vertraut gemacht: Die Bänke sind mit Fliesenbildern versehen, auf denen bedeutende historische Episoden gezeigt werden. Die Bezeichnung des Platzes erinnert natürlich auch an ein historisches Datum, nämlich an den 1. Dezember des Jahres 1640, als eine Handvoll portugiesischer Adeliger einen erfolgreichen Aufstand gegen die Spanier unternahm, womit die Unabhängigkeit Portugals nach 80 Jahren Fremdherrschaft durch den ungeliebten Nachbarn erreicht wurde.

Vom Largo 1° de Dezembro aus kommt man in die belebten Geschäftsstraßen nördlich der Rua Direita. An der Praça da República findet man die **Markthalle** von Portimão. Ein Stück östlich der Markthalle steht die **Igreja Matriz**, die auf einen ersten Kirchenbau aus dem 14. Jh. zurückgeht. Diese ursprüngliche Kirche wurde beim Erdbeben stark zerstört, aber das gotische Portal ist aus jener Zeit noch erhalten geblieben.

Bootsfahrt auf dem Rio Arade

Ein wunderschöner Ausflug ist eine Bootsfahrt auf dem Rio Arade von Portimão nach Silves. Die Boote starten am Ufer des Arade in Höhe der Praça Visconde de Bivar. Aus dem breiten Mündungsbereich, in dem man noch etwas vom täglichen Tun der Fischer mitbekommt, fahren sie in Richtung Norden unter der alten Arade-Brücke, der Eisenbahnbrücke und unter der imposanten neuen Brücke durch. Danach geht es immer weiter hinein in das schmaler und idyllischer werdende Flussbett. Man passiert eine geschützte Felsbucht mit einer Grotte, in der Bartolomeu Dias vor seiner Südafrika-Umseglung verabschiedet worden sein soll. An der Ilha do Rosário biegt das Boot in Richtung Osten ab und erreicht schließlich Silves.

Konservenfabrik Feu

Etwas abgelegen aber in interessanten Räumlichkeiten wird ein städtisches Museum eingerichtet: In der ehemaligen Konservenfabrik Feu werden schon jetzt Wechselausstellungen gezeigt (Estrada da Rocha, Mo–Fr 9.30–12.30, 14–17.30 Uhr).

Posto de Turismo: Av. Zeca Afonso, Tel. 282 41 91 31. Ein ganzes Stück westlich vom Largo do Dique in der Nähe des Fußballstadions.

Hotel Tropimar: Estrada de Alvor, Tel. 282 41 50 34, Fax 282 41 65 26, gut ausgeschildert. Nüchternes mehrstöckiges Stadthotel, Frühstück im obersten Stockwerk, Swimmingpool in einem kleinen Garten. DZ 25–70 €.
Residencial Pimenta: Rua Dr. Ernesto Cabrita 7, Tel./Fax 282 42 32 03/4. Sehr angenehme Stadtpension, alle Zimmer mit Bad, TV, Klimaanlage. DZ 25–45 €.
Residencial O Pátio: Rua Dr. João Vitorino Mealha 3, Tel. 282 42 42 88, Fax 282 42 42 81. Sehr einfache, urige Privatpension, kleine Zimmer mit alten Möbeln aus dem Alentejo, Patio und kleiner Garten. DZ 25 €.
Jugendherberge: Lugar do Coca Maravilhas, Tel./Fax 282 49 18 04, portimao@movijovem.pt

A Terezinha: Rua Direita 97. Kleines, einfaches Lokal, das bei Einheimischen sehr beliebt ist, leckere portugiesische Gerichte um 5 €.
O Escondidinho: Rua Porta S. João 22, Sa. geschl. Typisch portugiesisch ohne viel Schnickschnack, zu empfehlen: *Carne de Porco à Alentejana.*
Café A Casa da Isabel: Rua Direita 61. Angenehmes Café: schöner kleiner Raum mit nur ein paar Tischchen, hauseigene Kuchen nach traditionellen Rezepten der Region.

In den Straßen nördlich des Largo 1° de Dezembro findet man jede Menge Geschäfte, in denen man teilweise sehr günstig einkaufen kann.

Kultur: **Pavilhão do Arade,** Parchal bei Portimão, Ausstellungs-, Kultur- und Sportzentrum in einer alten Fischkonservenfabrik. **Casa de Manuel Teixeira Gomes,** Rua Júdice Biker, Galerie mit sehr guten Kunstausstellungen.

Bootstouren: Am Hafen an der Praça Visconde de Bivar werden diverse Ausflüge per Schiff angeboten, darunter Flussfahrten auf dem Rio Arade bis nach Silves, Bootstouren mit Glasbodenbooten, Hochseeangeltouren, Grotten- und Küstenfahrten.

Autoverkehr: In den Hauptverkehrszeiten sollte man die völlig verstopfte Innenstadt meiden, in der Innenstadt hat man es zudem mit einem extremen Einbahnstraßengewirr zu tun. Parkplätze findet man früh morgens noch am Largo du Dique, danach ist man auf Hilfe von ›Parkplatzeinweisern‹ angewiesen, die auch ein paar Cent dafür haben möchten.
Bahnhof: Am nördlichen Stadtrand von Portimão.
Busbahnhof: Largo do Dique.

Praia da Rocha

Algarve-Atlas: S. 210, A 3
Von der Innenstadt sind es nur wenige Kilometer bis nach Praia da Rocha, einem Vorort direkt an der Mündung des Arade. Die Bebauung zwischen Portimão und Praia da Rocha ist nahezu durchgehend. Praia da Rocha ist ein relativ städtisches Touristenzentrum, dessen Hochhäuser sich an zwei parallel zum Strand verlaufenden Straßen

aneinanderreihen. Wer Trubel und Menschenmengen nicht scheut, kommt hier auf seine Kosten. Tagsüber lässt der traumhafte, breite Strand nichts zu wünschen übrig, abends promeniert man über die belebte Uferstraße. Geboten werden zahllose Geschäfte, Boutiquen, Cafés, Restaurants, Kneipen und Diskotheken mit einem regen Nachtleben – kurz: alles was das Herz begehrt.

Praia da Rocha entwickelte sich zu Beginn des 20. Jh. zu einem mondänen Seebad, Attraktion Nummer 1 war natürlich der herrliche Strand direkt an der Flussmündung. Attraktion Nummer 2 sicher das 1910 erbaute **Spielkasino,** das erste der Algarve. Aus den Anfängen ist auch noch das **Hotel Bela Vista** erhalten, das heute fast als Sehenswürdigkeit eingestuft werden kann, zumindest aber einen guten Eindruck von der Atmosphäre vermittelt, die hier geherrscht hat, bevor der Bauboom einsetzte. Landschaftlich ist das einst herrliche Fleckchen durch dieses ›städtebauliche Verbrechen‹, wie die Kritiker von Praia da Rocha sagen, jedenfalls ein für allemal dahin. Die Uferstraße Avenida Tomás Cabreira zieht sich über 2 km parallel zum Hauptstrand hin, sie endet an der **Fortaleza de Santa Catarina,** eine Festung, die im 17. Jh. oberhalb der Arade-Mündung gebaut wurde. Zusammen mit der Fortaleza de São João gegenüber auf der anderen Seite bei Ferragudo sollte so der Mündungsbereich gegen Angriffe von holländischen, englischen und nordafrikanischen Piraten geschützt werden. Von der Fortaleza de Santa Catarina hat man einen hervorragenden Blick auf die Arade-Mündung, den Arade entlang, auf das gegenüberliegende Ferragudo und auf den großartigen Küstenabschnitt von Praia da Rocha. Derzeit erfolgt eine Restaurierung der Festung, möglicherweise werden die Räume dann für kulturelle Zwecke genutzt.

Direkt unterhalb der Festung ist die neue **Marina** von Portimão entstanden, bei der man mit einer ähnlichen Bebauungsmanie vorging wie oben an der Avenida Tomás Cabreira. Die Marina ist mit 620 Liegeplätzen bis zu 30 m Länge nun einer der größten Sportboothäfen in Portugal. Dazu kommen ein Einkaufszentrum und mehrere große Apartmentblöcke.

Praia do Vau

Westlich von Praia da Rocha herrscht in der Praia do Vau, einer schönen großen Strandbucht mit pittoresken Felsen, reges Leben und Treiben, allerdings ist die Bebauung etwas angenehmer als im Nachbarort.

Posto de Turismo: Avenida Tomás Cabreira, Tel. 282 41 91 32.

Hotel Bela Vista: Av. Tomás Cabreira, Tel. 282 45 04 80/1, Fax 282 41 53 69. Wunderschönes Haus vom Ende des 19. Jh. mit dem Flair vergangener Zeiten, Räumlichkeiten mit Fliesenwänden und Holzvertäfelung, 14 Zimmer und 2 Suiten. DZ 50–115 €.

Vila Lido: Av. Tomás Cabreira (Nähe Festung Sta. Catarina) Tel. 282 42 41 27, Fax 282 42 42 46. Stilvolle kleine Pension mit 10 Zimmern, 8 davon mit Balkon oder Terrasse und Meerblick. DZ 70–90 €.

Pensão Toca: Rua Eng. Francisco Bivar, Tel. 282 41 89 04, Fax 282 42 40 35. Einfache Pension in kleinem, luftigen Haus, absolute Ausnahmeerscheinung zwischen den Hochhäusern, einige Zimmer mit Balkon. DZ 35–50 €.

A Casa da Rocha: Sítio dos Castelos, So geschl. Restaurant in sehr schöner Lage über dem Strand am Westende der Av. Tomás Cabreira, neben Fisch- und Fleischgerichten auch Tapas.

Folklore-Tanzfestival: meist im September.

Ferragudo

Algarve-Atlas: S. 210, B 3

Eine völlig gegensätzliche Atmosphäre erwartet Besucher in Ferragudo am gegenüberliegenden Arade-Ufer. Für Autofahrer, die aus Portimão kommen, ist die Ausschilderung denkbar schlecht. Man muss im Zentrum von Portimão direkt am Fluss entlangfahren und überquert dann auf der alten Brücke den Arade. Das malerische Bild, das das Fischerdorf bietet, ist der absolute Kontrast zur Hochhaussilhouette von Praia da Rocha. Ferragudo zieht sich über einen flachen Hügel hin, der von der kleinen Dorfkirche gekrönt wird. Bei einem Bummel durch die Gassen bekommt man einen guten Eindruck von der Atmosphäre in einem alten Algarve-Dorf, obwohl sich auch hier mittlerweile einige Ausländer niedergelassen haben. Unten am Platz und in der kleinen Hauptgasse mit ihren Läden, Pastelarias und Tascas spielt sich im Wesentlichen das Leben

von Ferragudo ab. Der Weg nach oben lohnt sich wegen des Miradouros vor der Kirche, von dem aus man eine schöne Aussicht auf die Arade-Mündung hat – allerdings bleibt einem auch der Blick auf die Silhouette von Praia da Rocha nicht erspart. Südlich vom Dorf kann man die Fortaleza de São João aus nächster Nähe anschauen. Der Strand, an dem die Festung steht, ist zum Baden nicht geeignet, weil die Wasserqualität im Mündungsbereich zu wünschen übrig lässt. Der beste Strand bei Ferragudo ist die **Praia Grande** ein Stück weiter südlich.

Casabela Hotel: Vale de Areia, Tel. 282 46 15 80, Fax 282 46 15 81. Gepflegtes Hotel in sehr schöner Lage über dem Meer, etwas außerhalb von Ferragudo, Swimmingpool. DZ 70–150 €, Zimmer mit Seeblick 10 € mehr.

Malerisches Küstenstädtchen: Ferragudo

Aparthotel Praia Grande: Rua da Hortinha, Tel. 282 46 14 88/9, Fax 282 46 12 29. Apartments für 2–6 Personen, nicht schön aber praktisch und akzeptabel angesichts der mangelnden preiswerten Unterkünfte in Ferragudo selbst, obere Apartments mit großem Balkon. 20–45 € für 2 Personen.

Lagoa

Algarve-Atlas: S. 210, B 3

Fährt man von Portimão aus auf der N 125 in Richtung Osten, dann ist der nächste größere Ort Lagoa, mit etwa 7000 Einwohnern die Hauptstadt des gleichnamigen Distrikts (Landkreises) und wichtiges Zentrum für Algarvios aus der umliegenden Region. Der Ortskern liegt nördlich der belebten N 125, und wer sich für eine schlichte Algarve-Kreisstadt interessiert, sollte einen Abstecher ins Zentrum machen. Viel zu sehen gibt es nicht, aber die Atmosphäre verrät etwas vom normalen Algarve-Alltag. Es gibt eine hübsche **Pfarrkirche,** die an einem liebevoll gestalteten Platz steht, außerdem ein kleines Kulturzentrum: der **Convento de São José.** Hier finden interessante Ausstellungen statt, außerdem werden regelmäßig Konzerte veranstaltet.

Chrissy's: Praça da República 16–18, So, Mo geschl. Eine besondere und edle Adresse, die Gäste von nah und fern anzieht, kleine aber feine Auswahl an Speisen, Vorspeisen ca. 8 €, Hauptgerichte ab 13 €.

Bei Lagoa gibt es das größte Weingebiet der Algarve. In der **Adega Cooperativa de Lagoa** direkt an der N 125 kann man Weinproben machen und Weine einkaufen.

Carvoeiro

Algarve-Atlas: S. 210, B 4
Von dem einst idyllischen Fischerdorf in der malerischen Strandbucht ist nichts mehr übrig geblieben, denn auch hierher hat es die Touristenmassen gezogen. Die Architektur in und um Carvoeiro ist aber akzeptabel. Es sind keine Hochhäuser gebaut worden, dafür im Ort und vor allem in der Umgebung flächendeckend Flachbauten. Um ebene Grundstücke zu erhalten, wurden teilweise rigorose Sprengungen in der felsigen Küstenlandschaft vorgenommen. Die vielen Neubauten wurden u. a. auch von Deutschen errichtet – Carvoeiro ist Hochburg von deutschen Residenten, und offiziell sind von den 3000 Einwohnern allein 800 aus Deutschland. Attraktion des Ortes sind die herrlichen Felsformationen und Strandbuchten in der Umgebung. Unmittelbar östlich von Carvoeiro kommt man zu den berühmten Kalksteinfelsen von **Algar Seco.** Hier ist eine ganz eigene Welt aus Felsen entstanden mit Felsentürmen, Höhlen, Bögen und Fenstern, aus denen man auf das tief unten gelegene Meer gucken kann.

Weiter östlich liegen **Rocha Brava** und **Benagil** mit jeweils sehr schönen und gut zugänglichen Strandbuchten.

Algar Seco

Inmitten der Felsenlandschaft kann man sich nach erfolgreicher Erkundung in einem beliebten Café niederlassen – mit Blick auf das Meer.

Posto do Turismo: Largo Praia do Carvoeiro, Tel. 282 35 77 28.

Hotel Tivoli Almansor: Vale Covo, Tel. 282 35 11 00, Fax 282 35 13 45. Großes Hotel mit knapp 300 Zimmern über dem Strand Vale Covo östlich von Carvoeiro, Zimmer und Hotelanlagen mit allem Komfort, hoteleigener Zugang zur Badebucht (Strand nur bei Ebbe). DZ 60–170 €.
Casa Brigitte: Rua Nossa Senhora da Encarnação 4, Tel./Fax 282 35 63 18. Privatzimmer und kleine Apartments mit Top-Blick östlich oberhalb vom Hauptstrand. DZ in der Hauptsaison um 45 €.
O Castelo: Rua do Casino 59–61, Praia do Carvoeiro, Tel./Fax 282 35 74 16. Angenehme Privatadresse westlich oberhalb vom Hauptstrand, unterschiedlich große und unterschiedlich ausgestattete Zimmer. DZ 20–55 €.
Casa von Baselli: Rua da Escola, Tel. 282 35 71 59. Kleines, nettes Haus, einige Zimmern mit Blick auf's Meer. DZ 32–50 €.

O Castelo: Rua do Casino 63, Tel. 282 35 72 18. Gute Adresse über dem Hauptstrand, am schönsten sitzt man auf der kleinen Terrasse, Spezialitäten sind *Cataplana* und Seeteufel.
O Boteco: Praia do Paraíso, Tel. 282 35 72 65. An der Küstenstraße am westlichen Ortsausgang, sehr schön sitzt man draußen auf der Terrasse, tagsüber auch

Mit Hausstrand in einer schmalen Bucht: Carvoeiro

nur bei einem Getränk, drinnen ist es auf fein gemacht.

Tauchen: Tauchbasis Divers Cove, Quinta do Paraiso, Carvoeiro, Tel. 282356594; mit Anfängertauchen, Tauchshop, Füllstation.

Bootsfahrten: Am Strand bieten mehrere Fischer Fahrten entlang der Küste an.

Familienausflüge: The Big One (an der N 125 zwischen Lagoa und Alcantarilha), Badelandschaft mit Kamikaze-Rutsche, Labyrinthrutsche, Wellenbecken etc. (Buszubringer von diversen Hotels an der Südküste). Slide & Splash (an der N 125 zwischen Estômbar und Lagoa), Badelandschaft mit verschiedenen Riesenrutschen.

Internet: Computas Bar, Rua do Escondidinho 8.

Gute **Busverbindungen** von und nach Lagoa und Portimão.

Armação de Pêra

Algarve-Atlas: S. 210, C 4

Von der N 125 aus in Richtung Süden fährt man zunächst durch eine recht einladende Ländlichkeit, bis plötzlich hinter einem Hügel wie ein ferner Spuk die Hochhaussilhouette von Armação de Pêra auftaucht. Armação de Pêra ist einer der Orte, an denen die Bausünden in den Himmel gewachsen sind und für echte *tristeza* sorgen. In den letzten Jahren versuchte man immerhin, den Anblick der Hochhäuser mit neuen Anstrichen erträglicher zu machen. Zum Wasser hin wird es etwas besser, und die Uferpromenade ist akzeptabel. Am östlichen Ortsende ist mit den Überresten einer kleinen Festung und der Santo António-Kapelle noch ein wenig von dem alten Dorf erhalten.

Die meisten der bunten Boote transportieren eher Touristen als Fische

Ein Stück weiter liegen die berühmten bunten Fischerboote von Armação de Pêra am Strand, von denen mittlerweile viele auch für touristische Ausflugsfahrten genutzt werden – ein Postkartenfoto sind sie allemal wert.

Posto do Turismo: Avenida Marginal, Tel. 282 31 21 45.

Mehrere Restaurants an der Strandpromenade, u. a. **Rocha da Palha** mit Terrasse direkt über dem Strand, Fischspezialitäten.

Ermida Nossa Senhora da Rocha

Westlich von Armação de Pêra gibt es ein ganz besonderes Kleinod zu besichtigen: die Ermida Nossa Senhora da Rocha, eine kleine Kapelle, die auf einen spitzen Felsvorsprung gebaut wurde, der weit ins Meer hineinragt. Unmittelbar neben der Kapelle fällt die Felswand über 30 m steil in die Tiefe. Bis zum Erdbeben hat eine kleine Festung das Gebäude geschützt. Das Kirchlein ist ›Unserer Lieben Frau vom Felsen‹ geweiht, deren Bildnis im offenen Altarraum zu sehen ist und stets von Einheimischen besucht wird. Sehr schön sind die romanischen Kapitelle an den Säulen der offenen Halle. Eines der Kapitelle soll sogar noch aus westgotischer Zeit stammen.

Albufeira

Algarve-Atlas: S. 211, D 4
In wunderschöner Lage zieht sich Albufeira oberhalb einer langgezogenen Strandbucht über die Felsen. 17 000 Einwohner zählt man, und die Stadt wächst weiter. Sie ist touristischer als alle anderen großen Städte der Fels-

algarve und anders als Lagos oder Portimão keine Stadt nur für einen Tagesausflug, sondern hier verbringen viele Urlauber ihre gesamten Ferien. Denn zu Albufeira gehört ein herrlicher Strand, der aber in den Sommermonaten leider völlig überfüllt ist. Im eigentlich recht einnehmenden Zentrum von Albufeira ist alles auf Touristen eingestellt, etwas ursprünglich Portugiesisches sucht man hier vergeblich. In der Fußgängerzone reihen sich Boutiquen und Souvenirläden, Restaurants und Cafés aneinander, und mit Sonnenuntergang startet ein ausgelassenes Nachtleben.

In keiner anderen Algarve-Stadt kann man die Veränderungen durch den Tourismus so gut nachvollziehen wie hier in Albufeira. Blickt man von der Seebrücke aus auf die Stadt, dann kann man sich gut vorstellen, wie sich das kleine Fischerdorf Albufeira einst vom Strand aus die Felsen hochzog. Mit dem zunehmenden Tourismus begann in den 1960er Jahren die ausufernde Bebauung in Albufeira und Umgebung. Von Hochhäusern hat man abgesehen, dafür ist die schöne Felsküste über Kilometer flächendeckend zubetoniert. Bevor Albufeira von der Tourismusindustrie erobert wurde, lebte der Ort von Fischfang, Fischverarbeitung und Schiffsbau – Branchen, mit denen es allerdings schon in den 1950er Jahren rapide bergab gegangen war.

Albufeira geht auf ein römisches Fischerdorf zurück, das vom Fischfang und von der Salzproduktion lebte. Die Mauren nannten den Ort ›Al-Buheira‹, wovon sich der portugiesische Ortsname Albufeira (›Lagune‹) ableitet. Unter den Mauren blühte der Handel mit den nordafrikanischen Mittelmeerhäfen. Die Handelsbeziehungen zu Nordafrika wurden nach der Eroberung durch die Christen aber abgebrochen, und einen Aufschwung gab es für Albufeira erst wieder mit dem Goldenen Zeitalter. Schwere Schläge musste der Ort beim Erdbeben einstecken sowie während der portugiesischen Bürgerkriege im 19. Jh., als Anhänger des absolutistischen Königs Miguel I. die Stadt überfielen und niederbrannten.

Zentrum

Die zentrale Straße in Albufeiras Innenstadt ist die **Rua 5 de Outubro.** Diese Fußgängerstraße mit hübschen Bodenmosaiken führt auf einen Tunnel zu, der in den 1930er Jahren durch die Felswand geschlagen wurde. Damit wurde die direkte Verbindung zwischen Zentrum und der Praia do Peneco hergestellt. Westlich oberhalb der Rua 5 de Outubro kann man mehrere Kirchen besichtigen: die kleine **Kirche São Sebastião** [1] mit dem manuelinischen Seitenportal, die **Pfarrkirche** [2] aus dem 18. Jh. mit dem Gemälde der Nossa Senhora da Orada, das jedes Jahr von Fischern auf eine Wasserprozession mitgenommen wird, und die hübsche **Kirche Sant'Ana** [3] mit der weißen Kuppel, eine für die Algarve typische kleine Barockkirche. Ein kurzer Spaziergang führt von der Praia do Peneco aus weiter nach Westen unten an den Felsen entlang.

Östlich oberhalb der Rua 5 de Outubro steht an der Praça da República ein Uhrenturm mit einer auffälligen schmiedeeisernen Konstruktion, die die Glocke hält. Im **städtischen Museum** 4 (Museu Municipal de Arqueologia, Praça da República 1, Sommer 14.30–20 Uhr; Winter 10.30–17 Uhr, Mo geschl.) werden archäologische Exponate und Fundstücke aus der Region gezeigt, darunter Menhire aus der Zeit 5000–4000 v. Chr., ein römisches Mosaik und Architekturfragmente von Kirchen aus dem 16. Jh., also aus der Zeit vor dem Erdbeben. In der Rua Henrique Calado kommt man an der kleinen **Misericórdia-Kapelle** 5 vorbei, deren gotisches Portal das Erdbeben unversehrt überstand, und an letzten Überbleibseln der Stadtbefestigung, deren Anlage auf die Mauren zurückgeht.

Schließlich kommt man wieder hinunter in den trubeligen Fußgängerbereich und zum zentralen **Largo Engenheiro Duarte Pacheco,** benannt nach dem Ingenieur und bekannten Baumeister von Salazar, unter dessen Leitung der Tunnel an der Rua 5 de Outubro in den Felsen geschlagen wurde. Um diesen hübsch angelegten Platz ziehen sich Restaurants, Cafés und Läden. Wen das einstige Aussehen von Albufeira interessiert, der sollte sich an der Brunnenanlage das Fliesenbild mit einer alten Ansicht der Stadt anschauen.

Sehenswürdigkeiten
1 Kirche São Sebastião
2 Pfarrkirche
3 Kirche Sant'Ana
4 Städtisches Museum
5 Misericórdia-Kapelle

Übernachten
6 Boa Vista
7 Villa São Vicente
8 Rocamar
9 Vila Branca
10 Apartamentos Turismar
11 Pensão Bremen

Essen und Trinken
12 A Ruina
13 O Cantinho Algarvio

Ein angenehmes Plätzchen ist zu guter Letzt der **Largo Cais Herculano** unten an der Praia dos Pescadores (Strand der Fischer). In diesem Teil hier unten spürt man noch ein wenig vom einst für den Ort so wichtigen Fischfang: Am Strand liegen bunte Fischerboote, dazwischen sieht man noch ein paar Fischerutensilien. Am Largo Cais Herculano steht die alte **Fischmarkthalle,** heute offen, früher eine geschlossene kleine Halle. Über den Strand kommt man zur Seebrücke, auf der sich meistens die Angler treffen.

Marina

Westlich der Innenstadt ist ein Yachthafen im Entstehen. Geplant ist eine Marina mit 474 Anlegestellen, über 800 Apartments, 3 Hotels und Geschäften. Rund 125 Mio. Euro wird der Spaß

Turbulentester Ferienort der Algarve: Albufeira

kosten. Im Vorfeld stießen die Planer in mehrfacher Hinsicht auf Kritik: Ein ökologisch wichtiges Sumpfgebiet wird mit dem Bau zerstört, außerdem ist der Baugrund nicht erdbebensicher.

Praia da Falésia

Einige Kilometer östlich von Albufeira beginnt die Praia da Falésia, ein ewig langer Sandstrand, der sich bis nach Vilamoura zieht. Im westlichen Abschnitt wird er über mehrere Kilometer von einer Felswand begrenzt, auf der Ferienanlagen größeren Ausmaßes gebaut wurden. Weiter nach Osten hin wird es flacher – zwischen Strand und Hinterland erstreckt sich in niedriger Dünengürtel. Im Prinzip beginnt hier bereits die so genannte Sandalgarve.

Posto de Turismo: Rua 5 de Outubro, Tel. 289 58 52 79.

Hotel Boa Vista 6: Rua Samora Barros 20, Tel. 289 58 91 75, 289 58 88 34, Fax 289 58 91 80. Großzügiges und geschmackvolles Hotel mit 86 Zimmern direkt über dem Meer, Sonnenterrasse mit Swimmingpool. DZ 55–110 €.

Boa Vista

Am östlichen Ende des Strandes kann man über eine Treppe auf die Felsen hinauf steigen, wo sich von einem Aussichtspunkt aus der allerbeste Blick auf Albufeira und seine Strände bietet.

Villa São Vicente 7: Largo Jacinto d'Ayet, Tel. 289 58 37 00, Fax 289 58 37 08. Sehr hübsches, kleines Hotel, modernes individuell und gepflegt eingerichtetes Haus in schöner Lage über dem Meer, Sonnenterrasse mit Swimmingpool. DZ 85–100 €.

Hotel Rocamar 8: Largo Jacinto d'Ayet, Tel. 289 54 02 80, Fax 289 54 02 81. Stadthotel mit 91 Zimmern, schöne Lage

über dem Strand, ansonsten wenig Flair. DZ 40–90 €.

Vila Branca 9: Rua do Ténis 4, Tel. 289 58 68 04, Fax 289 58 65 92. Moderne, nüchterne Stadtpension mit 20 Zimmern, sauber und freundlich, Zimmer im dritten Stock haben großen Balkon, Frühstück auf Dachterrasse. DZ 30–60 €.

Apartamentos Turismar 10: Av. do Ténis 8, Tel. 289 58 99 91, Fax 289 51 39 20. In Privathaus mehrere Zimmer mit Küchenzeile und Esstisch, Balkon, etwas überbordende Einrichtung, dafür schöner Blick. Studio für 2 Personen 30–60 €.

Pensão Bremen 11: Rua Sacadura Cabral 21, Tel. 289 51 56 59, Fax 289 58 67 09. Bremen lässt grüßen (Fotos von Stadtmusikanten etc.), sehr einfache Zimmer mit Strandblick, aber auch Straße vor'm Haus, deutsches Frühstück. DZ 40–45 €.

DIE SCHRIFTSTELLERIN LÍDIA JORGE

Bei portugiesischer Literatur denkt man zuerst an den Literaturnobelpreisträger José Saramago oder an den genialen Fernando Pessoa. Vielleicht kennt man auch António Lobo Antunes, der lange schon als Anwärter auf den Literaturnobelpreis gilt, oder an Luís Vaz de Camões, den Nationaldichter Portugals aus dem 16. Jh. Als Urlaubslektüre sind ihre Bücher sehr zu empfehlen. Aber mit der Algarve haben sie nicht allzu viel zu tun. Auch nicht Günter Grass, der einige Zeit ein Haus an der Algarve hatte und hin und wieder ins Centro Cultural de São Lourenço zu Lesungen und Ausstellungen eingeladen wird.

Eine bekannte Schriftstellerin, deren Bücher auch ins Deutsche übersetzt worden sind, stammt aus der Algarve: Lídia Jorge, die 1946 in Boliqueime geboren wurde und dort aufgewachsen ist. Lesenswert für alle Algarve-Interessierten ist vor allem ihr Roman »Der Tag der Wunder«, in dem sie das Leben in einem Algarve-Dorf in den 1970er Jahren beschreibt: Ein Dorf im Hinterland, das mit der Entwicklung in den fernen Großstädten nichts, aber auch gar nichts zu tun hat, in dem die Bevölkerung größtenteils nicht lesen und schreiben kann, aus dem die jungen Leute wegziehen und in dem die alten Leute folglich allein zurückbleiben. Dieses Dorf kommt hier und da mit der Moderne in Berührung, und diese Begegnungen werden grandios beschrieben. Ein bisschen lässt sich auf diese Weise der Umbruch nachempfinden, den die ganze Region mitgemacht hat. Auch der Roman »Die Decke des Soldaten« von Lídia Jorge wurde ins Deutsche übersetzt. Er spielt in der Algarve und in Buenos Aires, und die Autorin schildert hier ebenfalls die sozialen Veränderungen der letzten Jahrzehnte.

Camping:
Parque de Campismo de Albufeira****, 980 Plätze, Tel. 289 58 76 29, Fax 289 58 76 33. Der Campingplatz liegt 2 km nördlich von Albufeira nahe der Straße zum Bahnhof und nach Ferreiras, bei Alpouvar.

A Ruina 12: Cais Herculano. Traditionelles Restaurant oberhalb der Praia dos Pescadores, man sitzt wunderbar auf Terrassen auf mehreren Ebenen, internationale Gerichte.
O Cantinho Algarvio 13: Trav. Cais Herculano 6, Tel. 289 58 51 50. Portugiesische und internationale Küche, außerdem auf Bestellung (zwei Tage vorher) frische afrikanische Gerichte nach Rezepten aus Angola und Cabo Verde.

Kadoc: Straße nach Vilamoura. Ein Disko-Klassiker – die wohl bekannteste Diskothek an der Algarve-Küste, etwas edel, man spielt Techno und anderes.

Nossa Senhora da Orada: 14. Aug., Wasserprozession, Volksfest.

Fast alle Wassersportarten sind möglich. Gute Windsurfbedingungen gibt es an der Praia da Galé westlich von Albufeira. Im Ort werden Fahrräder vermietet.

Bootsfahrten: Unten an der Praia dos Pescadores werden Bootsfahrten entlang der Felsküste und zu den Grotten angeboten.
Familienausflüge: Krazy World nördlich von Albufeira bei Algoz in Richtung São Bartolomeu de Messines mit Minigolf und Algarve-Zoo und großem Familienprogramm (Okt.–Jan. Mo–Fr 10–18, Feb.–Sept. tgl. 10–18 Uhr). Zoomarine-Park an der N 125 bei Guia mit Schwimmbecken, Delfinbecken, Delfin-, Robben- und Papageienshow, Riesenrad. www.zoomarine.com (tgl. 10–18 Uhr, Sommermonate bis 19.30 Uhr, Nov.–März geschl.)

Von Albufeira ins Landesinnere

Algoz

Algarve-Atlas: S. 211, D 3
Wer die ländliche Algarve jenseits des Küstentrubels kennenlernen möchte, sollte von Portimão oder Albufeira aus einen Abstecher nach Algoz machen. Algoz ist ein größeres, nettes Dorf ohne spektakuläre Sehenswürdigkeit. Ein hübsches Fleckchen ist die Erhebung am Rand von Algoz mit der Kapelle Nossa Senhora do Pilar, von wo man einen schönen Blick ins Hinterland hat.

Paderne

Algarve-Atlas: S. 211, D/E3
Von Algoz aus kommt man über Tunes nach Paderne. Ein eindrucksvoller Platz 4 km südlich des hübschen Dorfes ist eine alte **Burgruine** auf einem Hügel (Ausschilderung ›Castelo‹ aus Richtung Westen kommend noch vor der Ortseinfahrt). Reste der Mauern und eines Turms sind noch zu sehen. Die Festung wurde von den Mauren errichtet, man hat es hier also mit einem der wenigen originalen Überreste der arabischen Kultur an der Algarve zu tun. Die Burg wurde im 12. und 13. Jh. unter den Almohaden aufgebaut, und diente zu diesem Zeitpunkt natürlich als Verteidigungsbau gegen die Christen, die den Landstrich zurückzuerobern versuchten. Als die Rückeroberung dann schlussendlich gelungen war, setzten die Christen sogleich eine kleine gotische Kapelle hier oben zwischen die Mauern, deren Überbleibsel ebenfalls noch erhalten sind.

Über **Bouliqueime,** einen verschlafenen Ort, aus dem sowohl der langjährige portugiesische Ministerpräsident Cavaco Silva als auch die Schriftstellerin Lídia Jorge stammen, geht es zurück nach Albufeira.

Vilamoura

Algarve-Atlas: S. 211, E 4
Vilamoura ist eine komplett künstliche Urbanisation, die in den 1970er und 1980er Jahren um einen Yachthafen gebaut wurde. Diese Marina war lange Zeit die mit Abstand größte an der Algarve-Küste. Eine Promenade führt einmal um den Yachthafen herum, vorbei an einem Einkaufszentrum und zahllosen Cafés und Restaurants jeglicher Nationalität. Rund 1000 Liegeplätze für teilweise ziemlich luxuriöse Yachten stehen hier zur Verfügung. Die Bebauung drumherum mit Hochhäusern und Apartmentblöcken ist ent-

sprechend eher großzügig und mondän. Daneben gibt es Pläne für den Bau einer weiteren Marina westlich der jetzigen, außerdem sollen mehrere Naturparks entstehen.

Cerro da Vila

Unmittelbar westlich der Urbanisation gibt es ein interessantes Museum. Auf Grund archäologischer Untersuchungen weiß man, dass der Küstenstreifen vor etwa 10 000 Jahren wegen des niedrigeren Meerwasserspiegels weiter seewärts lag. Zu römischer Zeit stieg der Meeresspiegel an, und im Mündungsbereich der Ribeira da Quarteira entstand ein großes Lagunengebiet. Cerro da Vila ist die Ausgrabungsstätte einer römischen Ansiedlung, die mit einem Hafen am Rand der Lagune Zugang zum Meer hatte. Vom Hafen aus gingen u. a. die Garumtransporte vonstatten. 1963 begannen die Ausgrabungsarbeiten, nachdem man bei landwirtschaftlichen Arbeiten auf Mosaiksteine gestoßen war. Bis heute wurden u. a. mehrere Häuser, Badeanlagen, Wasserreservoirs, Brunnen und Hafenkais freigelegt. In dem Museum, das dem Gelände angeschlossen ist, sind einzelne Ausgrabungsstücke ausgestellt wie Ringe und diverser Schmuck, Öllämpchen etc. (Museu e Estação Arqueológica, Avenida Cerro da Vila, Mai–Okt. 10–13, 16–21, Nov.–April 9.30–12.30, 14–18 Uhr).

Direkt an Vilamoura schließt sich **Quarteira** an, ein aus Straßenzügen mit Hochhausblocks bestehendes Gebilde, das man kaum Ort nennen mag. Ein Großteil der baulichen Entgleisungen, die man den Planern an der Algarve vorwerfen kann, konzentrieren sich hier auf einigen Quadratkilometern.

Posto de Informações: Av. Eng. João Meireles (neben Roma Golf Park). Sehr engagierte private Auskunftsstelle.

Pier One: Clube Náutico, Marina, Tel. 289 32 27 34. Ein schöner zweistöckiger Bau mit Holzveranda und Blick in die Marina. Gute Fleisch- und Fischgerichte ab 15 €, Nudelgerichte um 11 €, u. a. Lasagne Tamboril.

In der Marina werden diverse Ausflugsmöglichkeiten angeboten, darunter Grottenfahrten, Angeltouren, Ausflüge an Bord einer Motoryacht mit Schnorcheln und Angeln.

Vale do Lobo und Quinta do Lago

Algarve-Atlas: S. 211, F4

Die beiden exklusiven und großzügigen Ferienanlagen Vale do Lobo (Tal des Wolfs) und Quinta do Lago (Landgut am See) schließen aneinander an. Villenähnliche Ferienhäuser mit Gärten und Swimmingpool unter großen Schirmpinien, Golf- und Tennisplätze, gepflegte Einkaufszentren eingebettet in eine weite Kunstlandschaft mit Rasenflächen, Wasserläufen und Golfanlagen bestimmen das Bild. Bei Quinta do Lago beginnt bereits das Lagunengebiet der Ria Formosa, das sich von Faro aus nach Osten zieht. Hier kommt man auf einer Brücke über einen Wasserlauf zum Strand Praia do Anção.

DIE BERGE IM HINTERLAND

Schon die Römer wussten die warmen Quellen der Serra de Monchique zu schätzen, später kamen auch die portugiesischen Könige. In den Bergen, die die Algarve vom Alentejo im Norden trennen, zeigt sich das Algarve-Hinterland von seiner schönsten Seite: üppige, urwüchsige Vegetation, alter Baumbestand – subtropische und zugleich mediterrane Pflanzenwelt so weit das Auge reicht.

Serra de Monchique

Algarve-Atlas: S. 210, A 1/2
Das Gebirge nördlich von Portimão bildet in jeder Hinsicht einen immensen Kontrast zur Küstenregion der Felsalgarve. Wer sich an der Küste um Portimão aufhält, kann es bestens auf einem Tagesausflug erkunden. Die Serra erstreckt sich in Ost-West-Richtung und bildet die Nordgrenze für den westlichen Teil der Algarve, und das gleich in mehrfacher Hinsicht: Geografisch trennt sie den südlichen Küstenstreifen der Algarve von den weiten Alentejo-Ebenen im Norden. Diese natürliche Grenze wurde als Verwaltungsgrenze übernommen. Und zudem bildet die Serra de Monchique eine Klimagrenze, da sie die kühleren Winde und Wettereinflüsse aus dem Norden abhält und der Algarve schon nordafrikanische Klimaverhältnisse beschert.

Bis auf 902 m steigen die Berge an der Fóia an, die Picota hat eine Höhe von 892 m, die Madrinha 807 m, die Carapitolas 664 m und die Asseiceira 610 m. Hohe Luftfeuchtigkeit und ein insgesamt mildes und warmes Klima sorgen in der Serra de Monchique für eine ausgesprochen vielfältige Vegetation. Walnussbäume gedeihen hier ebenso wie Orangenbäume, Bananenstauden, Edelkastanien, Pinien, Oleander, Bougainvillea, Mimosen und Erdbeerbäume. Aber man darf sich von der üppigen Pflanzenwelt nicht täuschen lassen: 1999 wurde die Serra de Monchique vom WWF eingestuft als eines von zehn bedeutenden Waldgebieten in Südeuropa, deren biologische Vielfalt durch Feuer, falsche Forstwirtschaft und durch Tourismus gefährdet ist.

Monchique

Algarve-Atlas: S. 210, A 1
Knapp 460 m über dem Meeresspiegel liegt Monchique, das größte Städtchen

der Serra de Monchique, eingebettet in die wunderschöne Berglandschaft, die von Eukalyptuswäldern, Korkeichen, Zistrosenflächen und Rhododendronbüschen durchzogen ist. Monchique mit seinen gut 8000 Einwohnern wäre ohne die Tagestouristen ein völlig verschlafener Bergort. Aber auch die Besucher stören die behagliche Atmosphäre nicht wesentlich. Der Ort liegt in einer Talsenke zwischen den höchsten Bergen der Serra, zwischen der Picota und der Fóia, an deren Ostausläufer er sich ein Stück hinaufzieht. Monchique hat lange Zeit recht gut von der Textil- und Holzverarbeitung gelebt, heute bietet überwiegend der Tourismus in den Küstenregionen Arbeitsplätze.

An dem zentralen Plätzchen **Largo dos Chorões** befindet sich auch die Touristeninformation. Hier gibt es mehrere Cafés, die tagsüber Treffpunkt von Einheimischen und Touristen sind. Neben der Touristeninformation fällt ein ungewöhnlicher Brunnen auf, der aus einer so genannten ›Nora‹ aufgebaut wurde. Diese von den Arabern ins Land gebrachte Wasserschöpfanlage ist bis heute noch hier und da in der Algarve-Landschaft zu sehen. Neben dem Platz ist jenseits der Hauptstraße zur Talseite hin eine Art hängender Garten mit herrlichen Büschen und Blumenrabatten angelegt worden.

Vom Largo dos Chorões aus ziehen sich die teilweise hübsch mit Pflanzenkübeln geschmückten Gassen den Hang hinauf. Sehenswert ist auf dem Weg durch den kleinen historischen Ortskern insbesondere die **Igreja Matriz** (15./16. Jh.) mit ihrem schönen, schlichten manuelinischen Hauptportal, das die typischen gedrehten Steinbänder und fünf Strahlen mit Knoten aufweist. Auch der Blick ins Innere lohnt: Der dreischiffige Raum wird von Säulen unterteilt, an deren Kapitellen wiederum gedrehte Steinbänder zu sehen sind.

Folgt man dem braunen ›Wandererzeichen‹ mit den Fernglas- und Fotoapparat-Symbolen, dann wird man die Gassen hinauf zum Ortsrand geführt. Noch ein Stückchen weiter aufwärts kommt man über einen kurzen Waldweg zum **Convento de Nossa Senhora do Desterro,** ein weitgehend verfallenes Kloster aus dem 17. Jh., das 1755 durch das Erdbeben starke Schäden erlitt. Vom Vorplatz hat man einen umfassenden Ausblick auf den kleinen Ort.

Posto de Turismo: Largo dos Chorões, Tel. 282 91 11 89.

Bela Vista: Largo 5 de Outubro 10 (Largo dos Chorões), Tel. 282 91 22 52. Sehr einfache, saubere Zimmer mit Badezimmer auf dem Flur, freundliche Atmosphäre, zwei Zimmer haben einen schönen Blick. DZ 18–25 €.

A Charette: Rua Dr. Samora Gil 30, Tel. 282 91 21 42. Das Charette findet man in unmittelbarer Nähe des Rathauses, ein sehr beliebtes Restaurant, in dem es vor allem mittags meist recht voll ist. Entsprechend lecker sind die Gerichte: Durchweg wird gute regionale Küche geboten.

Bela Vista: Largo 5 de Outubro, Tel. 282 91 22 52. Zu der Pension gehört ein ebenfalls einfaches Restaurant im 1. Stock, hier bekommt man unverfälschte Hausmannskost aus der Serra.

Auch in der Serra de Monchique wird der Boden zum Teil landwirtschaftlich genutzt

Fóia

Algarve-Atlas: S. 210, A 1
Von Monchique aus führt die N 266–3, die Estrada da Fóia, in weiten Kurven hinauf zur Fóia-Spitze. An der Straße liegen mehrere Ausflugslokale, außerdem gibt es Aussichtspunkte, von denen man fantastische Panoramablick in die Bergwelt und bis hin zur Küste hat. Die Straße steigt über 400 m an, und am Ende zieht sie einen Bogen in Richtung Norden. Hier öffnet sich wiederum ein herrlicher Ausblick in die liebliche Berglandschaft und weit hinein in die Gefilde des Alentejo. Schließlich erreicht man die Fóia-Spitze, die mit 902 m höchste Erhebung der Serra de Monchique. Hier oben sind diverse Antennen und Funkeinrichtungen installiert. Etwas lieblos hingesetzte Souvenirläden mit Restaurationsbetrieb sorgen für das Wohl der Besucher. Lohnend ist der Weg hierher vor allem wegen der atemberaubenden Aussicht: Direkt südlich an der Küste erkennt man Portimão sowie die Hochhäuser von Praia da Rocha und die leicht geschwungene Bucht von Lagos, nach Osten hin kann man bei guten Sichtverhältnissen die Algarve-Südküste entlangschauen, so weit das Auge reicht. Markante Punkte sind – wegen der Hochhäuser – Armação de

Einkaufstipp

Aus den hellroten, erdbeergroßen Früchten des Erdbeerbaums wird *medronho,* ein hochprozentiger, klarer Schnaps, hergestellt. Weitere Produkte der Serra de Monchique sind kunsthandwerklicher Art: neben Keramik und Textilien gibt es Flechtwerk aus Weidenholz und verschiedene Holzprodukte – Holzlöffel und andere Küchengeräte, Spazierstöcke, außerdem die typischen geschnitzten Scherenstühle, also Klappstühle aus Holz mit hohen Armlehnen.

Pêra und weiter östlich Quarteira. Im Südwesten lässt sich das Cabo de São Vicente ausmachen, von dem aus sich die Westküste in Richtung Norden zieht. Direkt nach Westen guckt man auf den Küstenstreifen bei Aljezur.

Estalagem Abrigo da Montanha: Estrada da Fóia, Tel. 282 91 21 31, 282 91 27 50, Fax 282 91 36 60, abrigodamontanha@hotmail.com. Sehr empfehlenswerte Adresse. Das aus Granitsteinen gebaute Haus liegt am Südhang der Serra mit herrlichem Blick in die Berge und hinunter bis zur Küste. Geschmackvolle Einrichtung. Swimmingpool und Terrasse mit Ausblick. Halbpension möglich. Im Winter wird der Kamin angemacht. DZ 55–80 € (je nach Saison), Suiten bis 100 €.

Mehrere Restaurants gibt es an der Straße zur Fóia hinauf. Zu empfehlen: **O Fernando:** Estrada da Fóia, Tel. 282 913 243, tgl. geöffnet. Von Monchique aus ist dies gleich eines der ersten Restaurants an der Estrada da Fóia. Man hat einen herrlichen Blick in die Bergwelt. Hausspezialitäten sind Hühnchen, Spanferkel, sonntags gibt es Zicklein, man bekommt auch frische Salate.

Caldas de Monchique

Thermalquellen

Algarve-Atlas: S. 210, A 2

Eines der schönsten und ungewöhnlichsten Ausflugsziele im Hinterland der Algarve war lange Zeit der kleine Ort Caldas de Monchique ca. 6 km unterhalb von Monchique westlich der N 266. Um die ›warmen Quellen von Monchique‹ ist in 350 m Höhe ein Kurbad entstanden, das von einem großen Waldgebiet mit Kastanien, Eukalyptusbäumen und Korkeichen umzogen wird. In diesem Tal am Südhang der Serra gibt es bedingt durch vulkanischen Ursprung Thermalquellen, die mit mehr als 30°C aus dem Erdreich kommen. Pro Tag strömen etwa 500 000 l Wasser aus dem vulkanischen Boden. Heilend wirkt das Wasser bei Rheumatismus, bei Atemwegserkrankungen und Magen- und Darmleiden. Abgefüllt in Flaschen bekommt man *Água de Monchique* überall in der Algarve und in Portugal zu kaufen. Die warmen Quellen wurden schon – und wahrscheinlich nicht zuerst – von den Römern aufgesucht. Von ihnen erhielt Monchique auch seinen Namen: Sie nannten den Berg, aus dem das heilende Wasser hervorquellt, angeblich Mons Cicus. Auf Grund von Fundstücken, u. a. auch Münzen, schließt man auf ein reges römisches Badeleben. In späteren Jahrhunderten wurde Caldas de Monchique zum Luxusbad, das u. a. die portugiesischen Könige aufsuchten: Dom Sebastião, João II. und João V. kamen hierher.

Der Kurort

Die wenigen Häuser von Caldas de Monchique liegen in dem engen, aber hellen Tal. Über Jahrzehnte strahlte der kleine, ruhige Kurort den Charme einer längst vergangenen Belle Époque aus – bescheidene portugiesische Bäderarchitektur, die nur von wenigen als solche zur Kenntnis genommen wurde. Die Jahrhundertwendebauten, die sich um den zentralen kleinen Platz unter hohen Bäumen gruppieren, führten ein selbstverständliches und kaum beachtetes Eigenleben. Bis man ihren Wert erkannte. Nun wird der Charme vermarktet und die Ruhe ist dahin.

Die Fundação Oriente eines aus Macao stammenden Lissaboners erwarb 1994 einen Großteil von Caldas de Monchique aus dem Besitz der Enatur, der Betreibergesellschaft der staatlichen Pousadas, die nach dem Ende der Diktatur 1974 den Kurort überantwortet bekam. Die Fundação Oriente hat groß angelegte Restaurierungs- und Umbauarbeiten durchgeführt. Modernisiert wurde vor allem das Innenleben, den Charakter der alten Fassaden will man nach Möglichkeit aber erhalten. In dem zu neuem Leben erweckten Badeort lockt ein Thermalbad, in dem rund 150 Menschen pro Tag zu Anwendungen, Massage und Fitness erwartet werden. Atemwegs- und Gelenkerkrankungen können kuriert, außerdem ›no-stress‹- oder ›Anti-Cellulitis‹-Programme gebucht werden. In einem schlichten Gewerbebau südlich des Ortes wird das bekannte Heilwasser durch die »Sociedade das Águas de Monchique e do Engarrafamento« vom übermäßigen Schwefelgeschmack befreit, aufbereitet und in Flaschen abgefüllt.

Wer Caldas de Monchique nur einfach einen kürzeren Besuch abstatten möchte, kann durch den winzigen Ort spazieren, den Bachlauf mit dem Picknickplatz und die kleine Kapelle am oberen Ortsende aufsuchen und sich in einem der Cafés niederlassen. Unmittelbar oberhalb des Ortes beginnt eine verwilderte Parklandschaft mit hohen Laub- und Nadelbäumen, Buschwerk und plätschernden Wasserläuten, durch die schmale Pfade bergauf führen.

Albergaria do Lageado: Caldas de Monchique, Tel. 282 91 26 16, 282 91 38 69, Fax 282 91 13 10, geöffnet Mai–Okt. Schöne Pension mit insgesamt 20 Zimmern, einem kleinen Garten und Swimmingpool mit Thermalwasser. Frühstück muss extra bezahlt werden. Man kann auch Halb- oder Vollpension buchen. DZ 35–45 €.

Sehr empfehlenswert sind **Wanderungen durch die Serra de Monchique,** die von zwei Deutschen geführt werden, die schon lange hier leben, sich mit der Tier- und Pflanzenwelt hervorragend auskennen und viel über Menschen, Leben und Bräuche in der Bergwelt erzählen können. Information: Ines und Uwe Schemionek, Tel. 282 91 10 41 oder 966 52 48 22.

Der Osten

Serra de
Monchique

Algarve-Atlas S. 210 – 215

FARO UND UMGEBUNG

Die Hauptstadt der Algarve ist eine ganz normale Stadt und damit eine echte Rarität unter den vom Tourismus geprägten Küstenorten. Wer portugiesischen Alltag erleben möchte, findet ihn hier. Im Hinterland von Faro gibt es in schöner Landschaft hübsche kleine Orte und mit Estói, Milreu und São Lourenço die interessantesten Kulturstätten der Algarve.

Faro

Algarve-Atlas: S. 212, B4
Faro ist eine unspektakuläre Stadt und kein Ferienort. Die Hauptstadt der Algarve hat über 30 000 Einwohner und ist mit dem internationalen Flughafen, einem stark frequentierten Busbahnhof und einem zentralen Bahnhof wichtiger Verkehrsknotenpunkt. Die Verwaltung der Algarve sitzt in der Stadt, es gibt zwei Universitäten, und außerdem sind hier Wirtschaft und etwas Industrie angesiedelt – insgesamt also eine relativ breite Mischung. Niemand würde seinen Urlaub in Faro verbringen, und Tourismus spielt nur eine untergeordnete Rolle. Dennoch lohnt ein ausgedehnter Besuch der Stadt auf jeden Fall, denn erstens ist sie sehr hübsch und zweitens eignet sie sich vorzüglich zum Einkaufen. Dass Faro nicht zur Urlauberstadt ›verkommen‹ ist, verdankt es vermutlich seiner Lage. Zwar liegt die Stadt an der Küste, aber an dieser Stelle ist das vorgelagerte Lagunensystem besonders ausgedehnt, und die Inseln mit ihren Stränden befinden sich nicht gerade vor der Haustür.

Faro geht auf eine frühe Ansiedlung zurück, die schon von den Phöniziern auf ihren Handelsreisen angesteuert wurde. Unter römischer Herrschaft entstanden hier ein größerer Hafen und ein Verwaltungszentrum. Die Westgoten errichteten im 5. Jh. dann einen Bischofssitz und eine erste größere Kirche, die sie der Maria weihten. Im 8. Jh. kam Faro unter maurische Herrschaft und wurde für kurze Zeit ein eigenständiges Fürstentum. Aus dieser Zeit leitet sich vermutlich der heutige Name Faro ab – damals hieß die Stadt Harum oder Harune nach ihrem Herrscher Mohammed Ben Said Ben Hárun. 1249 eroberte Afonso III. Faro als letzte große Stadt aus maurischer Hand zurück, und 1250 wurde sie ins portugiesische Königreich eingegliedert. Der Bischofssitz befand sich noch über Jahrhunderte in Silves; 1577 wurde er nach Faro verlegt, was der ohnehin schon erblühten Stadt noch mehr Bedeutung verlieh. Aber bereits 20 Jahre später begann der Niedergang: Der Graf von

Essex, dessen eigentliches Ziel das andalusische Cádiz war, fiel 1596 in Faro ein, plünderte die Stadt und zerstörte große Teile. 1755 sorgte das Erdbeben für schwere Schäden.

Seit 1756 ist Faro offiziell Hauptstadt der Provinz Algarve. In der Folgezeit hat sich die Stadt mehr und mehr ausgeweitet und ist heute von einer ziemlich schrecklichen Peripherie umzogen, die nichts von der Schönheit der Innenstadt, namentlich des *centro histórico,* erahnen lässt.

Die Altstadt

Das *centro histórico* ist der einzige Teil der Innenstadt, der das Erdbeben einigermaßen überstanden hat. Gebäude aus unterschiedlichen Jahrhunderten stehen Seite an Seite, ergeben in ihrer Gesamtheit aber ein sehr ansprechendes Bild. Ein paar kleine Lädchen, Galerien und Lokale haben sich hier niedergelassen. Die Altstadt ist von einer Befestigungsmauer umgeben, die in verschiedenen Epochen errichtet und erneuert wurde. Teile des **Arco do Repouso** 1 (›Torbogen der Ruhe‹) an der Ostseite stammen beispielsweise noch aus dem 13. Jh. Angeblich hat sich Afonso III. nach der geglückten Vertreibung der Mauren hier niedergelassen und sich ein Päuschen gegönnt. Dagegen wurde der **Arco da Vila** 2, der Zugang vom Jardim Manuel Bivar aus, erst im 18. Jh. errichtet, und zwar von dem Italiener Francisco Xavier Fabri. Über dem Torbogen des Arco da Vila erkennt man den Stadtheiligen Thomas von Aquin. Auf dem aufgesetzten Glockenturm nisten alljährlich im Frühjahr Störche. Im Dunkel des breiten Durchgangs lässt sich ein Hufeisenbogen ausmachen, der offenbar noch von der maurischen Stadtbefestigung stammt.

Folgt man der kleinen Straße jenseits des Arco da Vila, dann kommt man zu dem von Orangenbäumen gesäumten Largo da Sé mit der Kathedrale, dem Rathaus an der Nordseite und dem **Bischofspalast** 3 an der Westseite. Dieser langgezogene Bau dient seit dem 18. Jh. als Priesterseminar. Nach der Nelkenrevolution wurden in dem Gebäude zwischenzeitlich die sogenannten *retornados*, die portugiesischen Rückkehrer und Einwanderer aus den selbstständig gewordenen portugiesischen Kolonien, untergebracht.

Die **Kathedrale Sé** 4 ist das Kernstück des historischen Zentrums. ›Sé‹ ist die in Portugal übliche Kurzform von *sede* für (Bischofs)Sitz. Vermutlich ist dies die Stelle, an der schon die Westgoten die besagte christliche Kirche bauten, die dann von den Mauren durch eine Moschee ersetzt wurde. Die Portugiesen ihrerseits errichteten stattdessen wiederum ein christliches Gotteshaus, das durch das Erdbeben schwer beschädigt worden ist. Allerdings hat der gotische Glockenturm die Katastrophe überstanden, ebenso ein Teil der Südwand, in dem noch ein gotisches Fenster erhalten ist. Die Nordseite der Sé wird durch drei aneinandergefügte Seitenkapellen gegliedert. Im dreischiffigen Innern sind eben diese Seitenkapellen verschiedener Größe und die *azulejos* (s. S. 137) aus dem 18. Jh. besonders schön. Auf

Flughafen, Praia de Faro
Rua Aboim Ascenção
Rua General Teófilo da Trinida
R. Cunha Matos
Rua de Loulé
Igreja de São Sebastião
Largo da Campo da Feira
Rua Gomes Freire
Rua de S. Sebastião
Rua da Atalaia
Rua da Abegoaria
Rua da Boavista
Rua Conselheiro Sebastião Teles
Rua Infante Dom Henrique
Rua Dr. Miguel Bombarda
Rua da Moagem
Rua do Alportel
Rua Brito Cabreira
Largo do Carmo
Praça Silva Porto
Rua Cruz dos Mestras
Rua Horta Machado
Rua Serpa Pinto
Rua Teófilo Braga
Rua Ventura Coelho
Rua Francisco Barreto
Largo da Estação
Rua Baptista Pinto
Largo do Poço
Rua do Sol
Largo das Mouras Velhas
Largo de S. Pedro
Rua da Madalena
Portuguese Automobile Club A.C.P
Largo Madalena
Rua da Barqueta
Bahnhof
Rua Conselheiro Bivar
Rua do Prior
Rua do Compromisso
Rua Filipe Alistão
Rua José Estêvão
Largo do Sol Posto
Rua Lethes
Rua da Mota
Rua de Portugal
Rua B. Dias
Avenida da República
Busbahnhof
Praça Ferreira de Almeida
Largo da Mota
Rua Vasco da Gama
R. I de Maio
R. Ivens
Praça Francisco Gomes
Rua Dr. Francisco Gomes
Rua de Santo António
Praça da Liberd
Rua I de Dezembro
Rua Rebelo da Silva
Jardim Manuel Bivar
Rua João Dias
Rua Castilho
Hafen
Praça A. Herculano
Rua da Misericórdia
R. do Albergue
Rua V. Almeida
Rua do Bocage
R. do Município
R. Rasquinho
Centro histórico
Rathaus
R. José M. Bandeiro
Rua de S. Francisco
Rua Teresa Ramalho Or
Rua Lázaro Cortez
Largo da Sé
Rua Comandante Francisco Manuel
Praça Afonso III
Stadtmauer
R. da Porta
Rua do Trem
Rua do Arco
Largo do Castelo
Rua Nova do Castelo
Largo de São Francisco
Igreja São Franc
Fähre zu den Inseln Ilha da Culatra (Station Farol) und Ilha Deserta
FARO
0
300 m

Sehenswürdigkeiten

1 Arco do Repouso
2 Arco da Vila
3 Bischofspalast
4 Kathedrale Sé
5 Arco da Porta Nova
6 Klarissenkloster Nossa Senhora da Assunção
7 Museu Regional do Algarve
8 Kirche São Pedro
9 Carmo-Kirche
10 Misericórdia-Kirche
11 Banco de Portugal
12 Centro de Ciência Viva
13 Museu Marítimo

Übernachten

14 Eva
15 Residencial Sun Algarve
16 Pensão Madalena
17 Residencial Adelaide
18 Jugendherberge

Essen und Trinken

19 El Príncipe
20 Clube Naval
21 Fim do Mundo
22 O Seu Café
23 Café Aliança

der Empore über dem Eingangsbereich sieht man eine aufwändig bemalte Barockorgel. Eine echte Attraktion ist ein Aufstieg auf den Glockenturm, von dem man einen einzigartigen Blick auf Faro und vor allem auf die vorgelagerte Lagunenlandschaft hat.

Vom Largo da Sé aus geht es durch den **Arco da Porta Nova** 5, ein Stadttor aus dem 17. Jh., direkt an die Lagune und zum Schiffsanleger, von dem aus die Boote zu den vorgelagerten Inseln starten. An dieser Stelle führt auch die Eisenbahnlinie von Vila Real de Santo António nach Lagos unmittelbar am Wasser entlang.

Weiter durch die Altstadtstraßen kommt man zur **Praça Afonso III.** mit dem Standbild des Königs, unter dem die Mauren aus Faro und anderen Teilen des Al-Gharb vertrieben worden sind. An dem Platz steht das frühere Klarissenkloster **Nossa Senhora da Assunção** 6, das im 16. Jh. gebaut wurde. Auftraggeberin war Leonor von Spanien, die Schwester von Karl V. und dritte Ehefrau von Manuel I., dem Glücklichen. In einigen Räumlichkeiten ist das **Archäologische Museum** untergebracht, in dem seit geraumer Zeit wegen Renovierungsarbeiten nur ein Notbetrieb mit einer Minimalausstellung aufrecht erhalten wird (Museu Arqueológico e Lapidar Infante D. Henrique, Okt.–März Di–Fr 9–17.30, Mo, Sa 14–17.30 Uhr, April–Sept. Di–Fr 10–18, Mo, Sa 14.30–18 Uhr). Wirklich sehenswert ist aber der zweistöckige Kreuzgang mit einer hübschen Gartenanlage.

Durch den Arco do Repouso verlässt man die Altstadt und kommt zum Largo de São Francisco – ein riesiger Parkplatz, an dessen Ostseite die Klosterkirche São Francisco aus dem 17. Jh. steht. In dem angeschlossenen Kloster hat eine Fachschule für Tourismus ihre Räume.

Museu Regional do Algarve

Ein bisschen Zeit sollte man sich für die liebevoll zusammengestellte Sammlung des Regionalmuseums der Algarve 7 nehmen (Mo–Fr 9–12.30, 14–17.30 Uhr). Man erhält hier einen guten Einblick in das Landleben und in den Alltag der Algarve, bevor sie vom Tourismus überrollt wurde. Schwarz-Weiß-Fotografien dokumentieren das einstige Dasein von Fischern und Bauern, und vor allem bei Fotografien von früheren Fischerdörfern kommt man aus dem Staunen nicht mehr heraus. Kaum zu glauben, wie diese Küste einmal ausgesehen hat. Vergangenheit wird auch mit alten Eselskarren gezeigt, mit denen Wasserkrüge transportiert wurden, oder mit lebensgroßen Puppen, die Modelle von typischen alten Algarve-Häuschen ›bewohnen‹.

Weitere Sehenswürdigkeiten

Faro hat zahlreiche weitere Kirchen und Kapellen zu bieten, von denen die folgenden ins Besichtigungsprogramm gehören: Die **Kirche São Pedro** 8 aus dem 16. Jh. zeigt am Renaissanceportal eine Petrusfigur. Im Innern sind schöne Schnitzereien und *azulejos* (s. S. 137) aus dem 18. Jh. zu sehen.

Lohnend ist ein Stück weiter nördlich die barocke **Carmo-Kirche** **9** mit üppiger *talha dourada* und einer etwas

Der Innenhof des Klarissenklosters Nossa Senhora da Assunção

schaurigen Attraktion. Durch die Sakristei mit einer Sammlung von Christusfiguren und einer schönen Deckenbemalung kommt man über einen kleinen Friedhof nämlich zu einer Knochenkapelle (Capela dos Ossos, Mo–Fr 10–13, 15–17 Uhr), deren Besuch man sich keinesfalls entgehen lassen sollte – vorausgesetzt man ist nervlich gerüstet. Die kleine Kapelle ist komplett mit Knochen und Schädeln ausgekleidet, die kunstvoll zu Mustern zusammengesetzt sind. Mönche des Karmeliterordens haben sie um 1800 gebaut und dabei die menschlichen Überreste vom Friedhof vor der Tür verwendet.

Auf dem Rückweg in Richtung Fußgängerzone kann man einen Blick auf das Lethes-Theater werfen – im 18. Jh. eine Jesuitenschule, seit 1845 ist darin ein Theater untergebracht.

Am Hafen

Zum Ausspannen bietet sich der **Jardim Manuel Bivar**, ein kleiner, parkähnlich gestalteter Platz direkt am Hafenbecken an. Entweder lässt man sich auf einer der Bänke unter hohen Bäumen und Büschen nieder oder man bummelt um das Hafenbecken. Ein paar Gebäude am Platz lohnen einen genaueren Blick, u. a. die **Misericórdia-Kirche** 10 gegenüber vom Arco da Vila, sie stammt wie das Stadttor auch von dem Italiener Francisco Xavier Fabri. Interessant ist zudem der historistische Bau der **Banco de Portugal** 11 mit aufwändigen neomaurischen und neomanuelinischen Elementen.

In Richtung Schiffsanleger liegt an der Südseite der Marina das **Centro Ciência Viva** 12, in dem sich naturwis-

Shopping

Vom Jardim Manuel Bivar aus kann man sich ins Einkaufsvergnügen stürzen. Die ausgedehnte Fußgängerzone zieht sich in Richtung Osten, hier findet man alle möglichen Geschäfte, Restaurants und Cafés.

senschaftliche Phänomene durch Ausprobieren und Experimentieren erfahren lassen (16.9.–30.6. Di–Fr 10–17, Sa, So 15–19 Uhr; 1.7.–15.9. Di–So 16–23 Uhr. An der Nordseite des Hafenbeckens findet man das kleine **Museu Marítimo** 13 mit einer interessanten Dauerausstellung zur Fischerei und Schifffahrt, zu sehen sind Schiffsmodelle und Exponate zu Fischfangmethoden, die an der AlgarveKüste praktiziert wurden (Mo–Fr 14.30–16.30 Uhr).

Alameda João de Deus

Wer einen typischen portugiesischen Stadtpark aufsuchen möchte, sollte zur Alameda João de Deus etwas außerhalb des Zentrums gehen oder fahren. Der Park ist nicht allzu gepflegt, bietet aber an warmen Sommertagen schöne Schattenplätze unter hohen Bäumen. Wirklich eindruckvoll ist die botanische Vielfalt: Platanen, Washingtonien, Kanarische Dattelpalmen, Gummibäume, Eukalyptus, Lorbeer, Chilenische Tannen, Australische Seideneichen, Persischer Flieder, Zypressen, Judasbäume. In einem Wasserbecken schwimmen schwarze und weiße Schwäne, es gibt ein Minigehege und einen Kiosk, an dem man Getränke bekommt.

Strände

Faros Strände liegen auf den vorgelagerten Inseln. Zur Praia de Faro fährt man zunächst in Richtung Flughafen und folgt dann der Beschilderung. Die Praia de Faro ist Teil der **Ilha de Faro,** einer fast 10 km langen, extrem schmalen Dünenzunge, die der Küste vorgelagert ist und bei Quinta do Lago in den Küstenstreifen übergeht. Über eine schmale Brücke kommt man zur Praia de Faro, wo es in der Saison meist schwierig ist, einen Parkplatz zu finden. Die touristische Infrastruktur ist bestens.

Zur **Ilha Deserta** – auf manchen Karten ist sie noch unter dem früheren Namen Ilha da Barreta eingetragen – kommt man mit dem Boot von Faro aus. Auf der sehr ruhigen Insel gibt es ein Restaurant und Wassersportmöglichkeiten, und mit dem Cabo de Santa Maria befindet sich hier der südlichste Punkt der Algarve. Auch die Station Farol auf der Ilha da Culatra wird mit Booten von Faro aus angefahren (s. S. 127 und S. 158).

Posto de Turismo: Flughafen, Tel. 289 81 85 82. **Posto de Turismo:** Rua da Misericórdia 8–12, Tel. 289 80 36 04.

Hotel Eva 14: Avenida da República, Tel. 289 80 33 54, Fax 289 80 23 04. Neben dem Yachthafen gelegenes Hotel, keine Schönheit von außen, innen aber angenehm, Swimmingpool auf der Dachterrasse. DZ 85–125 €.

Residencial Sun Algarve 15: Rua Infante D. Henrique 52, Tel. 289 89 57 00/1/2, Fax 289 89 57 03. Gute Pension, zentral und in Bahnhofs- und Busbahnhofnähe, nüchtern-geschmackvolle moderne Einrichtung, Zimmer mit TV und Klimaanlage. DZ 35–60 €.

Pensão Madalena 16: Rua Conselheiro Bivar 109, Tel./Fax 289 80 58 06/7. Einfache, sehr freundliche Pension, unterschiedlich große Zimmer mit und ohne Bad; am Wochenende können die Nächte etwas laut sein wegen des nahegelegenen Kneipenviertels. DZ ca. 45 €.

Residencial Adelaide 17: Rua Cruz das Mestras 7 und 9, Tel. 289 80 23 83, Fax 289 82 68 70. Empfehlenswerte Privatzimmer in zwei Häusern, sauber und sehr freundlich, verschiedene, relativ kleine Zimmer mit und ohne Bad, kleine Gemeinschaftsküche. DZ 35 €.

Jugendherberge 18: Instituto da Juventude, Rua da Polícia de Segurança Pública 1 (Alameda João de Deus), Tel./Fax 289 82 65 21, faro@movijovem.pt.

Camping:

Parque Municipal de Campismo da Praia de Faro: Tel. 289 81 78 76, Fax 289 80 23 26. Großer, recht nüchterner Platz auf der zur Lagune gewandten Seite der Sandinsel.

El Príncipe 19: Rua Filipe Alistao 19. Sehr angenehmes und gepflegtes kleines Restaurant, gute Auswahl an Meeresfrüchten, Gerichte 7–15 €.

Clube Naval 20: Doca de Faro. Wunderschön am Yachthafen zur Lagune hin gelegen. Am schönsten sitzt man oben auf der Terrasse mit Blick auf's Wasser, viele Meeresfrüchte.

Fim do Mundo 21: Rua Vasco da Gama 53. Typisch portugiesisches Restaurant, gute Fischgerichte um 7 €, Fleischgerichte etwas günstiger.

O Seu Café 22: Largos de S. Pedro e Carmo. Sehr großes Restaurant, in dem immer viel Betrieb ist, man bekommt alles zwischen Snack und bodenständigem Gericht.

Café Aliança 23: Rua Dr. Francisco Gomes. Traditionscafé mit miserablem Service, etwas altertümlich, aber wegen des Interieurs und der alten Schwarzweiß-Fotos allemal einen Besuch wert.

Supermercado Garrafeira Rui: Praça Ferreira de Almeida 28. Gutes Sortiment an Portweinen, Jahrgänge ab 1914.

In der Rua do Prior und in der Rua do Compromisso findet man mehrere Bars und Musikkneipen.

Prozession und Fest für Santo António, den Schutzpatron der Stadt, 13. Juni.

Parken: Einen sehr großen Parkplatz gibt es auf dem Largo de São Francisco, er ist gut ausgeschildert.

Flughafen Faro: ca. 6 km westlich, Info-Tel. 289 80 08 00.

Busbahnhof: Avenida da República, zentraler Busbahnhof der Algarve mit Verbindungen zu allen größeren und kleineren Orten sowie nach Lissabon und Sevilla.

Bahnhof: Largo da Estação (Verlängerung der Avenida da República).

Schiffsverbindungen: Anleger ›Porta Nova‹ liegt südlich vom Hafenbecken an der Altstadtmauer, Tickets an Bord. Zur Ilha Deserta (Juni–Sept.) 10–16 Uhr 3 mal tgl., Bootstaxi und Info: Tel. 917 811 856; nach Farol (Ilha da Culatra) in den Sommermonaten 9.30–17 Uhr 4 mal tgl.

Stadtbusse: zum Flughafen Linie 14 und 16, zur Praia de Faro ebenfalls Linie 14 und 16.

Palácio de Estói ▷

Estói und Milreu

Algarve-Atlas: S. 212, B 3
8 km nördlich von Faro liegt Estói in eine sanftgewellte Landschaft mit vielen Obstplantagen eingebettet. Tagsüber kommen inzwischen auch einige Touristen von der Küste hierher, abends aber ist Estói ein ruhiges kleines Algarve-Dorf, in dem vom gar nicht so weit entfernten Ferientrubel an den Stränden nichts zu spüren ist. Im Ort selbst gibt es den **Palácio de Estói,** einen Rokoko-Palast, den der Visconde de Carvalhal sich Ende des 18. Jh. hier bauen ließ (Abb. s. S. 128/129). Der rosafarbene Bau, der ein wenig an das Rokoko-Schloss Queluz bei Lissabon erinnert, stand jahrelang leer, eine Zeit lang wurde er auch als Veranstaltungsort für Konzerte genutzt. Nun wird er als Pousada eingerichtet – eine traumhafte Unterkunft für Algarve-Besucher. Die Gäste der Pousada können dann auch ausgiebig in den Palastgärten herumspazieren, die lange noch öffentlich zugänglich waren: eine **Gartenanlage** des 18./19. Jh. mit kurzer Palmenallee, einer herrlichen Freitreppe – geschmückt mit blau-weißen Fliesenpaneelen – und einer kleinen Terrasse mit einem Rokoko-Wasserbecken, das von *azulejo*-Bildern mit mythologischen Szenen gesäumt wird.

Die Gartenanlage ist von hohen Mauern umgeben. Wer sie einmal umrundet, landet auf der Ortsausgangsseite an einem Feld mit Orangenbäumen, auf dem noch eine alte *nora*, ein Wasserschöpfrad, zu sehen ist. Die *noras* waren über Jahrhunderte aus der Landwirtschaft der Algarve nicht wegzudenken. Sie wurden von den Mauren in Südportugal eingeführt.

Wer andersherum an der Gartenmauer entlanggeht, kommt in das Dorf, ein angenehmes, unaufgeregtes Landstädtchen. Es gibt ein paar beschauliche Plätze, einer davon ist von Jacarandabäumen umstanden, entfaltet seine volle Wirkung also im April/Mai, wenn die Bäume blau blühen.

Falls sie geöffnet ist, kann man noch einen Blick in die etwas erhöht stehende **Kirche** von Estói werfen. Sie wurde nach dem Erdbeben neu aufgebaut, im Innern ist noch eine Figur des São Vicente (17. Jh.) aus der Vorgängerkirche erhalten.

An der Straße, die in Richtung Westen aus dem Ort hinausführt, fallen ein paar besonders schöne charakteristische Algarvehäuser auf: einstöckig, kubisch und mit kleinen Verzierungen am Fries. Auf dieser Straße kommt man zu den **Ruinen von Milreu** (Mai–Sept. 9.30–12.30, 14–18 Uhr; Okt.–April bis 17 Uhr, Mo. geschl.). Es handelt sich dabei um die Ausgrabungsstätte einer römischen Straße, an der eine römische Villa mit großer Thermalbadeanlage und ein römischer Tempel lagen. 1877 begann der portugiesische Archäologe Estácio da Veiga mit ersten Grabungen auf dem Gelände. Mittlerweile werden die Arbeiten von unterschiedlichen Universitäten, darunter auch zwei deutschen, durchgeführt. Die wichtigsten Fundstücke, wie eine Büste der Agrippina Minor, der Kopf einer reichen Römerin, eine Hadrian-Büste und eine Büste des Kaisers Gallienus werden in Museen in Faro und in Lagos aufbewahrt.

Die Römer haben nur wenige noch sichtbare Spuren hinterlassen: Mosaik in Milreu

Die freigelegte **Villa** ist wahrscheinlich als Landgut im 1. Jh. n. Chr. gebaut und zwischen dem 2. und 4. Jh. vergrößert worden. Im landwirtschaftlichen Gebäudeteil entdeckte man Gesinderäume und eine Weinkelterei. Der aufwändig gestaltete Wohnbereich, der um einen Innengarten mit Säulengang und Wasserbecken gebaut war, zeigt deutlich kleine beheizbare Räume, eine Küche und die weiträumige Badeanlage mit Warm- und Kaltbaderäumen und -becken, die teilweise mit relativ gut erhaltenen Mosaiken ausgekleidet sind.

Der **Tempel** ist im 4. Jh. als Umgangstempel errichtet worden. Nach Auswertung der Untersuchungen nimmt man heute an, dass es hier über Jahrhunderte einen Kultplatz gegeben hat, der zunächst von den Römern genutzt wurde, anschließend von den Westgoten und später von den Mauren. Der römische Tempel diente vermutlich als Wasserheiligtum, was man auf Grund der wunderschönen mehrfarbigen Mosaike vermutet, die Fische und verschiedene Meerestiere zeigen. Er war um eine ›cella‹ aufgebaut, in der lange Zeit noch ein sechseckiges Wasserbecken zu sehen war, das vermutlich eine Quelle imitieren sollte. Der quadratische Kultbau wurde nach Süden durch eine halbrunde Apsis erweitert, die heute noch gut erhalten ist. Dass dieser Ort auch in nachmaurischer Zeit noch eine Bedeutung hatte, vermutet man auf Grund eines Bauernhauses aus dem 16. Jh., das als Privathaus sonderbarerweise Ecktürme und Schießscharten aufwies.

Landhotel Monte do Casal: Cerro do Lobo, bei Estói, s. S. 160.

O Vitor: Rua Vasco da Gama 37, So geschl. Gutes, typisch portugiesisches Restaurant, beliebt bei Einheimischen und Touristen, sehr gute Fischgerichte, hervorragende Nachspeisen, Gerichte 4–8 €.

RÖMER IN LUSITANIA

Über die Ausdehnung der römischen Provinz Lusitania sind sich Historiker nicht ganz einig. Unter Augustus wurde 27 v. Chr. der iberische Raum in zwei Verwaltungsbezirke aufgeteilt: aus Hispania ulterior wurden die römischen Provinzen Baetica und Lusitania. Lusitania entsprach nicht genau dem heutigen Portugal, wie häufig behauptet wird, sondern war vermutlich kleiner. Als südöstliche Begrenzung wird der Guadiana genannt, als nördliche der Douro. Die östliche Ausdehnung war aber größer als heute, denn Hauptstadt von Lusitania war Emerita Augusta, das heute spanische Mérida. Größere Städte der Algarve waren Ossonoba (Faro), Silibis (Silves), Portus Magnus (Portimão), Lacóbriga (Lagos) und Balsa (Luz de Tavira). Die Römer teilten die Algarve verwaltungstechnisch in drei ›civitates‹ auf: Ossonoba, Balsa und Lacóbriga. Zum Römischen Reich gehörte damals auch der südwestlichste Punkt Europas, der für die Römer zugleich Eckpunkt des großen Seeweges war, der aus dem Mittelmeer hinaus und am Kap in Richtung Norden vorbeiführte. Das Kap nannten sie ›Promontorium Sacrum‹, heiliges Vorgebirge – es galt als Sitz der Götter. Unter den Römern vollzog sich im portugiesischen Raum die Wandlung der Religionen: Während die Keltiberer zuvor ihre Gottheiten in Wäldern, Flüssen, an Quellen und Felsen verehrten, kam mit den Römern der Tempelbau ins Land. Über Jahrhunderte wurden nun römische Göttinnen und Götter verehrt. Schon relativ bald nach Christi Geburt setzte die Christianisierung ein, erste christliche Gemeinden gab es ab dem 3. Jh .

Die iberische Bevölkerung hatte unter den Römern meistenteils zu leiden, soziale Missstände und Elend waren gängige Begleiterscheinung. Doch hatte die Herrschaft der Römer kulturell großen Einfluss und hat zahlreiche Spuren hinterlassen. Zuallererst natürlich in der Sprache. Das Vulgärlatein, das damals gesprochen wurde, ist die Grundlage für Portugiesisch und Spanisch. Auch ein Teil des Straßensystems ist Erbe der Römer: Entsprechend der heutigen N 125 verlief eine wichtige ›Via Romana‹ parallel zur Küste, von Faro über Tavira und weiter über Mértola nach Beja im Alentejo. In Tavira ist noch eine Brücke erhalten, die auf die römische Zeit zurückgeht. Der Fluss Anas (Guadiana) war ebenfalls wichtiger Verkehrsweg, auf dem unter anderem Kupfer aus den Minen bei Mértola transportiert wurde. Reiche Römer bauten sich prächtige Privathäuser mit Säulenhöfen, Badeanlagen mit Caldarien und Frigidarien (Kalt- und Warmbädern), Wohn-, Ess- und Schlafräumen, wie man sie in Milreu ausgegraben hat. Die Römer führten heute aus der Landschaft nicht mehr wegzudenkende Pflanzen wie den Olivenbaum ein, die sie zu kultivieren begannen. An der Küste legten sie Salinenbecken an, in denen Meersalz gewonnen wurde. Mit dem Salz war es möglich, Fisch zu konservieren, was in regelrechten kleinen Fischpökelfabriken vonstatten ging. Aus gepökelten Makrelen und Thunfisch stellten sie ›Garum‹ her, eine scharfe Sauce, die in Amphoren gefüllt und mit Schiffen ins gesamte Römische Reich transportiert wurde.

Santa Bárbara de Nexe

Das hübsche Dorf wenige Kilometer westlich von Estói ist von einer herrlichen Gartenlandschaft umgeben. Am Westrand des langgezogenen Dorfes steht etwas erhöht die Dorfkirche, deren seitlicher Eingang tagsüber meist geöffnet ist. Im Innenraum herrscht eine warme, etwas schummrige Atmosphäre. Am Altarbogen und an der Decke des Altarraums erkennt man manuelinische Dekorationen: gedrehte Steintaue, Korallen und Netzwerk. Vom Kirchenvorplatz ist in Richtung Norden schon die erste Bergkette mit zwei Mühlenruinen auf dem Kamm zu sehen. Gegenüber der Kirche kann man sich im Café Central erfrischen. Beim Bummel durch das Dorf fallen die zahlreichen Büros von Immobilienmaklern auf – was für die Zukunft der Region nicht nur Gutes erahnen lässt.

Hotel La Réserve: Santa Bárbara de Nexe, Tel. 289 99 94 94, Fax 289 99 94 02. Mitten in der Landschaft in einem hübschen Garten gelegenes, exklusives Hotel, untere Apartments mit Terrasse zum Pool, obere über zwei Etagen, Tennisplatz. DZ 150–200 €.

La Réserve: dem Hotel angeschlossenes Restaurant mit ausgezeichneter internationaler Küche.

Loulé

Algarve-Atlas: S. 212, A 2

Loulé ist ein ausgesprochen angenehmes Städtchen im Landesinnern mit einem regen Alltag, den man am besten in der Woche und vormittags erlebt – in den Mittagsstunden kann man einen völlig anderen, höchst verschlafenen Eindruck von Loulé bekommen. Bekannt ist der große Landmarkt, der jeden Sonnabend stattfindet und die Leute aus der gesamten weiteren Umgebung anzieht, auch dann lohnt ein Besuch. Schon seit Jahrhunderten ist Loulé ein Handwerkerzentrum, und noch heute findet man – mehr oder weniger versteckt – sehr kleine, alte Handwerksstätten. Ein paar betagte Männer üben ihren Beruf ganz traditionell aus, jüngere wissen um ihre touristische Attraktivität.

Knapp 10 000 Einwohner leben in der kleinen Stadt, an deren Rändern sich inzwischen schon größere Wohnblocks ausbreiten. Loulé liegt noch vor den eigentlichen Bergen in hügeliger Umgebung, die von kleinteiliger Landwirtschaft geprägt ist. Wirtschaftlich bedeutend ist für die Region vor allem die Produktion von Dörrobst und Mandeln. Besonders einsam ist es in der Umgebung von Loulé nicht, denn durch die vielen kleinen, auch neu entstandenen Häuschen ist der Landstrich zersiedelt, allerdings nicht unansehnlich. Man sieht viele Obstgärten, Feigen, Zitronen, Orangen, Mandelbäume und Mohnwiesen. Von einem römischen Lorbeerbaum *(laurus)*, der in der Burg stand, soll sich der Ortsname ableiten – so behaupten jedenfalls die Legende und das Stadtwappen. Einer anderen These zufolge hat er sich aus dem arabischen ›al-ulyá‹ (die Höhere) entwickelt. Römer und Mauren haben die Lage also schon zu schätzen gewusst und das Städtchen bevölkert.

Altstadt

Eine Besichtigung von Loulés hübschem Altstadtkern beginnt man am besten am **Kastell,** wo sich auch die Touristeninformation befindet. Die Burg geht wahrscheinlich auf eine maurische Befestigung zurück, heute sind nur noch wenige restaurierte Mauern und Türme erhalten. Ein Treppe führt neben der Touristeninformation auf die Mauer hinauf – von oben hat man Blick auf den Westen der Stadt. In einem Raum neben dem Treppenaufgang, der reichlich übertrieben als **Museu Municipal** durchgeht, ist eine alte algarvische Küche mit allen möglichen Utensilien ausgestellt. Das sehr anschaulich aufbereitete **Museu de Arqueologia** (Mo–Fr 9–17, Sa 10–14 Uhr) zeigt Fundstücke aus Silves und Umgebung, u. a. auch aus dem Bergdorf Salir.

Einkaufsbummel

Viel Spaß macht ein Bummel durch die schöne neomaurische Markthalle, in der neben Fisch, Fleisch und Gemüse auch Haushaltsartikel und Kleidung verkauft werden. Der Samstagsmarkt findet hier und in den angrenzenden Straßen statt. Geschäfte für einen Einkaufsbummel reihen sich auf der avenida-ähnlichen, großzügigen Praça da República und in der Rua 5 de Outubro, der zur Fußgängerzone umgestalteten Verlängerung der Praça da República, aneinander.

Schräg gegenüber vom Kastell zur Praça da República hin steht die kleine **Kapelle Nossa Senhora da Conceição,** die man unbedingt besichtigen sollte. Der kleine Raum wurde eindrucksvoll mit Fliesenbildern aus dem 18. Jh. ausgekleidet, der Altar ist mit schöner *talha dourada* gestaltet. Im ehemaligen **Convento Espírito Santo** ist eine städtische Galerie gleichen Namens eingezogen, in der im Allgemeinen interessante Ausstellungen mit Werken internationaler Künstler gezeigt werden.

Im südlichen Altstadtteil kommt man zur **Pfarrkirche São Clemente,** die normalerweise geschlossen ist. Sie geht auf ein erstes Kirchlein im 13. Jh. zurück. Aus der Zeit vor dem Erdbeben sind noch zwei gotische Portale erhalten sowie im Innern die Kapitelle und manuelinische Dekorationen in zwei Seitenkapellen. Angeblich stammt der Glockenturm zum Teil noch von dem Minarett einer Moschee an dieser Stelle. Pflanzenliebhabern sei der **Jardim dos Amuados,** ein hübscher kleiner Park gegenüber der Kirche, empfohlen, der auch zum Ausspannen geeignet ist.

Außerhalb der Altstadt

Durch das Stadttor verlässt man anschließend das historische Zentrum und biegt links in die Rua Engenheiro Duarte Pacheco und wieder links in die Avenida Marçal Pacheco ein. Hier sieht man die Fassade der **Misericórdia-Kirche** (16. Jh.), die in die Häuserzeile integriert ist. Auffällig sind das Granitkreuz am Treppenaufgang und das ma-

Der Markt in Loulé ist unbedingt einen Besuch wert

nuelinische Portal. Östlich hinter der Avenida Marçal Pacheco heben sich am Largo Tenente Cabeçadas die Reste des **Convento da Graça** heraus, ein massiver gotischer Bogen, der bei dem Erdbeben stehengeblieben ist.

Ein kleines Stück westlich der historischen Altstadt wird in einer Abteilung des städtischen Museums eine kleine **Ausstellung** über Trockenfrüchte und ihre Verarbeitung gezeigt, also über einen traditionellen Wirtschaftszweig der Region (Mo–Fr 9–12.30, 14–17.30, Sa 10–14 Uhr).

Nossa Senhora da Piedade

Etwa 2 km westlich außerhalb der Stadt steht auf einem Hügel mitten in der Landschaft die Wallfahrtkapelle Nossa Senhora da Piedade. Ein Prozessionsweg führt hinauf zu dem kleinen Renaissancebau, neben dem der Neubau einer weißen Kuppelkirche prunkt. In der alten Kapelle wird das Standbild der Senhora da Piedade verwahrt, das jedes Jahr im Frühjahr in einem Prozessionszug hierher getragen wird.

Posto de Turismo: Edifício do Castelo, Tel. 289 46 39 00.

Loulé Jardim Hotel: Praça Manuel D'Arriaga, Tel. 289 41 30 94, Fax 289 46 31 77. Sehr angenehmes, zentral gelegenes und geschmackvoll eingerichtetes Hotel, Dachterrasse mit kleinem Swimmingpool, Zimmer im obersten Stock haben große Terrasse. DZ ca. 45–60 €.

Casa Beny: Rua São Domingos 13, Tel. 289 41 77 02. Saubere, nette Privatzimmer mit Bad, TV und Klimaanlage, an einem lebhaften Innenstadtplatz; Dachterrasse. DZ ca. 40 €.

Residencial Cidem: Travessa do Mercado, Tel. 289 41 55 53, Fax 289 46 37 81. Einfache Pension in modernem Stadthaus. DZ ca. 25 €.

Flôr da Praça: Rua José Fernandes Guerreiro 44. Typisch portugiesisches Restaurant mit guten einheimischen Speisen, viele Fleischgerichte, reichhaltige Sammlung an Fußballtrophäen.

O Pescador: Rua José Fernandes Guerreiro 54. Hervorragende portugiesische Küche, auch sehr guter Mittagstisch, viele Fischgerichte.

Os Tibetanos: Rua Almeida Garret 6 A. Für alle, die Abwechslung zur portugiesischen Küche suchen: angenehmes vegetarisches Restaurant in der Altstadt, das von Buddhisten geführt wird; atmosphärisch eher etwas für mittags als für ein ausgiebiges Abendessen, sehr wohlschmeckende Zubereitungen.

Garrafeira Mestra: Rua José Fernandes Guerreiro. Große Auswahl an Weinen und Portweinen aus diversen Jahrgängen.

O Arco: Rua dos Almadas 1 und 4. Schöne handgemalte Keramik, auch ganze Fliesenbilder, man kann beim Bemalen zusehen.

Zapataria Zorro: Rua 5 de Outubro 83 und 96. Auswahl an handgefertigten Schuhen ab 25 €, die vom Vater des Besitzers hergestellt werden; im Laden gibt es außerdem eine museumsreife Sammlung von altem Handwerkszeug zu sehen.

Casa Regional de Manuel Joaquim G. Ramos: Largo Manuel Arriaga 7. Bastwaren, Körbe, Taschen, Flickenteppiche, die vom Besitzer selbst angefertigt werden.

Gleich zwei Feste gibt es im Februar/März: Karneval mit dem größten Umzug an der Algarve und das Mandelblütenfest. Prozession und Fest für die Mãe Soberana finden am 2. Sonntag nach Ostern statt.

Busbahnhof: Rua Nossa Senhora de Fátima. Gute Busverbindungen mit allen Algarve-Städten und mit Lissabon.

Almancil

Algarve-Atlas: S. 212, A 3

Almancil 5 km südlich von Loulé ist ein zersiedeltes Gebilde, das sich aus mehreren Ortsteilen zusammensetzt, die ineinander übergehen – von einem eigentlichen Ort ist nicht mehr sonderlich viel zu merken. Der einstige Ort war wahrscheinlich eine Gründung der Mauren, denn Almancil leitet sich vom arabischen *al-manzil* (Wohnhaus, Residenz) ab.

São Lourenço dos Matos

Absolut sehenswert ist die Kirche ›Sankt Lorenz von den Büschen‹, die man sich auch anschauen sollte, wenn man ansonsten um Kirchen einen größeren Bogen macht (Di–Sa 10–12.30, 14.30–18, Mo ab 14.30 Uhr. Eintritt). An der Stelle dieser Kirche stand bis ins frühe 18. Jh. hinein eine kleine Kapelle aus dem Mittelalter. Der Bau der Kirche ist angeblich 1722 in einem extrem trockenen Sommer initiiert worden, als man São Lourenço um Wasser bat und versprach, ihm eine neue Gebetsstätte zu widmen. Die Bitte war von Erfolg

AZULEJOS

Von *azzelij*, dem arabischen Wort für einen flachen Mosaikstein, leitet sich die Bezeichnung *azulejo* ab. Im 15. Jh. gab es *azulejos* mit geometrischen Mustern in den Farben rotbraun, dunkelgrün, dunkelblau, schwarz und weiß. Die Farben wurden in Vertiefungen der Reliefoberfläche gegeben und so gebrannt. Auf diese Weise verhinderte man ein Zusammenlaufen der Farben. Diese Art von Fliesen sind heute eine echte Rarität in Portugal. Sie kamen aus Sevilla und sind in Nordafrika ebenfalls zu finden – sind mithin maurischen Ursprungs. Außer maurischen Mosaiken sind aber auch andere Einflüsse nachweisbar. Zu Beginn des 16. Jh. gelangte das Majolika-Verfahren aus Italien nach Portugal: Nun konnten größere Flächen bemalt werden, ohne dass man ein Ineinanderlaufen befürchten musste. Man begann zu experimentieren, löste sich von den Italienern und übernahm im 17. Jh. Stilelemente von chinesischem Porzellan, das mittlerweile im Südwesten der Iberischen Halbinsel bekannt geworden war. Auch die so genannte ›Delfter Kachel‹ war prägend – allerdings hatte auch die chinesisches Porzellan zum Vorbild. Nun dominierte Blauweiß.

Einzelne Fliesen wurden zu Bildern riesigen Ausmaßes zusammengesetzt. Großangelegte historische Szenen wurden in Blauweiß gebannt. Nicht immer historisch korrekt, dafür aber ausgesprochen eindrucksvoll. Aber auch Fliesen mit winzigen Einzelmotiven entstanden – ein Hase, eine Lilie, ein Segelschiff. Und festgelegte Muster, die man immer wieder einmal sieht, sind damals kreiert worden. Das schönste ist die *ponta de diamante* in blau-weiß-gelb, die die Illusion eines geschliffenen Diamanten gibt. Großflächige Ornamentgebilde in blau-weiß-gelb-Farben hat es damals, also im 17. Jh. und in der ersten Hälfte des 18. Jh., ebenfalls gegeben. Das Erdbeben 1755 machte dann auch vor den *azulejos* nicht Halt, hat aber zu so mancher Kuriosität geführt. Man versuchte nämlich, zerstörte Bilder wie ein Puzzle wieder zusammenzusetzen, und ging dabei nicht immer sorgfältig und mit Sachverstand vor. Hauptsache die Anzahl an *azulejos* ging am Ende auf... Schließlich waren manche zusammengepuzzelten *azulejo*-Bilder vollkommen unkenntlich geworden: ein Schwein stand auf einem Kirchendach und der Kopf des Schweinehirten saß verkehrt herum auf seinem Fuß o. ä. Aber die blauweißen Fliesenbilder brachten nach dem Erdbeben auch ungeahnte Hilfe: Viele Fassaden zerstörter historischer Gebäude konnten anhand von Stadtansichten auf *azulejo*-Bildern rekonstruiert werden.

In den Jahrhunderten nach dem Erdbeben hat man auch viele Privathäuser mit Fliesen verkleidet – wenig aufwändig und aus praktischen Gründen. Lediglich der Jugendstil brachte noch einmal eine Renaissance der künstlerisch gestalteten Fliese. Und im letzten Jahrzehnt des 20. Jh. ist wieder mit modernen *azulejos* gearbeitet worden. Ein solches Beispiel ist in Albufeira zu sehen: Am Largo Engenheiro Duarte Pacheco zeigt ein Fliesenbild eine alte Stadtansicht.

Markttag in Almancil

gekrönt, und man begann zu bauen. Die Kirche ist durch das Erdbeben fast nicht beschädigt worden, was in der Algarve eine zusätzliche Besonderheit darstellt. Schon von außen ist der strahlend weiße, auf einem Hügel gelegene Bau eine sehr schöne Erscheinung. Die eigentliche Attraktion ist aber der einschiffige Innenraum, der vollständig mit *azulejos* ausgekleidet ist (s. Abb. S. 45). Die Seitenwände, das Deckengewölbe und die Kuppel über dem Chor sind komplett mit blauweißen Fliesen bedeckt, die wahrscheinlich 1730 in Lissabon hergestellt worden sind. Einen Akzent setzt die goldene *talha dourada* am Gesims und am Altar. Die Fliesenmalereien stammen von Policarpio de Oliveira Bernardes, dargestellt sind Szenen aus dem Leben des hl. Laurentius und sein Martyrium. Auf einem Gemälde lamentiert der Heilige in einem Gespräch mit Papst Sixtus, dass er ihm nicht in den Märtyrertod folgen könne. Kurze Zeit später wird er wegen übermäßigen Reichtums zum Tod verurteilt – die Gelder waren ihm vom Papst gegeben worden, damit er sie an Arme verteile. Die weiteren *azulejo*-Tafeln zeigen Wunder, Gefangennahme, Leiden und die Verbrennung des Heiligen.

Centro Cultural São Lourenço

Gleich unterhalb der Kirche steht das Centro Cultural São Lourenço. Das Ehepaar Marie und Volker Huber hat das Kulturzentrum in den 1980er Jahren in einem herrlichen alten Algarvehaus aufgebaut. Zu dem Gebäudekomplex gehört ein Garten, in dem diverse Plastiken – u. a. von dem bekannten portugiesischen Bildhauer João Cutileiro – aufgestellt sind. Das Centro Cultural São Lourenço hat sich einen Namen mit Kammerkonzerten im Bereich Klassik und Jazz und mit interessanten Ausstellungen gemacht – zum Beispiel gab es Ende der 1990er Jahre eine Ausstellung mit Zeichnungen von Günter Grass (Di–So 10–19 Uhr).

Gegenüber vom Centro Cultural ist gut Ausspannen in der einfachen Pastelaria São Lourenço bei Sandwiches, kleinen Törtchen und kalten und warmen Getränken.

LÄNDLICHES HINTERLAND

Eine sanfthügelige Landschaft, in der Zitronen und Orangen, Feigen und Mandeln an den Bäumen hängen – das Hinterland bildet einen ruhigen Gegensatz zur lebhaften und zersiedelten Küste. Obstplantagen und Bauerngärten prägen das Bild. Mittendrin liegt Silves, die einstige Hauptstadt der Mauren. Weiter östlich kommt man durch malerische kleine Dörfer wie Alte und Salir und nördlich davon in die Einsamkeit einer abgeschiedenen Bergwelt.

Silves

Algarve-Atlas: S. 210, B3
Dass Silves unter den Mauren über Jahrhunderte die wichtigste Stadt der Algarve war, lässt sich heute nicht einmal mehr erahnen. Gemütlich zieht sich das Provinzstädtchen mit 12 000 Einwohnern im Hinterland von Portimão über einen Hügel in den Ausläufern der Serra de Monchique. Der Rio Arade, der bei Portimão als breiter Strom in den Atlantik mündet, ist hier ein schmales Flüsschen, an dessen nordwestlichem Ufer die Stadt sanft ansteigt. Der Arade – neben dem Grenzfluss Guadiana der größte Fluss der Algarve – hat wesentlich über den Werdegang von Silves bestimmt. Er hat schon bei der Entstehung der Stadt eine wichtige Rolle gespielt. Vermutlich war die Region schon im 2. Jt. v. Chr. besiedelt, mit Sicherheit haben aber die Phönizier hier am Flussufer eine Niederlassung eingerichtet. Der Arade ist im Lauf der Jahrhunderte stark verschlickt, so dass heute kaum noch vorstellbar ist, dass über den Fluss ein lebhafter Handelsverkehr ablief und sich später schwere Kämpfe um die wichtige Stadt auf dem Wasser abspielten. Im 8. Jh. eroberten Mauren die Stadt, der sie den Namen Xelb oder Shilb gaben. Bis Mitte des 13. Jh. war Silves Hauptstadt der maurischen Provinz Al-Gharb. 922 versuchten die Normannen, die wohlhabende Stadt zu überfallen und Beute zu machen. Sie kamen über den Arade herauf, konnten aber rechtzeitig gestoppt werden. Mit der Eroberung der Stadt durch die christlichen Portugiesen wurde ein Bischofssitz eingerichtet, und Silves blieb zunächst Hauptstadt der Provinz Algarve. Bald wurde die Stadt aber unbedeutend. Reichtümer kamen nochmal zur Zeit der portugiesischen Überseereisen in den Ort, aber dann wurde Lagos im 16. Jh. zur Hauptstadt der Algarve und Faro neuer Bischofssitz.

Olá

Gründe für den einsetzenden Niedergang waren die zunehmende Versandung des Rio Arade und die Tatsache, dass zur Zeit der Entdeckungen die Hafenstädte wichtiger waren.

An Sehenswertem hat Silves einiges zu bieten, und so rollen denn auch schon morgens die Reisebusse mit Ausflüglern von der Küste her an. Ein interessantes kleines Kulturprogramm kann man hier ohne große Anstrengung absolvieren. Die beiden wichtigsten Sehenswürdigkeiten liegen oben auf dem Hügel: das Kastell und die Kathedrale.

Kastell

Das Kastell von Silves (tgl. 9–17.30 Uhr) geht auf eine maurische Gründung zurück (s. Abb. S. 26). Das heutige Erscheinungsbild in dunkelrotem Sandstein aus der Serra de Monchique ist Resultat von umfangreichen Sanierungsarbeiten zu Zeiten der Salazar-Regierung im Jahr 1940. Fundamente, die noch von der maurischen Festung stammen, wurden bei Ausgrabungsarbeiten im Innenhof freigelegt. Aus maurischer Zeit sind außerdem ein unterirdischer Getreidespeicher, ein Brunnen und eine Zisterne erhalten. Die Cisterna dos Cães (Hundezisterne), ein über 40 m tiefer Schacht, diente vermutlich als Brunnen. Die Cisterna Grande (Große Zisterne) aus dem 13. Jh. mit einer Fläche von 265 m² und einer Höhe von 10 m wurde jahrhundertelang als Wasserreservoir für die Stadt genutzt und ist heute eindrucksvoller Ausstellungsraum. In der Nordwestecke der Burg findet man die Porta da Traição, das ›Tor des Verrats‹, durch das 1242 die Ritter des Santiago-Ordens eindringen konnten – womit die portugiesische Herrschaft endgültig besiegelt wurde. Sancho I., der 1189 mit einem ersten Angriff auf Xelb die Rückeroberung der portugiesischen Macht von den Mauren einleitete, wird mit einem Standbild im Burghof geehrt. Der Burghof ist als lichter Garten angelegt, auf den Mauern kann man einmal um die Festung herumspazieren.

Kathedrale

Nachdem die Christen die Macht in der Stadt übernommen hatten, bauten sie anstelle der islamischen Moschee in der zweiten Hälfte des 13. Jh. eine Kirche. Da sie Silves zum Bischofssitz ernannten, musste ein entsprechend imposanter Kirchenbau her, den man im gotischen Stil gestaltete. Von dieser gotischen Kathedrale, die durch das Erdbeben 1755 schwer beschädigt wurde, sind heute nur noch der Chor, die Vierung und das Sandsteinportal erhalten. Dabei ist insbesondere der Chor mit dem Kreuzrippengewölbe und den hohen Fenstern von Interesse, denn gotische Architektur ist an der Algarve wegen der Zerstörungen durch das Erdbeben kaum noch erhalten – zumal nicht in dieser Größenordnung, in der in dem ehemaligen Bischofssitz gebaut wurde. Der übrige Innenraum ist deutlich erkennbar jüngeren Datums und gekonnt mit den erhalten gebliebenen Überresten der Ursprungskirche zusammengefügt worden. Im Chor findet man eine in den Boden eingelassene

Gedenktafel für König João II., der 1495 in der Nähe von Silves an der Küste in Alvor starb. Zunächst wurde er hier beigesetzt, seine sterblichen Überreste sind 4 Jahre später aber nach Batalha überführt worden. In einer Seitenkapelle zwischen Chor und Seiteneingang wird die Madonna von Fátima verehrt. Gegenüber der Kathedrale steht die Misericórdia-Kirche (16. Jh.), an der ein ehemaliges Seitenportal mit manuelinischer Ornamentik auffällt. Im schlichten Innenraum nimmt der Hochaltar mit Malereien aus dem 17. und 18. Jh. die gesamte Chorfront ein.

Museu Municipal de Arqueologia

Einen Besuch lohnt das städtische Museum etwas unterhalb der Kathedrale (Rua das Portas de Loulé, Mo–Fr 9–18 Uhr). Das Haus, in dem das Museum eingerichtet wurde, ist über einer 18 m tiefen Zisterne aus maurischer Zeit gebaut worden, die in die Ausstellung integriert ist. Gezeigt werden bis zu 5000 Jahre alte archäologische Fundstücke aus der Region Silves, die aus der Stein-, Bronze- und Eisenzeit sowie aus der römischen und arabischen Epoche stammen. Zu den Exponaten gehören kultische Objekte und interessante Stücke der Alltagskultur der jeweiligen Epoche wie Schmuckstücke, Gefäße und andere Gebrauchsgegenstände. Auch aus portugiesischer Zeit sind sehenswerte Stücke ausgestellt, namentlich eine Sammlung von gotischen Ornamentresten, die von Kapitellen aus Kirchen stammen, die während des Erdbebens zerstört wurden. Im oberen Stockwerk gibt es einen Zugang zu einem Turm der Stadtmauer.

Das Stadtzentrum

Durch einen früheren **Festungsturm** der Stadtmauer (Torreão da Porta da Cidade) kommt man zur Praça do Município, auf der noch ein für Portugal typischer so genannter *Pelourinho* steht, ein Schandpfahl aus dem 16. Jh. Das **Rathaus** von Silves ist ein recht eindrucksvolles zweistöckiges Gebäude, unter dessen Arkaden ein im Sommer vor allem bei Touristen sehr beliebtes Café eingerichtet ist.

Die Straßen, die sich von hier aus zum Fluss hinunterziehen, bilden das lebhafte Zentrum von Silves mit einer kleinen Fußgängerzone und diversen kleinen Lädchen und Geschäften. In der **Markthalle** unten am Flussufer geht es vormittags sehr geschäftig zu. Die **Brücke,** die hier über den Arade führt, war jahrhundertelang die einzige Verbindung zwischen Silves und der südlichen Küstenregion. Schon zu römischer Zeit gab es an dieser Stelle eine Brücke. Geht man hinüber auf das andere Ufer, dann bietet sich ein schöner Blick auf die Stadt.

Cruz de Portugal

Im Westen der Innenstadt steht an der Ausfahrtstraße Richtung São Bartolomeu de Messines das manuelinische ›Kreuz von Portugal‹ (15. oder 16. Jh.), das möglicherweise ein Symbol der Verbindung von Silves mit dem Königreich Portugal darstellte – die Straße

Von weitem schon ist Silves zu erkennen: Kathedrale und Burg überragen die Stadt

führt in Richtung Norden und war der direkte Weg ins Königreich.

Fábrica do Inglês

Wer sich für Industriekultur interessiert, sollte die Fábrica do Inglês aufsuchen. Die englische Korkfabrik war von 1894–1995 einer der größten Korkenhersteller im Süden Portugals. Die Fabrik war zunächst in Besitz der Gesellschaft Avern, Sons & Barris, später übernahmen Bucknall & Sons, und in den 60er Jahren wurde die Verwaltung von den Portugiesen José Bentes Estrêlo und Ana Cristina Estrêlo übernommen. 1997 baute die Gesellschaft Fábrica do Inglês auf dem Gelände der stillgelegten Fabrik ein Restaurant-, Unterhaltungs- und Kulturzentrum auf, in dem in den Sommermonaten ein abendliches Multimedia-Spektakel geboten wird. Mehrere Restaurants, Kneipen, Bars und ein Brauerei sorgen für das leibliche Wohl. Sehr zu empfehlen ist ein Besuch des Korkmuseums, in dem zahlreiche Maschinen ausgestellt sind, die in der Fabrik zur Korkverarbeitung und zur Herstellung von Flaschenkorken benutzt wurden – darunter Drehbänke, Bohrvorrichtungen, verschiedene Pressen. Zugleich wird anhand von Beschreibungen und alten Fotografien ein guter Einblick in den Produktionsvorgang gegeben.

Posto de Turismo: Rua 25 de Abril, Tel. 282 44 22 55.

Hotel Colina dos Mouros: an der Straße nach Faro und Portimão, Tel. 282 44 04 20, Fax 282 44 04 26. Geschmackvoll eingerichtetes Hotel ca. 500 m von der Innenstadt entfernt, Zimmer mit Klimaanlage, Satelliten-TV; Swimmingpool. DZ nach Saison 35–70 €; Zimmer mit Blick auf Silves kosten 5–10 €

ROHSTOFF KORK

51% aller Korkprodukte stammen aus Portugal – das Land ist weltweit der wichtigste Korklieferant und -produzent. 30 Mio. Korken werden im Schnitt jeden Tag hergestellt, 500 Mio. Champagnerkorken im Jahr. Korkeichenwälder bedecken etwa ein Drittel des Landes und 1% der arbeitenden Bevölkerung ist in der Korkproduktion beschäftigt.

Bevor der ›Rohstoff Kork‹ in die Korkfabrik gelangt, liegt schon ein langer Weg hinter ihm. Korkeichen bilden um den Stamm herum eine Schicht aus abgestorbenen Zellen, die den Wasserverlust des Baumes heruntersetzen und Temperaturschwankungen ausgleichen. Die etwa 3 cm dicke Schicht kann abgenommen werden und wächst anschließend wieder nach. Korkeichen können ein Alter von 160 bis 200 Jahren erreichen, mitunter werden sie auch noch älter. 20 bis 25 Jahre alt müssen sie sein, bevor man sie zum ersten Mal schälen kann. Diese erste Ernte ist qualitativ noch nicht brauchbar, eine für die Korkindustrie wirklich interessante Qualität wird erst nach weiteren 30 Jahren erreicht. Nach der Schälung wächst die Rinde bis zu 4 mm im Jahr nach. 8 bis 10 Jahre später kann sie erneut geerntet werden, im Lauf seines Lebens kann ein Baum bis zu 20 Mal geschält werden. Das Abtragen der Korkschicht muss mit äußerster Sorgfalt vor sich gehen, da die Mutterrinde nicht beschädigt werden darf. Im Fall einer Verletzung wächst kein Kork mehr nach oder es bilden sich Wucherungen, die die Qualität der nachfolgenden Korkschicht negativ verändern. Das Schälen erfolgt im Sommer, weil in dieser Jahreszeit neue Rinde gebildet wird und es leichter ist, die Außenschicht abzulösen. Eine gesetzliche Regelung schreibt vor, bis in welche Höhe geerntet werden darf, denn zum Schutz gegen Insekten und Austrocknen muss genügend Korkschicht für den Baum erhalten bleiben. Auf den freigelegten Teil, der hellrot oder hellbraun ist, wird die letzte Ziffer des Erntejahres geschrieben, also beispielsweise 0 für das Jahr 2000 oder 8 für das Jahr 1998.

In Korkfabriken wird der Rohstoff nach Qualität, d.h. nach Anzahl der Poren, Stärke und Farbe sortiert, eine Tätigkeit, die viel Erfahrung erfordert. Der Kork wird dann etwa eine Stunde lang gekocht. Dadurch werden Insekten abgetötet, die sich möglicherweise in der Rinde festgesetzt haben, außerdem vergrößert der Kork sein Volumen und wird flexibler und elastischer und eignet sich besser zum Bearbeiten. Durch das Kochen und anschließendes Pressen erhält man Korkplatten, aus denen sich die verschiedenen Produkte herstellen lassen. Für die Korkenproduktion werden die Platten in Streifen geschnitten, deren Breite in etwa die Länge des späteren Korkens beträgt. Lange noch wurden anschließend Korken manuell ausgestochen, eine Arbeit, die Kraft in den Händen und zudem Fingerspitzengefühl – mithin hohe Konzentration – erforderte. Ein Korkenmacher hatte früher eine relativ lange Lehrzeit, um hinterher in der Lage zu sein, bis zu 1500 Korken am Tag als rein handwerklich hergestelltes Stück zu produzieren. Die besten Korkenmacher

wurden zum Anfertigen von Sektkorken eingesetzt. Waren lange Zeit ausschließlich Männer in der Korkenproduktion tätig, so begannen mit dem Einsetzen von Maschinen auch Frauen, teilweise sogar Kinder in Korkfabriken zu arbeiten.

Der größte Teil des abgeschälten Korks wird zu Korken verarbeitet, ein geringerer zu Korkscheiben in Kronkorken, zu Fußböden, Schuhsohlen, Bojen, Rettungsringen, Dichtungen, Isolierungen. Früher wurden Tropenhelme aus Kork hergestellt, außerdem Korkpapier zum Umwickeln von Zigarettenfiltern. Eine ernste Konkurrenz sind heute Plastik und synthetischer Kork. Weinproduzenten sind aber weltweit einig, dass es für guten Wein keinen besseren Verschluss als Naturkorken gibt. Zu den günstigen Eigenschaften – Wasserundurchlässigkeit und Wärmeisolierung – kommen Geruch- und Geschmacklosigkeit. Lediglich das Verbrennen von Kork ist problematisch, weil dabei wegen des hohen Harzgehalts giftige Gase entstehen. Korkabfälle – allein in Deutschland pro Jahr 30 000 m³, d. h. 1,2 Mio. Korken – sollten also getrennt gesammelt werden, zumal sie als Baumaterial wiederverwendet werden können. Das Verbrennen von Kork stellt übrigens in Portugal selbst eine Umweltbelastung dar, da Korkfabriken ihre eigenen Abfälle zum Heizen der Kessel benutzen, in denen der Kork gekocht wird. Wenn keine speziellen Filter eingesetzt werden, gelangen giftige Gase nach außen.

Auch aus einem anderen Grund sollten Korken gesammelt und wiederverwendet werden: Zwar ist die Korkschicht ein immer wieder nachwachsender Rohstoff, bedroht sind aber die portugiesischen Korkeichen. Ausgerechnet durch Fehler in der Landwirtschaft sind dem bislang stets nachwachsenden Rohstoff Grenzen gesetzt: Durch extensive Eukalyptusanpflanzungen, die den Böden noch in großer Tiefe Wasser entziehen, wird den Korkeichen mehr und mehr die Lebensgrundlage genommen.

mehr, Zimmer zur anderen Seite gehen zur Straße.
Residencial D. Sancho: Largo do Castelo, Tel. 282 44 24 37. Gepflegte kleine Pension am Platz vor der Burg. Alle Zimmer mit TV, Minibar. Tagsüber ist der Platz sehr touristisch, und unten im Haus ist ein riesiger Souvenirladen. DZ 40 €.
Ponte Romana: Horta da Cruz (an der alten Flussbrücke), Tel. 282 44 32 75. Nüchterne kleine und saubere Zimmer. Aus den Zimmern zum Fluss hat man Blick auf Silves. DZ 25–30 €.
Residencial Sousa: Rua Samoura Barros 17. Sehr einfache Unterkunft in einer geräumigen Privatwohnung, gemeinschaftlich genutztes Badezimmer. DZ ca. 25 €.
Quinta do Rio: Außerhalb bei Santo Estevão (nördlich der N 124 Richtung São Bartolomeu de Messines), Tel./Fax 282 44 55 28. Schöne *Turismo-rural*-Adresse mitten in der Landschaft 5 km nordöstlich von Silves, Zimmer sind ländlich einfach und geschmackvoll eingerichtet, vier Zimmer haben eine kleine Terrasse. DZ nach Saison 35–50 €.

Unten in der Nähe der Markthalle gibt es diverse einfache Lokale.
Café Inglês: Restaurant und Café direkt unterhalb des Kastells, angenehmer Ort mit ausgefallener Karte, auch nur Kleinigkeiten und Kuchen.
Casa Velha: Rua 25 de Abril 13. Gepflegtes Restaurant mit gutem Essen, zu empfehlen sind die Fischgerichte und die Meeresfrüchte.
Moinho da Porta: Rua Moinho da Porta 32. Kleines Restaurant, auf Touristen eingestellt, man bekommt auch Snacks, hübsche kleine Terrasse.
Ponte Romana: Horta da Cruz (an der alten Flussbrücke). Portugiesischer Familienbetrieb, in dem gute Hausmannskost serviert wird, uriges Ambiente mit alten Nähmaschinen, Krökelautomaten und viel altem Krempel.
Goutada: Außerhalb am Barragem do Arade, bei Casa Queimada, Tel. 282 33 22 92. Obwohl der See selbst nicht schön ist, lohnt die Fahrt zu diesem ausgefallenen und etwas genialen Plätzchen, man sitzt neben Vogelvolieren und Springbrunnen unter einer großen Pinie und guckt hinunter in die Landschaft, Abendessen vorher telefonisch anmelden.

Estúdio Destra: Galeria de Arte, Travessa das Portas de Loulé. Schöne neue *azulejos,* Fliesenbilder und Keramik.
Raul: Rua Comendador Vilarinho 5–7. Trödel und Antikes, alte Fliesen, Kupfergefäße, landwirtschaftl. Geräte, Keramik, Gläser.

In den Sommermonaten gibt es in der Burg die ›**Noites do Castelo**‹ mit den unterschiedlichsten Konzertveranstaltungen. Im Juli findet das **Festival da Cerveja** (Bierfest) statt.

Sítio das Fontes (zwischen Silves und Estômbar am Arade): Naherholungspark an einer Karstquelle mit Badeanstalt, Trimm- und Spazierpfad und einer alten Mühle mit Picknick- und Grillplatz; im Sommer Open-Air-Veranstaltungen.

São Bartolomeu de Messines

Algarve-Atlas: S. 211, D2
Das Landstädtchen nordöstlich von Silves wirkt etwas müde – vormittags und in den Nachmittagsstunden kann man aber echtes Algarve-Landleben mitbekommen. Der Ort liegt inmitten

des hügeligen Hinterlandes in einer lieblichen Gartenlandschaft, die hier allerdings ein wenig durch die Nord-Süd-Autobahn beeinträchtigt wird. Sowohl die Autobahn als auch die Eisenbahnlinie führen von Süden kommend an São Bartolomeu de Messines vorbei und weiter nach Norden zwischen den Gebirgszügen Serra de Monchique und Serra do Caldeirão hindurch. Der Rio Arade fließt nördlich am Ort vorbei, er ist hier zum Barragem de Arade aufgestaut. Interessant ist der Ortsname, der möglicherweise darauf hindeutet, dass einst Sizilianer aus Messina über das Mittelmeer nach Portugal kamen und sich hier niederließen. Unter den Mauren hieß das Städtchen Mussiene oder Masîne. Als es den Portugiesen gelungen war, den Ort aus der Hand der Araber zu erobern, nannten sie ihn nach dem hl. Bartholomäus und stellten ihn unter dessen Schutz. In São Bartolomeu de Messines gibt es eine sehr hübsche **Pfarrkirche** aus dem 16. Jh., deren Fassade mit dem für die Region typischen dunkelroten Sandstein in barockem Stil gestaltet wurde. Im Innenraum schöne gedrehte Säulen. Nordwestlich des Ortes steht auf einem kleinen Hügel die Ermida de São Pedro. Man hat von hier oben einen schönen Blick in die ländliche Umgebung.

Alte

Algarve-Atlas: S. 211, E 2
Von São Bartolomeu de Messines aus führt die N 124 in Richtung Osten durch die Abgeschiedenheit der Berge, die südlichen Ausläufer der Serra do Caldeirão. Vom Trubel nur 20 km weiter südlich an der Küste ist hier bisher absolut nichts zu merken. Wer in den Abendstunden über die N 124 fährt, begegnet lange Zeit keinem anderen Auto, auf den kleineren Pisten und Wegen abseits der Straße ist es vollkommen still. Allerdings gibt es punktuell auch hier in den Bergen Tourismus, der sich aber im Wesentlichen auf Tagesausflügler beschränkt.

Alte ist einer der Orte, die schon entdeckt worden sind. Etwa 2200 Menschen leben hier. Künstler und Kunsthandwerker haben sich in Alte niedergelassen, und das Dorf wird gerne als *aldeia cultural* (Kulturdorf) bezeichnet. In der Tat ist Alte ein ausgesprochen hübsches Vorzeigedorf, es gibt kleine Galerien und ein paar Souvenirlädchen – und Touristenbusse. Aber noch hält sich der Tourismus im Rahmen. Ein Besuch des kleinen Dorfes lohnt auf jeden Fall, eventuell sollte man sogar eine Übernachtung einplanen, um Alte auch abends zu erleben, wenn die Tagesgäste verschwunden sind.

In den Bergen rund um Alte

In den Bergen rund um Alte lassen sich schöne Rundfahrten und Wanderungen machen, es gibt zahlreiche Imker, bei denen man Honig direkt kaufen kann, außerdem werden an vielen Stellen *medronho*, also Schnaps aus den Früchten des Erdbeerbaums, und Ziegenkäse hergestellt.

Wer nur einen Kurzbesuch macht, kann einen Gang durch's Dorf am besten beim Posto de Turismo starten. In den Räumen der Touristeninformation ist nämlich die **Casa Memória d'Alte** eingerichtet, eine Art Heimatmuseum mit einer kleinen, liebevoll zusammengestellten Ausstellung insbesondere über Kunsthandwerk in der Region. Speziell werden Produkte aus *esparto* (Spartogras) bzw. Herstellungsmethoden gezeigt, die für die Region typisch sind. Matten, Taschen, Körbe und Hüte aus *esparto* werden auch in den Andenkenläden im Ort verkauft. Neben der Casa Memória d'Alte gibt es eine Ausstellung mit Keramiken, die von Künstlern aus Alte in einer angrenzenden Werkstatt hergestellt werden.

Man geht dann durch die Rua Nova do Ribeiro zum Largo José Cavaco Vieira und weiter zur **Pfarrkirche.** Die Kirche von Alte wurde im 16. Jh. gebaut. Sie hat ein hübsches manuelinisch dekoriertes Eingangsportal, manuelinisch sind auch der Altarbogen mit dem gedrehten Steintau und die Verzierungen an der Decke des Altarraums: Sie ist von steinernem Netzwerk durchzogen und erst später im 18. Jh. mit Fliesen ausgekleidet worden. Die drei Schlusssteine sind Sinnbilder für die portugiesischen Entdeckungsfahrten (gelb), für den Orient (mit dem Mond) und für den Seeweg nach Indien (blau). In den Seitenkapellen sind teilweise noch Tafeln mit Heiligendarstellungen aus dem 16. Jh. erhalten. Einzigartig in der Algarve sind die sevillanischen Fliesen aus dem 16. Jh., die in der dem hl. Sebastian geweihten Kapelle zu sehen sind.

Der weitere Weg führt durch die Straßen von Alte vorbei an malerischen Gassen, die aber nirgends künstlich geschönt wirken. Am Ende der Rua Poeta Cândido Guerreiro, die einem aus Alte stammenden Dichter gewidmet ist, steht die **Ermida de São Luís,** eine kleine Kapelle mit einer hübschen Barockfassade.

Wenn man hier weiter aus dem Dorf hinaus geht, erreicht man den idyllischsten Teil von Alte. Am Ufer der Ribeira de Alte entlang kommt man zu einem Platz mit der **Fonte Pequena,** einer in Fliesen gefassten Quelle, aus deren Hähnen man getrost Wasser entnehmen kann – dem kühlen Nass wird sogar Heilkraft nachgesagt. Das Fliesenbild an der Quelle stellt den hl. Antonius dar, und die Dichtung stammt von besagtem Poeten Cândido Guerreiro (1871–1953).

Kurz hinter der Fonte Pequena kommt man zur **Fonte Grande,** wo es ebenfalls einen von Bäumen umstandenen Platz zum Picknicken gibt. Die Ribeira de Alte wird an dieser Stelle in einem Becken gestaut, in dem die Einheimischen gerne ein Bad nehmen. Wer sich von innen abkühlen möchte, lasse sich an einem der Tischchen neben dem Kiosk nieder und genieße in aller Ruhe ein Erfrischungsgetränk. Der Weg zurück führt durch die kleinen Straßen von Alte zum Ausgangspunkt.

Casa Memória d'Alte: Estrada da Ponte 17, Tel. 289 47 86 66. Private Informationsstelle.

Schönes Mitbringsel:
Flechtwerk aus der Algarve

Alte Hotel: Estrada de Santa Margarida, Montinho, Tel. 289 47 85 23, Fax 289 47 86 46, altehotel@mail.telepac.pt. Etwas außerhalb von Alte mitten in der Landschaft gelegenes Hotel; es gibt einen Swimmingpool und Tennisplätze. Ruhig und ideal zum Ausspannen. DZ 40–70 € (je nach Saison).

Casa d'Alte: Largo da Igreja 4, Tel./Fax 289 47 23 88, casadalte@mail.telepac.pt. Altes *Turismo-rural*-Haus mitten in Alte neben der Kirche, große, verschieden und etwas kunterbunt eingerichtete Zimmer (4 Zimmer, 2 Suiten). Aus der Bar unten im Haus kann es schon mal laut werden. DZ ca. 40 €.

O Luís: Avenida 25 de Abril. Beim Markt, angenehmes ruhiges Plätzchen, Spezialitäten des Restaurants sind Grillgerichte.

Regionale Produkte: Honig, Erdbeerschnaps, Ziegenkäse, Kunsthandwerk aus Spartogras, regionale Süßigkeiten teilweise direkt beim Erzeuger. Informationen erhält man in der Casa Memória d'Alte.

Im Februar wird der Dorfheilige São Luís gefeiert, dazu gibt es ein großes Würsteessen. Am 1. Mai findet ein weithin bekannter **Blumenumzug** statt. Wer dann in der Algarve ist, kann hier ein schönes Fest erleben mit einem Umzug, Tanzgruppen und Picknick. Die Leute kommen aus allen Orten der Umgebung zusammen und versetzen das ruhige Dorf für einen Tag in bunte Feststimmung.

Gute **Wandermöglichkeiten** gibt es an der Rocha da Pena; ein Plan, auf dem ein Rundweg grob eingezeichnet ist, wird in den Touristeninformationen der Gegend verteilt. Ein guter Ausgangspunkt ist der Ort Rocha.

Salir

Algarve-Atlas: S. 212, A 1

Das hübsche Dorf gut 10 km weiter östlich ist kleiner als Alte und schläft bisher noch einen recht ungetrübten Dornröschenschlaf. Die flachen weißen Häuser von Salir ziehen sich über zwei Hügel südlich der N 124 hin. Besonders hübsch ist das Eckchen um das Kastell. Das Kastell besteht im Wesentlichen aus spärlichen Mauerresten, die aber noch aus maurischer Zeit erhalten geblieben sind. Interessant ist der Platz natürlich vor allem für Archäologen, die hier oben eine Grabung durchführen. Der Bereich um das Kastell war vermutlich schon vor 4000 oder 5000 Jahren besiedelt, was man aus zwei Megalithfunden in der Gegend um Salir schließt. Zu römischer Zeit muss Salir an einer wichtigen Verbindung zwischen Ossonoba (Faro) und anderen Orten Lusitaniens gelegen haben. Ab 713 war Salir dann unter arabischer Herrschaft, und aus dieser Zeit sind zahlreiche archäologische Funde aufgetaucht.

Die Gassen auf dem kleinen Burghügel lassen an Malerischem nichts zu wünschen übrig – stets ordentlich geweißelt und viele Pflanzen vor den Türen. In einem einfachen Dorflokal kann man sich niederlassen und den Blick in die schöne, leicht gewellte Landschaft in vollen Zügen genießen. Von hier aus sieht man auch den anderen Teil des Dorfes mit dem Wasserturm und der Pfarrkirche auf dem Nachbarhügel liegen. Eine lang gezogene Straße führt hinauf zur São-Sebastião-Kirche. Schön sind der Kirchenvorplatz, von dem aus man wiederum Aussicht in die Umgebung hat, und auf der anderen Seite der Kirche ein kleiner Park, der sich den Hügel hinunterzieht.

Mouro Bar: Castelo de Salir. Einfaches Restaurant oben auf dem Burghügel mit wunderbarem Rundumblick. Gute Wildgerichte, einige Fischgerichte.

Fonte de Benémola

Ein kleiner Spaziergang bietet sich nordwestlich von Querença im Naturschutzgebiet von Fonte de Benémola an, wo ein ausgeschilderter Weg am Ufer des Flusses Benémola entlangführt. Direkt an der Benémola-Quelle gibt es einen Picknickplatz.

Querença

Algarve-Atlas: S. 212, A 2

Südöstlich von Salir liegt in den Bergen Querença, ein Mini-Dorf, dessen ältester Teil sich oben um eine Hügelkuppe gruppiert. Am höchsten Punkt steht die Kirche, alle Straßen führen auf den verhältnismäßig großen Kirchplatz zu. Hier oben kann man entweder in Touristengruppen von Jeep-Safaris und dergleichen geraten oder man ist vollkommen allein, und allenfalls ein paar Dorfbewohner sitzen auf dem Platz vor einem der zwei Lokale, in denen regionale Spezialitäten wie Honig, Liköre und Marmeladen zum Kauf angeboten werden. Die Kirche ist ein kleines architektonisches Schmuckstück, das auf dem leeren Platz bestens zur Geltung kommt. Sie stammt aus dem 16. Jh. und hat aus dieser Zeit noch ein zierliches manuelinisches Eingangsportal. Ansonsten hat das Erdbeben auch vor Querença nicht Halt gemacht, also auch hier ist nicht mehr der Originalbau erhalten. Im Innern sind ein paar hübsche Heiligenfiguren zu sehen, das schönste Stück ist aber das Taufbecken aus manuelinischer Zeit, an dem man wunderbare Einzelheiten wie die Tiergestalten entdecken kann. Auf dem Kirchplatz findet jedes Jahr im Januar das Wurstfest zu Ehren des hl. Luís, des Beschützers der Tiere, statt.

Kleines privates Informationsbüro am Kirchplatz.

Restaurante de Querença: Largo da Igreja, Tel. 289 42 25 40. Beliebtes Ausflugslokal direkt neben der Kirche, Spezialität: Zicklein-Schmorbraten; hauseigene Liköre, Marmeladen, Mandelprodukte etc. im Verkauf.
Quinta do Olival: Etwas unterhalb der Kirche, Tel. 289 42 25 54. Ein schön gelegenes Plätzchen, rustikal-dunkel im Innern, draußen zwei Terrassen mit plätscherndem Wasserfall.

Barranco do Velho

Algarve-Atlas: S. 212, B 1

Von Querença aus sind es etwa 10 km bis Barranco do Velho, einem kleinen Dorf, das in menschenleerer Gegend in den Bergen liegt. Lediglich die Tatsache dass hier mehrere Straßen kreuzen – die Nord-Süd-Verbindung N 2 von Faro ins Alentejo und die Ost-West-Verbindung N 124 durch das Algarve-Hinterland von Silves nach Alcoutim am Guadiana – verleiht dem Ort eine kleine Bedeutung. Sehenswertes gibt es nicht in Barranco do Velho, herrlich ist aber die Umgebung. Vor allem die N 2 nach Norden und die N 124 nach Alcoutim über Cachopo und Martinlongo winden sich durch einsame schöne Berglandschaften.

A Tia Bia: an der N 2 am Abzweig nach Cachopo, Tel./Fax 289 84 64 25. Saubere kleine Pension mit nüchternen Zimmern mit Bad, TV, Klimaanlage, Atmosphäre nicht übermäßig warmherzig; angeschlossen ist ein Restaurant. DZ 45 €.

São Brás de Alportel

Algarve-Atlas: S. 212, B 2

Während man weiter nördlich bei Barranco do Velho durch Wälder und Zistrosenflächen fährt, wird die Landschaft nach Süden hin lieblicher, gibt es mehr und mehr Algarve-Gärten mit Orangen-, Zitronen-, Mandel- und Feigenbäumen. São Brás de Alportel ist ein Ort mit immerhin 8000 Einwohnern, ein wenig aufsehenerregendes, aber sympathisches Algarve-Städtchen. Einen Besuch lohnt das **Ethnographische Museum** an der Straße nach Tavira (Museu Etnográfico do Traje Algarvio, Rua Dr. José Dias Sancho 61, Mo–Fr 10–13, 14–17 Uhr, Sa, So 14–17 Uhr). Wechselausstellungen veranschaulichen – meist in Zusammenhang mit traditioneller Kleidung – die Aspekte des früheren Lebens in der Algarve. Das Museum ist in den Räumen eines ehemaligen Landgutes eingerichtet, dessen Besitzer – ehedem ein Maultiertreiber – durch Korkproduktion und -handel zu Geld gekommen war. Aus den einstigen Beständen sind noch Eselskarren und Kutschen sowie landwirtschaftliche Gerätschaften wie Behältnisse zum Transportieren und Kochen von Kork oder Korkpressen erhalten und in einer kleinen informativen Dauerausstellung zu sehen. Einen kurzen Besuch lohnt in São Brás de Alportel außerdem das Viertel um die Kirche. Die Kirche ist meist verschlossen, schön ist aber der Blick vom Kirchplatz in die Umgebung. In der Nähe der Kirche steht der frühere Bischofspalast, der einst als Sommersitz der Bischöfe von Faro gebaut wurde. Die terrassenförmige Anlage hinter dem Gebäude lässt noch die Schönheit der einstigen Gärten erahnen.

Rua Dr. Evaristo Sousa Gago 1, Tel. 289 84 22 11.

Pousada de São Brás: Tel. 289 84 23 05, Fax 289 84 17 26. 2 km außerhalb in Richtung Norden gelegene Pousada, von der man einen schönen Blick hinunter ins Land hat. Modernisiertes Gebäude aus den 1950er Jahren mit allem Pousada-Komfort. DZ ca. 105 €.

Adega Nunes: Machados (südlich von São Brás, von N 2 abbiegen Richtung Machados) Tel. 289 84 25 06, So geschl. Familienbetrieb, jeweiliges Tagesangebot handschriftlich und nur auf portugiesisch, sehr gute Fleisch- und Fischgerichte, Nachtisch nicht auslassen!

DIE SANDALGARVE IM OSTEN

Der Reiz der Küste östlich von Faro sind die kilometerlangen, schmalen Inseln, die dem breiten Lagunenstreifen der Ria Formosa vorgelagert sind. Die Sandstrände und flachen Dünen erinnern ein bisschen an nordische Gefilde, an friesische Inseln in einer Wattenmeerlandschaft. Nur dass das Klima anheimelnder ist... Tavira und Olhão, zwei sehr gegensätzliche und sehr schöne Städte, liegen an der Küste, von hier aus starten die Boote hinüber zu den Strand- und Badefreuden.

Olhão

Algarve-Atlas: S. 212, C4

Die Stadt macht es Touristen nicht gerade leicht. Mit ihren etwa 22 000 Einwohnern und einem ganz eigenwilligen Charakter verschließt sie sich bisher weitgehend dem ausländischen Tourismus und lebt als einzige Stadt dieser Größe ein algarvisches Eigenleben. In den letzten Jahren ist in der Innenstadt und an der Uferpromenade allerhand auf die Beine gestellt worden, damit sich Gäste in der Stadt wohlfühlen. Aber einen längeren Urlaub verbringen die wenigsten hier. Einer der Gründe ist die Unansehnlichkeit der Stadt an der Peripherie, ein anderer das Fehlen von Stränden direkt am Ort. Um Strandleben genießen zu können, muss man auf eine der vorgelagerten Badeinseln fahren.

Statt vom Tourismus lebt Olhão bis heute von der Fischindustrie – Fischfang und Fischverarbeitung. Zwar droht wie andernorts an der Algarve-Küste auch hier der Pleitegeier, aber neben Portimão ist Olhão nach wie vor der größte Fischereihafen. Gefangen und verarbeitet werden hauptsächlich Sardinen. Der einst boomende Thunfischfang ist durch das Ausbleiben der Thunfischschwärme vor der Küste fast zum Erliegen gekommen. Das gesamte Fischereiwesen spielt sich im Hafen östlich der Innenstadt ab, hier wird der Fisch auch in zwei Konservenfabriken verarbeitet. Zudem hat die Salzgewinnung eine gewisse Bedeutung, im feuchten Lagunengebiet um Olhão herum findet man zahlreiche Salinenbecken.

Olhão blickt auf keine allzu lange Geschichte zurück. Zwar gibt es für die gesamte Region archäologische Zeugnisse einer Besiedlung schon in der Steinzeit, und von den Römern weiß man, dass sie in der Nähe von Olhão

Einsalzbecken angelegt haben. Im heutigen Stadtgebiet hat es aber erst seit dem 14. Jh. eine regelrechte Ansiedlung von Fischerhütten gegeben, und eine erste dokumentarische Erwähnung des Ortes stammt aus dem Jahr 1378. Die Leute lebten im 14. Jh. vom Fischfang und von der Salzgewinnung zum Konservieren von Fisch und wohnten in Holz- bzw. Schilfhütten, erst 1715 wurde das Bauen von Steinhäusern erlaubt. Im 19. Jh. wuchs die Einwohnerzahl des Städtchens durch das Aufblühen des Fischereiwesens massiv an und weitete sich ins Landesinnere. Anfang des 20. Jh. entstand die damals repräsentative Avenida da República, und Olhão wurde zunehmend städtischer mit den größeren Häusern, die sich diejenigen bauten, die durch die Konservenfabriken zu Geld gekommen waren. Mittlerwei-

Fischerstadt durch und durch: Olhão

le ist Olhão eine Stadt mit kleineren Hochhausblöcken an den ausgefransten Rändern und einem sehenswerten alten Innenstadtkern.

Fußgängerzone

Die breit angelegte Avenida da República mit Banken und größeren Gebäuden führt geradewegs auf die kleine Fußgängerzone zu, durch die man in kürzester Zeit zur Uferstraße kommt. Hauptstraße in der Fußgängerzone ist die kleine Rua do Comércio, in der es neben diversen – übrigens recht günstigen – Geschäften zahlreiche Cafés gibt. Wer durch die Sträßchen und Gassen in dieser Ecke streift, wird außer Läden mit der neuesten Mode auch viele interessante Hausfassaden sehen. Viele sehen nicht einmal besonders spektakulär aus, hinter unscheinbarer Fassade erstrecken sich aber teilweise riesige Wohnungen, die um mehrere schattige Innenhöfe gebaut wurden.

Nossa Senhora do Rosário

Die Hauptkirche von Olhão ist um 1700 mit Geldern der Fischer im Ort gebaut worden. In ihrem Innern sind *talha dourada*-Werke (s. S. 44) aus dem 18. Jh. erhalten – Altarbogen, der Hochaltar und Nebenaltäre sind aus vergoldetem Holz gearbeitet. An der nach Süden ausgerichteten Hauptfassade gibt es eine rechteckige Einlassung mit einem roten Licht, das über Nacht als Orientierungspunkt für die Fischer gedient haben soll. Der Kirchturm ist zugänglich, und der Ausblick auf das helle Häusermeer mit den flachen Dächern und Türmchen und auf die Lagune mit den Badeinseln im Hintergrund lohnt das Treppensteigen.

Auf der Nordseite der Kirche zur Avenida da República hin findet man die kleine Kapelle **Nossa Senhora dos Aflitos,** die nur durch ein Gitter von der Straße abgetrennt ist. Hier wird ›Unsere Frau der Bekümmerten‹ verehrt und um Hilfe gebeten – ein Plätzchen, das zu fast jeder Tageszeit von den Stadtbewohnern aufgesucht wird. Immer ist die Kapelle mit Blumen und Votivgaben wie Beinen und Armen aus Wachs geschmückt, die bei allen möglichen Genesungswünschen und in Notsituationen hierhergebracht werden.

Unmittelbar vor dieser Kirche steht eine zweite kleinere mit einer weißen Kuppel, die Kapelle **Nossa Senhora da Soledade** (›Unsere Frau der Einsamkeit‹) aus dem 17. Jh., ehemals ebenfalls eine Fischerkirche, die heute nur für Aufbahrungen und Begräbnisse genutzt wird.

Barreta

Das älteste Viertel ist die Barreta, die sich westlich an die Fußgängerzone anschließt. Hier stehen würfelförmige Fischerhäuser in Reihe, die dem Ort das Image des ›Maurischen‹ eintrugen. Tatsächlich haben Fischer aus Olhão die Architektur in Nordafrika gesehen und für gut und praktisch befunden (s. S. 45). Die Flachdächer (*açoteias*), die es ausschließlich in Olhão und in dem Nachbarort Fuseta gibt, eignen sich zum Trocknen von Früchten und Wäsche, die kleinen Türmchen (*mirantes*) auf den Dächern dienten als Ausguck in Richtung Lagune: Wie wird das Wetter, kommen die Fischer zurück?

Rund um die Markthallen

Unmittelbar hinter dem eigentümlichen Fischerviertel zieht sich die **Avenida 5 de Outubro** am Ufer entlang. Die Straße – am 5. Oktober 1910 wurde die Republik ausgerufen – ist vor allem in den Abendstunden der belebteste Ort von Olhão, weil es hier ein Fischrestaurant neben dem anderen gibt, die in den Sommermonaten immer voll sind. Mittelpunkt der Uferstraße sind die beiden **Markthallen** mit ihren Ecktürmen, die fast schon als Wahrzeichen von Olhão durchgehen. Tagsüber findet hier reges Marktgeschehen statt – verkauft werden frisches Gemüse, Fleisch und natürlich Fisch und in den kleinen Lädchen Zeitungen, Postkarten und alle möglichen Utensilien. Sonnabends vormittags wird der Markt auf Platz und Straße daneben ausgeweitet. Stoffe, Blumen, Lederwaren, Musikcassetten und lebendes Geflügel werden dann verkauft, und die Leute aus dem gesamten Landkreis kommen nach Olhão. Abends spielt sich an den Markthallen das Nachtleben von Olhão ab. Halb Olhão amüsiert sich in den Cafés, Kneipen und Bars zum Draußensitzen oder in den kleinen Diskotheken. Touristen gesellen sich eher unauffällig dazu. Links und rechts der Markthallen sind kleine Parks mit Blumenrabatten, Wasserbecken und Spielecken angelegt worden. Ein Stück nach Osten liegen der **Anleger** für die Boote zu den Inseln und der Fischereihafen.

Quinta de Marim

Wer das Bedürfnis nach einem Spaziergang verspürt, kann etwa 1 km jenseits des Hafens die Quinta de Marim erkunden (tgl. 9–12.30, 14–17.30 Uhr, Anfahrt über die N 125 Richtung Campingplatz oder direkt von der Avenida 5 de Outubro aus am Hafen vorbei und geradeaus in östlicher Richtung weiter). Die Quinta de Marim ist ein Naturschutzzentrum oder auch **Umweltbildungszentrum,** zu dem ein Gelände von etwa 60 ha gehört, das Teil des Naturparks Ria Formosa ist. Das Zentrum hat sich zur Aufgabe gemacht, über das Lagunengebiet zu informieren und das sensible Ökosystem zu schützen – u. a. auch vor dem Zugriff der Tourismusindustrie. Ein über 3 km langer Rundweg führt als Lehrpfad durch das Gelände, durch ein kleines Pinienwäldchen, durch Dünen und Salzwiesen, vorbei an Salzgewinnungsbecken, Fischzuchtbecken, Obstplantagen. Besonders interessant ist eine **Gezeitenmühle** (*moinho de maré*) aus dem Jahr 1885, die noch bis 1970 in Funktion war. Seit dem Mittelalter gab es zahlreiche Gezeitenmühlen in Portugal, die immer in lagunenähnlichen Gezeitenzonen lagen. Sie gehörten dem jeweiligen Landesherrn, und Bauern mussten ihr Getreide in diesen Mühlen mahlen lassen. Das Wasser wurde in dem Becken angestaut und trieb bei Ebbe die horizontal gelagerten Wasserräder an. In den Mühlen gab es Wohnräume für die Familie des Müllers und Pferdeställe. In der Gezeitenmühle der Quinta de Marim sieht man die alten Mahlvorrichtungen, die allerdings nicht weiter erläutert werden. Der Weg führt außerdem an römischen Salzbecken und an einer Vogelaufzuchtstation vorbei. Schließlich kann man auch den *cão de água* (Wasserhund, s. S. 19) sehen, denn auf der Quinta de Marim werden die vom Aussterben bedrohten

Zum Trocknen aufgehängt: Hundshaie

Hunde gezüchtet. In einem Besucherzentrum erhält man Informationen über die Tier- und Pflanzenwelt der Ria Formosa.

Posto de Turismo: Largo Sebastião M. Mestre 6-A, Tel. 289 71 39 36.

Hotel Ria-Sol: Rua General Humberto Delgado 37, Tel. 289 70 52 67, Fax 289 70 52 68. Das einzige Hotel direkt im Ort, einfach, angenehm und ohne viel Komfort. DZ ca. 50 €.
Pensão Boémia: Rua da Cerca 20, Tel. 289 72 11 22, Fax 289 71 45 13. Saubere, moderne Pension, alle Zimmer mit Bad und TV. DZ ab 30 €.
Camping:
Parque de Campismo de Olhão***, 2000 Plätze, Tel. 289 70 03 00, Fax 289 70 03 90, 2 km östlich von Olhão nahe der N 125.

Es gibt sehr viele Restaurants mit ähnlichem Angebot an der Uferstraße, darunter **Ria Formosa:** Avenida 5 de Outubro 14, gutes Essen, relativ günstig, viele Grillgerichte und Meeresfrüchte.
Taiti: Rua Vasco da Gama 24. Etwas versteckt in einer Nebenstraße der Fußgängerzone, sehr einfaches Lokal, in dem man gute, typisch portugiesische Gerichte isst.

Meeresfrüchtefestival im August mit Spezialitäten aus dem Meer und mit teilweise guten portugiesischen Musikgruppen.

Parken: Avenida 5 de Outubro (Parkgebühr), Avenida das Forças Armadas am Hafen (gebührenfrei).
Bahnhof: Einer der wenigen zentral gelegenen Bahnhöfe in der Algarve, nahe der Hauptstraße Avenida da República.
Busbahnhof: Rua General Humberto Delgado, zentral und in der Nähe des Bahnhofs.
Schiffsverkehr: Anleger östlich der Markthallen. Boote nach Armona: zwischen ca. 7.30 und 19.30 Uhr (Juli, Aug. etwa stündlich, Juni, Sept. etwa 2-stdl., Mitte Sept. bis Ende Mai stark eingeschränkt). Boote nach Culatra und Farol: zwischen 7 und 19.30 Uhr (Juli, Aug. etwa 2-stdl., Juni, Sept. etwa 2-stdl., mittags eingeschränkt, Mitte Sept. bis Ende Mai stark eingeschränkt).

Laguneninseln, Fuseta und das Hinterland von Olhão

Laguneninseln

Algarve-Atlas: S. 212, C 4
In der Umgebung von Olhão gilt es ein paar Perlen zu entdecken, die bisher vom Algarve-Boom weitgehend verschont geblieben sind. Zum einen sind das die Badeinseln an der Küste vor Olhão. Die Reihe von vorgelagerten Laguneninseln machen den Reiz des Küstenstreifens östlich von Faro aus, auch wenn sie stellenweise eher an flache Nordseestrände erinnern mögen. Von Olhão aus gibt es einen regelmäßigen Bootsverkehr zur **Ilha da Culatra** und zur **Ilha de Armona.** Für Verwirrung sorgen Karten sowie die Information in der Touristenstelle oder von Mitreisenden auf dem Boot, nach denen es zudem noch eine Ilha do Farol geben soll. Die Ilha do Farol ist genau genommen nur der Westteil der Ilha da Culatra, auf dem ein Leuchtturm in den Himmel ragt (*farol* = Leuchtturm), wird

aber unter Ortskundigen als gesonderte Insel gehandelt. Culatra ist teilweise Gelände der portugiesischen Marine. Beiderseits des abgesperrten Gebietes liegen jeweils auf der landzugewandten Seite Anlegestellen (Culatra und Farol) mit kleinen Ansiedlungen. Nur ein paar Schritte sind es über die schmalen Dünenstreifen, bis man zu den kilometerlangen Sandstränden kommt. Auch die Ilha de Armona erreicht man von Olhão aus. Man landet dann am westlichen Teil der Insel an, wo es ebenfalls eine kleine Ansiedlung von Sommerhäusern und Lokale gibt.

Bungalows: Auf dem Campingplatz auf der Ilha de Armona werden für sehr geringe Ansprüche kleine, etwas muffige Häuschen vermietet. Information: Orbitur, Tel. 218117000, Fax 218148045, info@orbitur.pt; www.orbitur.pt

Auf Farol: **Restaurante José Pinto:** Einfaches, beliebtes Lokal in der Nähe des Leuchtturms, Kleinigkeiten, auch Salate oder Tagessuppe, mittags angenehm schattige Terrasse. Auf Armona: Am Anleger gibt es gleich mehrere einfache Restaurants.

Fuseta (Fuzeta)

Algarve-Atlas: S. 212, C 3

Das kleine Dorf mit knapp 2000 Einwohnern hat in den letzten Jahren einen gehörigen Aufschwung genommen. Der gesamte Hafen- und Uferbereich ist ausgebaut worden, und es gibt direkt am Ort im Lagunenbereich einen Sandstrand mit Badeleben. Schöner ist es aber natürlich, mit einem der Boote hinüber nach Armona zu fahren, wo sich ein ewig langer Sandstrand zum offenen Meer hin auftut (s. S. 158). Fuseta selbst ist ähnlich bebaut wie das benachbarte Olhão, ist aber wesentlich kleiner und gibt vielleicht noch eine Ahnung vom früheren Leben in Olhão. Auch hier findet man die typischen kubischen Häuser mit Flachdächern. Das Dorf zieht sich mit einer systematischen Straßenanlage über einen Hügel hin. Oben steht eine alte **Dorfkirche,** und vom Kirchenvorplatz hat man Blick über die Dächer auf die Lagune. Unten am Wasser bei der **Markthalle** herrscht reges Leben und Treiben. Östlich von Fuseta erstrecken sich weite **Salzgärten,** also Salzbecken, in denen das Lagunenwasser zur Salzgewinnung verdunstet wird.

Parque de Campismo de Fuseta**, 450 Plätze, Tel. 289793459, Fax 289794034. Günstig am Wasser zwischen Hafen und Lagune gelegen.

Im Hinterland: Moncarapacho

Algarve-Atlas: S. 212, C 3

Ausgesprochen schön ist das Hinterland von Olhão mit seinen kleinen Dörfern, Einzelgehöften und weiten Orangen- und Feigenbaumhainen. Auf der 398 kommt man von Olhão aus über Quelfes nach Moncarapacho. Moncarapacho ist ein hübsches Landstädtchen am Südrand der Algarve-Berge, das in eine sanfte Hügellandschaft eingebettet ist. Der Ort strahlt eine unaufgeregt-ländliche Atmosphäre aus, die man am Platz neben der Kirche bestens zu spüren bekommt. Die **Kirche** ist mittelalterlichen Ursprungs – einige wenige romanische und gotische Elemente sind noch erhalten. Sehenswert ist das Eingangsportal, das im 16. Jh. entstanden ist und eine fein gearbeitete Verkündigungsszene zeigt. Unbedingt lohnend ist die von außen schlichte **Kapelle Espírito Santo,** eine frühere Wallfahrtskapelle, die im Innern durch ihre komplette Wandverkleidung aus Fliesen (17. Jh.) begeistern kann. Man kann die Kapelle im Rahmen von Führungen durch das kleine **Museum** nebenan besichtigen, in dem eine archäologische Sammlung zu sehen ist. Außerdem werden sakrale Exponate gezeigt, darunter eine in der Algarve einmalige Krippe aus dem 18. Jh., die aus insgesamt 45 Einzelfiguren besteht (Mo, Mi, Fr 11–15 Uhr).

Landhotel Monte do Casal: Cerro do Lobo, bei Estói, Tel. 289 99 15 03, 289 99 01 40, Fax 289 99 13 41, montecasal@mail.telepac.pt. Sehr schönes exklusives Landhotel in einem üppigen Garten, von Engländern geführt, Swimmingpool, Tennisplatz. DZ 105–250 € (je nach Saison und Ausstattung).

Tavira

Algarve-Atlas: S. 213, D 3

Zu den schönsten Städtchen an der Algarve-Küste gehört Tavira (12 000 Einwohner). Als ›Kleinvenedig‹ wird die Stadt oft bezeichnet – eine maßlose Übertreibung zwar, aber der Gilão, der in seinem flachen Flussbett gemächlich durch das Ortszentrum auf die Mündung zufließt, verleiht Tavira tatsächlich einen ganz besonderen Reiz. Und möglicherweise erinnert auch das Licht in Tavira an das in der Lagune von Venedig. Die für Tavira typischen weißen Häuschen mit ihren spitzen Walmdächern spiegeln sich bei Flut im Wasser. Der Gilão ist im Stadtgebiet noch stark gezeitenabhängig und zeigt bei Ebbe seinen Schlickgrund. Tavira hat eine komplett andere Bebauung als das benachbarte Olhão, und auch atmosphärisch unterscheiden sich die beiden Städte in der Lagunenlandschaft der Ria Formosa. Während Olhão fast etwas verschlossen wirkt, ist Tavira vergleichsweise offen und heiter. Es gibt nicht eines der für Olhão typischen kubischen Häuser, sondern etliche der besagten Häuschen mit den wohlgeformten Walmdächern. Und nicht zuletzt kann die Stadt sich ihrer weit über 20 Kirchen, Kapellen und Klöster rühmen. Tavira hat in den letzten Jahren sehr viel für sein Stadtimage getan, so dass man nun um die lange Zeit noch ungekünstelte Atmosphäre fürchten muss. Eine etwas fragwürdige Attraktion ist zum Beispiel die abendliche Musikbeschallung des Ortszentrums.

Ähnlich wie Olhão ist Tavira aus einer frühen Ansiedlung hervorgegangen, deren Bewohner vom Fischfang und der Salzgewinnung zum Konservieren von Fisch lebten. Die Mauren errichteten in Tavira eine Burganlage, was auf eine zunehmende Bedeutung in dieser Zeit schließen lässt. Im 15. Jh. war Tavira dann wichtiger Garnisonsstützpunkt während der portugiesi-

Durch Tavira fließt der Gilão

O CANECÃO

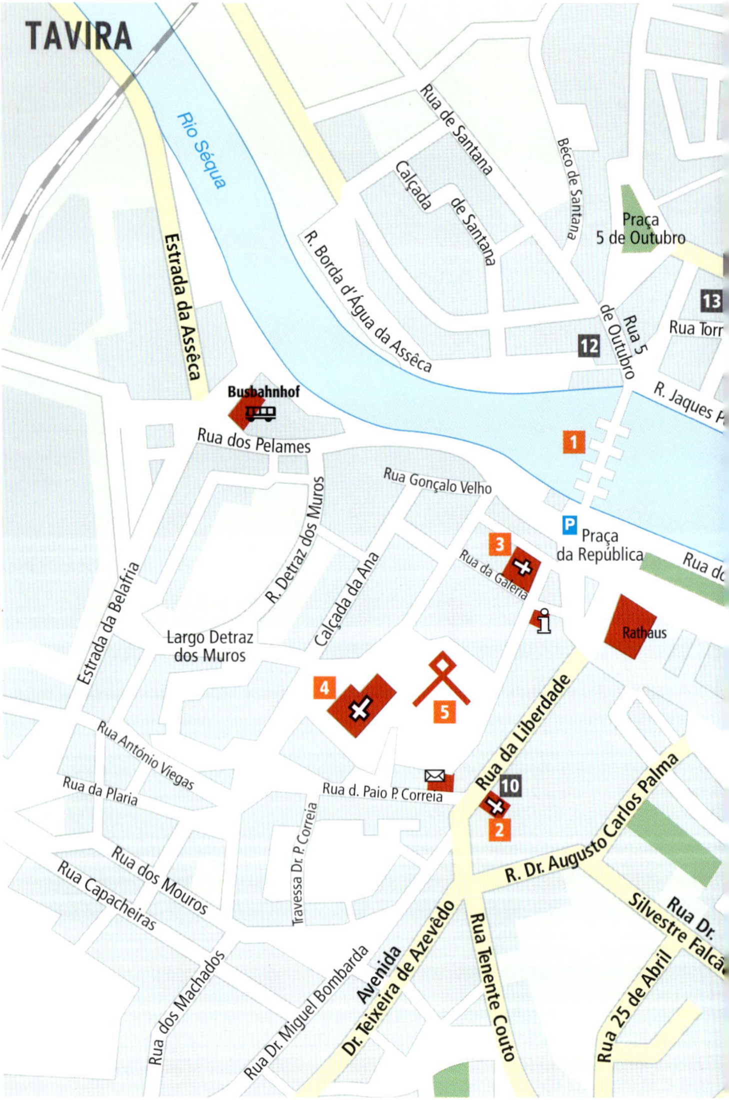
TAVIRA
Rio Séqua
Estrada da Assêca
Rua de Santana
Calçada de Santana
Béco de Santana
Praça 5 de Outubro
R. Borda d'Água da Assêca
Rua 5 de Outubro
13
Rua Torr
12
R. Jaques P
Busbahnhof
Rua dos Pelames
1
Rua Gonçalo Velho
R. Detraz dos Muros
Praça da República
Rua do
3
Rua da Galeria
Calçada da Ana
Estrada da Belafria
Largo Detraz dos Muros
Rathaus
4
5
Rua da Liberdade
Rua António Viegas
Rua da Plaria
Rua d. Paio P. Correia
10
2
Rua Dr. Augusto Carlos Palma
R. Dr. Augusto
Rua dos Mouros
Rua Capacheiras
Travessa Dr. P. Correia
Rua Dr. Silvestre Falcã
Rua dos Machados
Rua Dr. Miguel Bombarda
Avenida Dr. Teixeira de Azevêdo
Rua Tenente Couto
Rua 25 de Abril

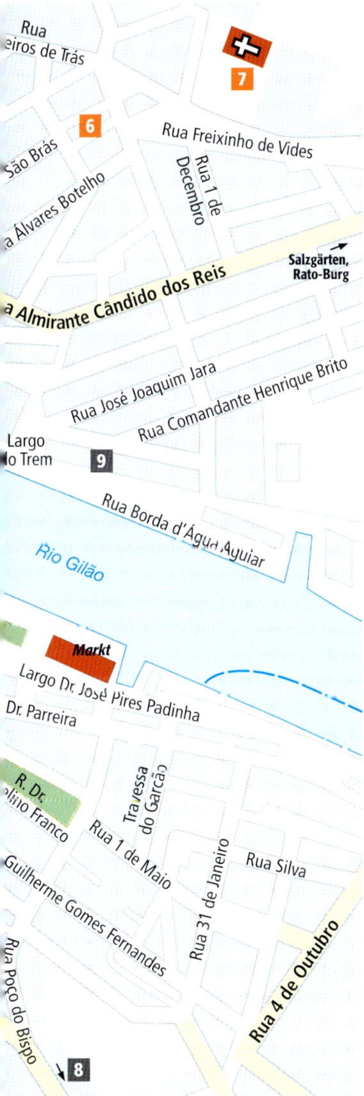

Sehenswürdigkeiten

1 Siebenbogige Brücke
2 Kapelle Nossa Senhora da Consolaçao
3 Misericórdia-Kirche
4 Kirche Santa Maria do Castelo
5 Burggarten
6 Kapelle São Brás
7 Carmo-Kirche

Übernachten

8 Convento de Santo António
9 Princesa do Gilão
10 Pensão Mirante
11 Residencial Lagôas

Essen und Trinken

12 Os Arcos
13 Bica

schen Eroberungen in Marokko, sowie anschließend bedeutender Hafen für den Handel mit Nordafrika. Dann folgten über Jahrhunderte mehrere schwere Schläge und damit das allmähliche Aus: der Verlust der nordafrikanischen Besitzungen, eine Pestepidemie, das Erdbeben Mitte des 18. Jh. und die allmähliche Verschlickung des Hafens. Im ausgehenden 19. Jh. begann in Tavira nochmals ein wirtschaftlicher Aufschwung durch die Fischverarbeitungsindustrie. Gefangen und verarbeitet wurde wie in Olhão auch vorwiegend Thunfisch. In der Umgebung von Tavira gab es mehrere Thunfischfangstationen, in denen die Fischer mit ihren Familien lebten. Mitte des 20. Jh. nahm der Fischfang massiv ab. In den letzten Jahren versucht Tavira, den Tourismus weiter auszubauen, und hat erhebliche finan-

zielle Mittel eingesetzt, um der Stadt ein gezieltes Wachstum zu ermöglichen, u. a. will man vermehrt Hotels hierher ziehen.

Das Stadtzentrum

Der Stadtkern ist durch den Gilão geteilt, wobei der lebendigere Bereich mit der Einkaufszone auf dem rechten Flussufer liegt. An der **Praça da**

Ruhig: das Viertel jenseits des Gilão

República direkt am Ufer kann man einen Rundgang beginnen. Hier bietet sich sogleich der schönste Blick auf das Wasser und die gegenüberliegende Häuserzeile sowie auf die alte siebenbogige **Brücke** 1 römischen Ursprungs – zu römischer Zeit verlief hier die Hauptverbindung zwischen Mértola im Alentejo und Ossonoba

Santa Maria do Castelo in Tavira

(Faro). Im Winter 1989/90 wurde die Brücke, über die zu dem Zeitpunkt noch der Autoverkehr rollte, nach starken Regenfällen durch Wassermassen und Geröll schwer beschädigt und musste komplett saniert werden. Die beiden Autobrücken weiter südöstlich sind erst anschließend entstanden – und haben das Bild vom gemütlich dümpelnden Fluss beträchtlich verändert. Parallel zum Wasser verläuft ein kleiner Park, an dessen Ostseite man in die belebte ehemalige Markthalle kommt, die umgebaut wurde und jetzt Restaurants, Cafés und Souvenirläden Platz bietet. Südlich der Parkanlage erstreckt sich eine kleine Fußgängerzone, in der man eine Straße schon bald nach dem Tod der Fado-Legende Rua Amália Rodrigues genannt hat.

Tavira hat relativ viele kleine Sehenswürdigkeiten zu bieten, allem voran eine Vielzahl von Kirchen, die größtenteils aber geschlossen sind. Einige lohnen eine Besichtigung, wie z. B. die kleine, meist geöffnete **Kapelle Nossa Senhora da Consolação** 2 mit einem Fliesensockel aus dem 17. Jh. und einem flämischen Altargemälde aus dem 16. Jh. Als eine der wichtigsten Sehenswürdigkeiten gilt die **Misericórdia-Kirche** 3. Sie gehört zu den am besten erhaltenen Renaissance-Kirchen in Südportugal, obwohl auch sie durch das Erdbeben in Mitleidenschaft gezogen worden ist. Allein das Portal zeigt interessante Details: die Nossa Senhora da Misericórdia ganz oben unter einem Baldachin, rechts neben ihr das Wappen von Tavira, links das portugiesische Wappen, darunter die Figuren von São Pedro und São Paulo. In der Türfassung darunter sind korinthische Blätter und einzelne Figuren zu erkennen. Im Innern fallen insbesondere die Fliesenbilder aus dem 18. Jh. und der wuchtige vergoldete Hochaltar ins Auge.

Geht man die Gassen hinter der Kirche weiter aufwärts, dann kommt man am Kastell vorbei zur **Kirche Santa Maria do Castelo** 4 mit dem auffällig großen Zifferblatt am Uhrenturm. Die Kirche wurde im 13. Jh. gleich nach der Eroberung der Stadt durch die Christen gebaut, und zwar wie so oft an der Stelle, an der die Mauren eine Moschee errichtet hatten. Von der ursprünglichen Kirche ist das gotische Eingangsportal erhalten bzw. nach dem Erdbeben rekonstruiert worden. Die zweite Seitenkapelle links ist mit manuelinischen Ornamenten dekoriert. Im Altarraum befindet sich das Grab von sieben Rittern des Santiago-Ordens, die während der Kämpfe um Tavira 1242 von Mauren getötet wurden, obwohl – so heißt es – gerade ein Waffenstillstand vereinbart worden war.

Ein Stückchen wieder zurück und den Hügel hinunter sollte man in den kleinen **Burggarten** 5 gehen (tgl. 9.30–17.30 Uhr). Einige Mauerreste der ursprünglich maurischen Burg sind noch erhalten, u. a. auch ein Torbogen nahe der Misericórdia-Kirche, der original aus maurischer Zeit erhalten ist. Der kleine private Garten ist hübsch mit Obstbäumen und Blumenbeeten angelegt, außerdem kann man auf die Mauern hinaufsteigen und genießt von oben eine weite Aussicht auf die Stadt und den Fluss.

Jenseits des Gilão

Wenn man unten an der Praça da República über die alte Brücke geht, kommt man in ein wesentlich ruhigeres Stadtviertel. Gleich hinter der Brücke links findet man an dem bislang touristisch noch völlig ungenutzten Ufer ein paar Restaurants. Auch rechts am Ufer entlang gibt es das eine oder andere Café, in dem oft nur vereinzelt Personen sitzen. Hinter der Brücke geradeaus kommt man zur **Praça 5 de Outubro** (oder auch Praça Dr. Padinha), einem halbwegs ovalen Platz mit einer schönen Grünanlage mit Bänken und in die Höhe ragenden Palmen und Araukarien, Oleanderbüschen, Wandelröschen und Blumenrabatten. Am Platz gibt es mehrere Cafés, in denen man u. a. auch gut frühstücken kann, was für die Gäste zahlreicher Pensionen und Privatzimmer auf dieser Seite von Bedeutung ist. Über eine Treppe kommt man ein Stück aufwärts zu einem weiteren Platz, dem **Largo São Brás,** ebenfalls mit einem kleinen Park, der meistens wie leergefegt und ausgesprochen ruhig ist. Am Platz steht die architektonisch sehr ausgewogene **Kapelle São Brás** 6, und ein paar Schritte weiter öffnet sich der schmucklose Largo do Carmo mit der **Carmo-Kirche** 7 (18. Jh.), der Klosterkirche eines früheren Karmeliterklosters.

Auf dieser Seite des Flusses führt eine Straße stadtauswärts durch ein Gebiet mit **Salzgärten,** die man hier aus nächster Nähe ansehen kann. Im Mündungsbereich stehen **Reste der Rato-Burg,** eine Verteidigungsanlage aus dem 16. Jh., die im 17. Jh. erweitert wurde. Direkt an der Mündung ist das erste größere Hotel in dieser Gegend entstanden. Immerhin ist es architektonisch ein interessantes Projekt, da es an der Stelle einer ehemaligen Thunfischfangstation gebaut wurde. Teilweise sind die Häuser der systematisch aufgebauten Fischersiedlung, ein Schulraum und eine kleine Kirche mit in den Bau einbezogen worden. Ein kleines öffentliches Museum im Hotelbereich zeigt Bilder von der Fangstation und gibt Aufschluss über den Thunfischfang. U.a. ist auch das Modell einer speziellen Netzfanganlage ausgestellt.

Posto de Turismo: Rua da Galeria 9, Tel. 281 32 25 11.

Convento de Santo António [8]: Campo dos Mártires de Pátria, Tel. 281 32 15 73, Fax 281 32 56 32. Gediegenes Gästehaus In einem ehemaligen Kloster, individuelle Zimmer um den Kreuzgang. DZ 80–120, Suiten 140–160 €.
Princesa do Gilão [9]: Rua Borda de Água de Aguiar 10–12, Tel./Fax 281 32 51 71. Gepflegte große und etwas nüchterne Pension, direkt am Fluss. DZ ca. 45 €.
Pensão Mirante [10]: Rua da Liberdade 83, Tel. 281 32 22 55. Schönes, geräumiges altes Haus mit Türmchen und hübscher Glasveranda mit Blick ins Grüne, einfache Zimmer mit Bad. DZ 30–35 €.
Residencial Lagôas [11]: Rua Almirante Cândido dos Reis 24, Tel. 281 32 22 52. Einfache, saubere Pension, alle Zimmer unterschiedlich groß und unterschiedlich ausgestattet, Zimmer mit und ohne Bad, schöne Dachterrasse. DZ 25–40 €.
Außerhalb:
Hotel Vila Galé Albacora: Quatro Águas, Tel. 281 38 08 00, Fax 281 38 08 50, vilagalealbacora@mail.telepac.pt. Sehr angenehme, großzügige Hotelanlage, die in einer ehemaligen Thunfischstation direkt an der Flussmündung eingerichtet wurde, Swimmingpool und Liegewiese, Kinderclub, zwei Golfplätze in der Nähe, Bootsservice zur direkt vorgelagerten Ilha de Tavira. DZ 50–150 € (je nach Saison)
Quinta do Caracol (Turismo de Habitação): Rua de São Pedro, (Rua Miguel Bombarda stadtauswärts, hinter den Gleisen links), Tel. 281 32 24 75, Fax 281 32 31 75. Außergewöhnliches Plätzchen: Bauernhof aus dem 17. Jh., hübsche kleine Apartments mit Küchenzeile; Tennis, Tischtennis, Swimmingpool, Spielplatz. Apartment für ca. 90 €.

Os Arcos [12]: Am Flussufer direkt hinter der Brücke links, So geschl. Einfache und gute portugiesische Küche, im Sommer sitzt man abends draußen am Wasser.
Bica [13]: Rua Almirante Cândido dos Reis 24–28. Schlichtes, typisch portugiesisches Lokal mit hervorragendem Essen.
Quatro Águas: Außerhalb, an der Flussmündung des Gilão. Sehr gepflegtes Restaurant mit exzellenter Küche.

A Quinta: Rua Almirante Cândido dos Reis 31. Etwas ausgefallenes Kunsthandwerk und Kleidung.

Ref' Café: Rua Gonçalo Velho 23a, Tel. 964 30 89 60. Drum'n'bass, Acid Jazz, Jungle, Feature sound.

Fahrradverleih: Rua do Forno 22, Tel. 919 33 82 26.

Cyber-Café: gegenüber vom Busbahnhof.
Waschsalon: Lavandaria Lavitt, Rua das Salinas 6 (Ortsausgang Richtung Quatro Águas).

Bahnhof: Halbwegs zentral in Richtung Ortsteil São Pedro.
Busbahnhof: Rua Gonçalo, sehr zentral am Fluss gelegen.

Schiffsverkehr: Zur Ilha de Tavira ab Tavira-Zentrum (Anleger hinter der Markthalle, Boote ab hier allerdings nur in der Saison): zwischen 8 und 19 Uhr etwa stündlich (außer mittags), ab Quatro Águas (Flussmündung): Juli und Aug. zwischen 8 und 24 Uhr alle 15 Min. (abends seltener), Sept.–Juni ab 9 Uhr alle 30 Min.

Ilha de Tavira

Algarve-Atlas: S. 213, D 3

Dem Mündungsbereich vorgelagert ist die Ilha de Tavira, die sich über 10 km nach Südwesten an der Küste entlangzieht. Auf die Insel kann man vom Kai im Hafen von Tavira hinter der Markthalle übersetzen oder direkt an der Mündung vom rechten Ufer aus bei Quatro Águas. Wie auch die benachbarten Laguneninseln ist die Ilha de Tavira extrem schmal, besteht in der Mitte aus einem flachen Dünenstreifen und hat zur Seeseite hin einen endlos langen Sandstrand, an dem man selbst in der Hochsaison völlig einsame Plätzchen findet. In Höhe Tavira gibt es einen Campingplatz und ein schattenspendendes Dünenwäldchen.

Einen weiteren Übergang zur Ilha de Tavira gibt es bei **Santa Luzia,** einem lang gezogenen Fischerdorf südwestlich von Tavira. Hier ist der Meeresarm so schmal, dass man in Höhe der Ferienanlage Pedras d'El Rei eine Brücke bauen konnte. Hat man die Brücke überquert, kann man zu Fuß einen schönen Spaziergang durch eine Wattwiesenlandschaft auf die Seeseite und zum Strand machen, oder man fährt mit der Bimmelbahn bis zum Strand. Dort sind in einer ehemaligen Thunfischfangstation eine Cafeteria, Toiletten und Duschen eingerichtet worden. In den Dünen liegen stapelweise alte Anker, mit denen die Netze für den Thunfischfang im Meeresboden verankert wurden.

Alcatruz: In Santa Luzia, Mo. geschl. Einfaches familiäres Restaurant, sehr gute, typisch portugiesische Gerichte.

Camping: Parque de Campismo da Ilha de Tavira**, 1550 Plätze, Tel. 281 32 44 55, Fax 281 32 47 52, sehr schön auf der Ilha de Tavira gelegen.

Die Lagunendörfer

Algarve-Atlas: S. 213, E3

Der kleine Ort **Luz de Tavira** ein Stück landeinwärts ist atmosphärisch stark durch die Durchgangsstraße N 125 geprägt. Die Straße führt direkt an der Dorfkirche vorbei, an der ein Seitenportal aus manuelinischer Zeit auffällt. Die Kirche hat durch das Erdbeben von 1755 nur wenig Schaden genommen, und ist allein dadurch eine architektonische Rarität an der Algarve-Küste. Luz de Tavira hieß unter den Römern Balsa und war wahrscheinlich der Hauptort einer der drei Verwaltungsbezirke, in die die Algarve damals aufgeteilt war.

Knapp 4 km östlich von Tavira liegt **Cabanas,** ein nicht sonderlich attraktiver Küstenort, in dem in den letzten Jahren flache, dafür aber flächendeckende Apartmentanlagen entstan-

Lagunenlandschaft bei Cacela Velha

den sind. Gebadet wird am Lagunenstrand vor Ort, besser allerdings ist die vorgelagerte Sandinsel, die man bei Niedrigwasser zu Fuß oder mit kleinen Fischerbooten erreicht.

Das Dorf **Cacela Velha** liegt oben auf einem 30 m hohen dünigen Steilhang. Ein Bauverbot hat bisher dafür gesorgt, dass hier alles beim Alten ist, d. h. eine kleine Burganlage, eine direkt am Hang gelegene Kirche, ein Platz mit einem hübschen Ziehbrunnen und drumherum ein paar Häuschen. Kein Wunder also, dass Cacela Velha mittlerweile zum Vorzeigedorf der Region geworden ist, zu dem nun auch die Touristenbusse rollen. Alles in allem bemüht man sich hier um einen so genannten sanften Tourismus. Es gibt zwei einfache Lokale oder Cafés, und einige wenige Privatzimmer werden angeboten. Um das Kastell, von dem sich auch der Ortsname ableitet, hat es während der Reconquista im 13. Jh. schwere Kämpfe gegeben. Die Anlage in ihrer heutigen Form stammt aus dem 17. Jh. Fraglos hatte die Burg durch ihre erhöhte Lage – ein Unikum an diesem sonst flachen Küstenabschnitt – immer eine nicht unbedeutende strategische Bedeutung und Kontrollfunktion. Bereits die Römer hatten hier ein Befestigung errichtet, später war Cacela Velha für die Mauren eine wichtige Verteidigungsanlage, und schließlich nutzten auch Piraten die Festung als Stützpunkt. Heute befindet sich in den Kastellmauern eine Radarstation der Zollfahndung.

Auch das benachbarte **Fábrica** hat sich seine Idylle bewahren können, wenngleich es baulich nicht so attraktiv wie Cacela Velha ist. Von beiden Dörfern kann man sich von Fischern auf den Dünenstreifen übersetzen lassen, der auch Cabanas vorgelagert ist. Die Verbindung vom Wasserarm zum Meer ist durch Versandung gefährdet, so dass er alljährlich ausgebaggert wird. Damit will

man verhindern, dass hier ein stehendes Gewässer entsteht.

Bei **Manta Rota** ist der Punkt, an dem der Bereich der vorgelagerten Laguneninseln endet. Von hier aus zieht sich direkt an der Küste ein hervorragender langer Sandstrand entlang, der auch für Kinder gut geeignet ist. Der Ort selbst und die touristischen Einrichtungen am Strand sind nicht sonderlich ansprechend.

Costa: In Fábrica, Tel. 281 95 14 67, tgl. 13–15, 19–21 Uhr. Einfaches Lokal mit Terrasse direkt am Wasser, nur wenige Gerichte, die dafür sehr gut sind, vorzügliche Fischgerichte.

Marisqueira Fialho: Tel. 281 96 12 22, bei Luz de Tavira (von der N 125 Ausschilderung nach Pinheiro oder Torre d'Ares folgen), Mo. geschl. Bei Portugiesen beliebtes Restaurant direkt an der Lagune, man sitzt schön schattig auf einer zugewachsenen Terrasse, sehr gute Meeresfrüchte.

GRENZFLUSS GUADIANA

Die östliche Grenzregion ist zugleich die unberührteste der Algarve. Von der unglaublichen Stille am Guadiana kann man an den turbulenten Touristenstränden nur träumen. Diesen Gegensatz bekommt man auf einer Fahrt von Vila Real de Santo António den Grenzfluss hinauf in die Ruhe von Castro Marim und Alcoutim hinein deutlich zu spüren. Und eine kleine Kostprobe des Alentejo erhält man in dem hübschen, über dem Guadiana gelegenen Mértola.

Vila Real de Santo António

Algarve-Atlas: S. 213, F2

Mit Vila Real de Santo António ist bislang kaum ein deutscher Tourist so recht warm geworden. Dabei ist die Stadt eigentlich wunderschön an der breiten Mündung des Guadiana gelegen. Von der Uferstraße aus hat man einen herrlichen Blick über den Fluss hinüber auf den spanischen Grenzort Ayamonte und in die Weiten der andalusischen Landschaft. Spanien ist nahe. Und anders als in früheren Jahrhunderten, als die benachbarten Länder verfeindet waren, gibt es heute einen regelmäßigen Bootsverkehr auf dem Fluss zwischen Portugal und Spanien, außerdem verbindet eine Autobahnbrücke die beiden iberischen Länder miteinander. Und unter der Woche kommen Spanier in Scharen über den Fluss gefahren, um in Vila Real de Santo António günstig einzukaufen. Die Atmosphäre im Ort ist insofern etwas künstlich. Einen längeren Urlaub verbringt man nicht hier, sondern in der benachbarten Retortenstadt Monte Gordo direkt an der Küste. Vila Real de Santo António ist eher ein Ziel für Tagesausflüge, aber ein durchaus lohnendes.

Heute hat Vila Real de Santo António knapp 10 000 Einwohner. Lange Zeit lebte die Stadt vom Fischereiwesen. Von dem einst blühenden und dann niedergegangenen Wirtschaftszweig zeugen die größtenteils stillgelegten Konservenfabriken südlich der Innenstadt an der Flussmündung. Ein paar Worte noch zum Ortsnamen: Königliche Stadt, über die der hl. Antonius schützend seine Hand hält – so könnte man übersetzen. Und da die portugiesische Bezeichnung so lang geraten ist – wohl auch, um sie von Vila Real in Nordportugal zu unterscheiden – kürzt man das Ganze kurzerhand ab: V.R.S. António liest man auf Straßenschildern oder im Zugfahrplan, oder V.R.St. António und in extremen Fällen V.R.S.A. Nur etwas für Eingeweihte also, und damit in mancherlei Hinsicht ›typisch portugiesisch‹.

Ein Bummel durch die Stadt ist schnell gemacht. Man kann sich die rechteckige Schachbrettanlage regelrecht erwandern, die kleinstädtischen und vielfach recht eintönigen Straßen ziehen sich geradlinig um die zentrale **Praça do Marquês de Pombal.** Der Platz selbst ist übergroß und relativ nüchtern, allerdings rundum von schönen Orangenbäumen umzogen. Dahinter erstreckt sich eine hübsche kleine Fußgängerzone, in der es in der Woche sehr lebhaft zugeht. In dem früheren Marktgebäude ist ein **Kulturzentrum** mit einem recht interessanten Kulturangebot eingerichtet worden. Cafés und kleine Lokale an der Praça und in den umliegenden Straßen laden zum Ausruhen ein. Und schließlich bietet sich noch ein Gang über die **Avenida da República** an, die sich unmittelbar am Flussufer entlangzieht.

Posto de Turismo: Centro Cultural António Aleixo, Tel. 281 51 00 00.

Hotel Guadiana: Avenida da República 94–96, Tel. 281 51 14 82/92, Fax 281 51 14 78. Altehrwürdiges Hotel mit Jahrhundertwendecharme, viele Zimmer mit Blick hinüber zum Fluss, alle Zimmer mit Bad und Klimaanlage. Das alte portugiesische Mobiliar trifft vielleicht nicht jedermanns Geschmack. DZ 40–70 € (nach Saison).
Residência Matos Pereira: Rua Dr. Sousa Martins 57. Zentral gelegene sehr einfache Pension. DZ ca. 25 €.
Jugendherberge: Rua Dr. Sousa Martins 40, Tel./Fax 281 54 45 65, vrsantonio@movijovem.pt.

Caves do Guadiana: Avenida da República 89–90, Do geschl. Sehr empfehlenswertes, schönes Restaurant mit hervorragender Küche, das bei Portugiesen höchst beliebt ist. Auch die Nachspeisen sind sehr gut.
Restaurante Joaquim Gomes: Rua 5 de Outubro 5, Di geschl. Angenehmes Restaurant mit guter portugiesischer Küche.

Schiffsausflüge: Die Agentur Rio Sul in Monte Gordo bietet Schiffsausflüge auf dem Guadiana nach Alcoutim an. Anmeldung in Monte Gordo (Auskunft bei der Touristeninformation) oder Tel. 281 51 02 00.
Bahnhof: Avenida da República, Endstation bzw. Ausgangspunkt der Algarve-Linie, liegt direkt am Fluss in der Nähe des Fähranlegers.
Busbahnhof: Avenida da República, Verbindungen in alle Algarve-Städte und nach Lissabon.
Fährverkehr: Vila Real de Santo António – Ayamonte: ab ca. 7.30 Uhr verkehrt eine kleine Autofähre (etwa alle 40 Min.).

Monte Gordo

Algarve-Atlas: S. 213, F 2
Wenige Kilometer westlich von Vila Real de Santo António liegt hinter einem ausgedehnten Pinienwald der Urlauberort Monte Gordo, in dem Hochhausburgen die Silhouette bestimmen, wie man sie sonst nur an der Felsalgarve westlich von Faro findet. Monte Gordo verfügt allerdings über einen hervorragenden kilometerlangen Sandstrand und ist insofern natürlich für Badetouristen sehr attraktiv. Wer außerdem

VILA REAL DE SANTO ANTÓNIO

Interessant ist allein schon die städtebauliche Anlage von Vila Real de Santo António, eine komplett künstliche Kreation, hinter der sich eine denkbar merkwürdige Stadtgeschichte verbirgt. Vila Real de Santo António ist eine geplante Stadt, die der Marquês de Pombal im 18. Jh. nach dem Vorbild der Lissabonner Unterstadt entwerfen ließ. Der Marquês de Pombal war Premierminister unter José I., ein sehr umstrittener, rigoroser Reformpolitiker. Er gilt als Wegbereiter des aufgeklärten Absolutismus in Portugal. Sein weltanschauliches Konzept hat er nicht nur in der Finanzpolitik, in der Landwirtschaft, im Bildungs- und Wirtschaftswesen sondern auch im Städtebau verwirklicht. Nach der Zerstörung durch das Erdbeben 1755 ließ er die Lissabonner Unterstadt gänzlich neu aufbauen. Am Reißtisch wurden gemäß damals in Europa absolut modernen Ideen Pläne für eine geometrische, rechtwinklige Straßenanlage entwickelt, die ihr Vorbild wiederum in antiken Städtekonzepten hatten.

Das rational angelegte Schachbrettmuster der Lissabonner Baixa kam dann im Jahr 1774 auch in Vila Real de Santo António zur Anwendung, wo es ebenfalls eine Blanko-Situation gab. Ein erster Ort an der Mündung des Guadiana, Santo António da Arenilha, war durch eine Sturmflut zerstört worden. Möglicherweise wollte der Marquês de Pombal dem benachbarten Spanien mit dem Neubau einer Stadt an der Grenze die Fortschrittlichkeit Portugals demonstrieren. Jedenfalls wurde das Projekt Vila Real de Santo António innerhalb eines knappen halben Jahres hochgezogen. Menschen aus verschiedenen Gebieten der Algarve sowie aus Küstenregionen des nördlichen Portugals wurden in der neuen Stadt angesiedelt, ein Unterfangen, das der Marquês de Pombal zum Teil recht drastisch durchgezogen haben muss. Systematisch wurde eine Stadt mit funktionierender Infrastruktur, Handel, Fischerei und Schiffsbau eingerichtet, in der nach drei Jahren bereits 5000 Einwohner gezählt wurden.

reichliche Auswahl an Geschäften, Restaurants, Strandcafés und einem vielfältigen Unterhaltungsprogramm sucht, ist hier am richtigen Platz.

Posto de Turismo: Avenida Marginal, Tel. 281 54 44 95.

Hotel Vasco da Gama: Avenida Infante Dom Henrique, Tel. 281 51 09 00, Fax 281 51 09 01, vagamahotel@mail.telepac.pt. Etwas kleiner und flacher als die ortsüblichen Hotels, in erster Reihe direkt am Strand gelegen, alle Zimmer mit Balkon; Swimmingpool, Tennis, Minigolf, Kinderspielplatz. DZ 40–135 € (je nach Blickrichtung und Saison).

Restaurante Jopel: Neben dem Casino und der Touristeninformation, Mi. geschl. Strandlokal mit Terrasse, viele Gerichte mit Salat ab 5 €, deutschsprachige Speisekarte.

Reserva Natural do Sapal de Castro Marim

Algarve-Atlas: S. 213, F1
Nordwestlich von Vila Real de Santo António erstreckt sich das Naturschutzgebiet Reserva Natural do Sapal de Castro Marim, eine rund 20 km² große feuchte Marschenregion, die von Nebenflüssen des Guadiana durchzogen wird. Im östlichen Teil zum Guadiana hin findet man zahlreiche Salinenbecken. Wegen einer vielfältigen und teilweise auch seltenen Flora und Fauna, die sich hier angesiedelt und bisher erhalten haben, ist das Gebiet als erste Region in Portugal schon 1975 unter Schutz gestellt worden. Der Sapal de Castro Marim ist wichtiges Brutgebiet bzw. Lebensraum für Störche, Fischadler, Reiher, Austernfischer und Schnepfen. Viele Vögel finden hier auf ihren Zügen von und nach Afrika gute Bedingungen für Zwischenstopps. Für Vogelkundler bieten sich vor allem die Wintermonate zur Beobachtung an. In den Sümpfen des Sapal de Castro Marim können dann auch Flamingos beobachtet werden.

Informationsstelle der Reserva Natural do Sapal de Castro Marim ca. 4 km nördlich von Castro Marim (bei Monte Francisco rechts), Infos und Karten, Tel. 281 51 06 80.

Castro Marim

Algarve-Atlas: S. 213, F2
Am nördlichen Rand der sumpfigen Ebene heben sich zwei kleine Anhöhen heraus, auf denen der Ort Castro Marim entstanden ist. Zu römischer wie zu maurischer Zeit hatte die flussnahe Stadt eine gewisse Bedeutung. Der Guadiana war Handelsweg und Transporttrasse für Kupfer aus den Minen bei Mértola. Auch lag die Stadt an einer wichtigen Verbindungsstraße nach Mértola. Nach der Staatsgründung Portugals wurde Castro Marim dann ein wichtiger strategischer Ort zur Grenzsicherung. Zwischen 1319 und 1356 kam Castro Marim für kurze Zeit eine entscheidende Rolle in der Politik der Ritterorden zu. 1319 wurde der Ort zum Sitz des Christusritterordens erklärt, der gerade neu gegründet worden war. Der Christusritterorden war quasi eine Weiterführung des 1312 aus politischen Gründen vom Papst verbotenen Templerordens. Die portugiesischen Templer, die in der Templerburg von Tomar ansässig waren, organisierten sich um, nannten sich Christusritter und verlegten ihren Sitz nach Castro Marim. Nachdem sich die Wogen geglättet hatten, zogen sie 1356 wiederum nach Tomar. Der Werdegang des Christusritterordens ist für die Geschichte Portugals und Europas von allergrößter Bedeutung: Die Christusritter führten im 15. und 16. Jh. die Weltmeerbesegelungen, Entdeckungen und Eroberungen bis dahin fremder Länder durch. In ihrer Satzung hatten sie die Verteidigung des christlichen Glaubens sowie den Kampf gegen den Islam festgelegt, außerdem die Ausweitung des christlichen Portugal. Heinrich der Seefahrer war Großmeister des Ordens, und auch König Manuel I. und so berühmte portugiesische Seefahrer wie Vasco da Gama,

Vom Burghügel blickt man über Castro Marim und die flache Küstenlandschaft

Bartolomeu Dias und der Brasilienreisende Pedro Álvares Cabral gehörten dem Orden an.

Weithin sichtbar steht die Burg auf einer Anhöhe direkt über dem kleinen ruhigen Ort. Vom hübsch gestalteten Hauptplatz **Praça 1° de Maio** führen Treppen hinauf und an der **Kirche Nossa Senhora dos Mártires** vorbei, die die Christusritter im 18. Jh. hatten bauen lassen.

Die **Burgruine** geht auf eine Anlage aus dem 13. Jh. zurück, die Afonso III. an Stelle einer maurischen Burg errichten ließ – schließlich waren auf der anderen Seite des Guadiana die Mauren immer noch gefährlich nahe. Unter den Christusrittern wurde die Burg im 14. Jh. vergrößert. Innerhalb der Mauern ist noch eine kleine Kirche mit Renaissanceportal erhalten. In einem **archäologischen Museum** (unregelmäßige Öffnungszeiten) werden Exponate der Region gezeigt. Von den Mauern aus hat man einen schönen Blick in die Umgebung, und zudem sieht man die **Reste des Kastells São Sebastião,** das im 17. Jh. auf dem Nachbarhügel errichet wurde.

Posto de Turismo: Praça 1° de Maio 2–4, Tel. 281 531232.

Am Guadiana entlang

Algarve-Atlas: S. 215, F3/4
Wer sich für schöne Landschaften begeistern kann, kommt bei der Weiterfahrt voll auf seine Kosten. Viele Wege führen nach Alcoutim, aber dieser ist der allerschönste: Von Castro Marim

aus fährt man zunächst auf der N 122 weiter in Richtung Norden. Zwischen Azinhal und Odeleite biegt eine kleinere Straße nach Osten in Richtung Foz de Odeleite ab. Sie führt durch eine Hügellandschaft und etwas erhöht an einer seenartigen Erweiterung der Ribeira de Odeleite vorbei und landet schließlich am Guadiana, und zwar etwa an der Stelle, an der die Ribeira de Odeleite in den Grenzfluss mündet. Nun geht es auf der unbelebten Straße über mehrere Kilometer direkt am Ufer des Guadiana entlang. Man blickt hinüber auf das spanische Ufer und kommt durch so idyllische Flussdörfer wie Guerreiros do Rio oder Laranjeiros, die jeweils kleine Anlegestellen haben. Diese Dörfer lebten und leben mit dem Fluss, und in **Guerreiros do Rio** (›Krieger am Fluss‹) gibt ein winziges Museum einen Einblick in dieses Dasein (Museu do Rio, derzeit wegen Renovierung geschlossen). Einziger Wermutstropfen in all der friedlichen Schönheit: So einladend der gemächlich dahinziehende Guadiana auch aussehen mag – baden sollte man nicht, denn der 830 km lange Fluss hat in seinem Verlauf, vor allem in Spanien, viele Fabriken gesehen.

Alcoutim

Algarve-Atlas: S. 215, F2

Alcoutim ist das einzige Städtchen in dieser abgeschiedenen Gegend. Es ist äußerst malerisch am Guadiana gelegen und erstreckt sich sacht vom Ufer aus hinauf. Der Fluss zieht langsam vorbei, hin und wieder tuckert ein Boot über das Wasser. Auf der anderen Seite sieht man das spanische Sanlúcar de Guadiana liegen, meist hört man deutlich die Alltagsgeräusche herüberschallen: Stimmen, Hundebellen, Hämmern, das Bimmeln der Ziegenglocken. Beide Orte sind mit Festungen ausgerüstet, und man kann sich ohne viel Anstrengung vorstellen, dass es einst eine erbitterte Feindschaft zwischen der portugiesischen und der spanischen Stadt gegeben hat. Immer wieder war der Ort aber auch Schauplatz von Friedensbemühungen, so im Jahr 1371, als Portugal und Kastilien hier einen Vertrag, den »Frieden von Alcoutim«, miteinander schlossen. Dabei trafen sich die Könige der beiden Länder genau in der Mitte auf dem Fluss, um das Abkommen zu besiegeln. Aber auch danach flackerten die Kämpfe immer wieder auf, insbesondere noch einmal fast drei Jahrhunderte später, als Portugal sich 1640 von der spanischen Fremdherrschaft gelöst hatte und bis 1668 kriegerische Konflikte schwelten.

Einen Gang durch Alcoutim kann man gut unten im Ortskern an der **Praça da República** beginnen. Am Fluss gibt es eine kleine Fährstation, bei der man Fahrten auf dem Fluss bzw. Fährfahrten hinüber nach Sanlúcar de Guadiana buchen kann. Unmittelbar nördlich der Fährstation steht oberhalb des Flussufers die **Pfarrkirche** von Alcoutim. Auch wenn die Renaissancekirche meistens geschlossen ist, lohnt es sich hinaufzugehen und vom Platz neben der Kirche den Blick auf's Wasser zu genießen. An schönen Sommertagen lässt sich kaum vorstellen, dass der ruhig dahinziehende Guadiana den beschaulichen Ort immer wieder einmal unter Wasser gesetzt hat. Am Westende der Praça findet man an der Mauer der **Misericórdia-Kirche** die Markierung einer besonders hohen Flut im Jahr 1876, bei der u. a. Reste einer römischen Ansiedlung freigespült wurden.

An Sehenswertem sollte man auf jeden Fall dem **Kastell** einen Besuch abstatten. Man geht einen kurzen Weg durch die Altstadtgassen hinauf. Da Alcoutim schon unter den Phöniziern als Hafen diente und auch in späteren Jahrhunderten immer besiedelt war, ist anzunehmen, dass diese strategisch günstige Anhöhe immer schon in irgendeiner Form befestigt war. Sicher ist eine maurische Festung aus dem 11. Jh., deren Fundamente bei Grabungen sichtbar gemacht worden sind. Aus dieser Zeit stammt sicher auch der Ortsname, der sich möglicherweise vom arabischen *al-katim* (fest verschlossen, undurchdringlich) ableitet. Bis 1878 war das Kastell militärischer Stützpunkt. In angenehm gestalteten neuen Räumlichkeiten ist ein kleines Museum eingerichtet, in dem archäologische Funde der Megalithkultur, aus römischer und arabischer Zeit und Grundmauern der maurischen Burg zu sehen sind (Núcleo Museológico de Arqueologia, Di–So 9.30–13, 14–17 Uhr). Von den Burgmauern aus hat man einen wunderbaren Blick über die Dächer von Alcoutim, auf den Fluss und hinüber zum anderen Ufer. Gut zu erkennen ist auch die **Ermida Nossa Senhora da Conceição,** die von der Burg aus gesehen etwas landeinwärts

Das spanische Sanlúcar auf der anderen Seite des Guadiana wirkt wie ein Spiegelbild von Alcoutim

liegt. Sie wurde im 16. Jh. mit einem manuelinischen Portal gebaut, das trotz größerer baulicher Veränderungen heute noch erhalten ist.

Posto de Turismo: Praça da República, Tel. 281 54 61 79. Sollte dieses Büro geschlossen sein, hilft auch die kleine Informationsstelle direkt an der Fährstation.

Estalagem do Guadiana: Am nördlichen Ortsrand (neben der Jugendherberge), Tel. 281 54 01 20, Fax 281 54 66 47. Gepflegtes, schönes Hotel direkt über dem Guadiana gelegen, Swimmingpool, Liegewiese und Tennisplatz. DZ 50–70 €.
Ilda Afonso: Rua Dr. João Dias 10, Tel. 281 54 62 21. Einfache Privatunterkunft nahe der Praça da República, alle Zimmer mit Bad. DZ 30 €.
Jugendherberge: Pousada da Juventude de Alcoutim, Tel./Fax 281 54 60 04, alcoutim@movijovem.pt. Wunderschön über dem Fluss gelegene, renovierte Jugendherberge.

Estalagem do Guadiana: Hotelrestaurant mit Terrasse über dem Fluss, in dem regionstypische Hausmannskost angeboten wird, günstige Tagesgerichte, täglich Aal.
Restaurante O Soeiro: Rua do Município, oberhalb des Anlegers auf dem Weg zur Pfarrkirche. Sehr einfaches Lokal, serviert werden u. a. Flussfische.

Busverbindungen: Zweimal täglich nach Vila Real de Santo António.
Schiffsausflüge und Fährfahrten: Kann man unten am Anleger buchen: flussaufwärts bis Pomarão (Alentejo), flussabwärts bis Foz de Odeleite; Fährfahrten nach Sanlúcar.

O Quiosque

Ein Highlight findet man etwas oberhalb des Fähranlegers: Auf einer Terrasse über dem Fluss kann man sich in aller Ruhe unter schattenspendenden Bäumen niederlassen, den Blick schweifen lassen und die friedliche Beschaulichkeit genießen. Ein Kiosk – O Quiosque – bietet Getränke und Kleinigkeiten zu essen an.

Wem in dieser verlassenen Gegend das Benzin auszugehen droht, findet eine Tankstelle 6 km westlich von Alcoutim an der Kreuzung N122 und N124 bei Corte da Seda.

Abstecher in die Berge

Algarve-Atlas: S. 215, C–E 2–3
Wer sich viel Zeit für die Tour nimmt, kann von Alcoutim aus in die Berge fahren. Man muss sich zunächst in Richtung N 122 halten und an der Kreuzung weiter die N 124 in Richtung Westen nehmen (sie führt über Barranco do Velho, Alte und Salir nach Silves). Man kommt hier im Osten der Algarve in gottverlassene Gebiete, touristisch ist die Gegend bislang so gut wie gar nicht erschlossen. In dieser Bergregion sind noch versteckt ein paar Menhire und Dolmen (*antas*) der Megalithkultur erhalten. Die Straße führt an Bergdörfern vorbei – Giões, Martinlongo und Cachopo liegen an der Strecke. In den Dörfern **Faroles** bei Clarines, **Barrada**

bei Martinlongo und in der Nähe von **Zambujo** geben kleine Museen Einblick in das Alltagsleben in diesen abgeschiedenen Regionen. Lohnend ist die Pfarrkirche in **Martinlongo** – sofern sie geöffnet ist –, an den Wänden sind noch Fresken aus dem 16. Jh. erhalten. Bei **Cachopo** trifft man auf charakteristische Heuspeicher aus grobem Stein, deren Vorgänger die Rundhäuser der Keltiberer sind, die man in Nordportugal stellenweise sehen kann.

Die einzige Tankstelle an dieser Strecke gibt es bei Martinlongo.

Mértola

Algarve-Atlas: S. 215, D 1
Von Alcoutim aus fährt man eine landschaftlich sehr schöne Strecke über die N 122 in Richtung Nordwesten nach Mértola. Wuchtige Eukalyptusbäume säumen die Straße, Zistrosenflächen

Mértola

ziehen sich über die sanftgewellten Böden. Das sehenswerte Städtchen liegt bereits im Alentejo, der portugiesischen Provinz, die nördlich an die Algarve angrenzt und sich bis in Höhe Lissabon nach Norden zieht. Die Grenze zwischen Algarve und Alentejo bildet der Rio Vascão, den man auf einer Brücke überquert. Mértola ist ausgesprochen idyllisch hoch über dem Ufer des Guadiana gelegen. Am Flussufer sind noch Reste eines Turmes aus römischer Zeit (Torre do Rio) erhalten. Archäologen entdeckten ein byzantinisches Mosaik aus dem 6. Jh., also aus der Zeit Justinians, der das byzantinische Reich vorübergehend bis Südportugal ausdehnen konnte.

Altstadt

Die Altstadt von Mértola liegt hoch oben zwischen dem Guadiana und der Ribeira de Oeiras, die hier in den Guadiana mündet. Die schmalen Gassen mit den weiß gekalkten Häuschen ziehen sich den Hügel hinauf. Auf halbem Weg zum Kastell steht die strahlend weiße Pfarrkirche, **Mesquita** (= Moschee) genannt. Sie wurde im 13. Jh. nach der Vertreibung der Mauren an der Stelle einer bedeutenden Moschee gebaut und im 16. Jh. nochmals erneuert. Die Anlage der früheren Moschee ist im Innenraum noch deutlich zu erkennen, was an keiner anderen Stelle in Portugal der Fall ist. Der hallenartige Raum ist über einem quadratischen Grundriss hochgezogen und durch zierliche Säulen mit sehenswerten unterschiedlichen Kapitellen in römischer, westgotischer und maurischer Machart gegliedert. Die Decke setzt sich aus insgesamt 16 Gewölben zusammen. Hinter dem Altar befindet sich eine islamische Gebetsnische (Mihrab), die die Gebetsrichtung nach Mekka angibt. Die Seitentüren weisen den typischen maurischen Hufeisenbogen auf und an der Außenfassade fallen die maurischen Zinnen sofort ins Auge.

Im Alentejo gehen die Uhren anders

Oberhalb der Mesquita thront das **Kastell.** Bei Ausgrabungen legte man römische Mauerreste und verschiedene maurische Fundstücke frei, darunter islamische Keramiken, die teilweise noch aus dem 10. Jh. stammen und in Andalusien gefertigt wurden. Eine Zisterne versorgte die Bevölkerung der maurischen Kasbah mit Wasser. Im 13. Jh. wurde die Burg von den São-Tiago-Rittern übernommen und ausgebaut. Im Bergfried ist eine kleine archäologische Ausstellung zu besichtigen, außerdem kann man den Turm besteigen (tgl. 9–12.30, 14.30–18.30 Uhr). Von oben wie auch von den Kastellmauern bietet sich ein sehr schöner Blick über die Gassen und Dächer von Mértola und auf den Guadiana.

An der mit Orangenbäumen bestandenen Praça de Luís de Camões findet man das **Museu Romano** mit römischen Fundstücken (Mo–Fr 9–12.30, 14–17.30 Uhr). Innerhalb der Altstadtmauern gibt es noch zwei weitere, kleine Museen, den **Núcleo de Arte Sacra** mit christlicher Kunst und den **Núcleo de Arte Islámica** mit der wichtigsten Sammlung von Kunst aus dem islamischen Kulturkreis in ganz Portugal (beide: Largo da Misericórdia, Di–So 9–12.30, 14–17.30 Uhr). Zu sehen sind Architekturfragmente, Schmuck und Kunstgewerbe. Ansonsten ist selbst dieser Altstadtkern von Mértola bislang erstaunlich untouristisch, so dass man hier tatsächlich noch einen schönen Einblick in ein altes Alentejo-Städtchen bekommen kann.

Museu Paleocristão

Das innenarchitektonisch interessante Museum liegt ein wenig außerhalb der Altstadtmauern in einem etwas neueren Teil von Mértola (Rossio do Carmo, tgl. 9–12.30, 14.30–18.30 Uhr). Es wurde an der Stelle einer frühchristlichen Basilika errichtet, von der noch einige Säulenfragmente erhalten sind. Kernstück der Ausstellung sind etwa 30 Grabplatten und Gedenktafeln (6. u. 7. Jh.) vom Friedhof des Städtchens.

Posto de Turismo: Rua Alonso Gomes 18 (Altstadt, auf dem Weg zum Kastell u. zur Mesquita), Tel. 286 61 01 09

Casa das Janelas Verdes: Rua Dr. Manuel Francisco Gomes 38–

40, Tel. 286 61 21 45. Hübsches altes *Turismo-Rural*-Haus mitten in der Altstadt, vermietet werden drei einfache Zimmer mit Bad und ein Apartment. DZ 30 €, Ap. 90 €.

Beira Rio: Rua Dr. Afonso Costa 18, Tel. 286 61 11 90, Fax 286 61 11 92, beira.rio@mail.com. Direkt über dem Guadiana gelegene hübsche und sehr gepflegte Pension, zehn Zimmer mit Blick auf den Fluss, zwei haben eine eigene Terrasse, sechs einen kleinen Balkon, alle Zimmer mit Klimaanlage. DZ ab 25 €.

O Nautico: Rua Dr. Serrão Martins. Das Restaurant liegt direkt über dem Fluss.

Migas: Mercado Municipal, Lokal neben der kleinen Markthalle am Eingang zur Altstadt. Hier bekommt man typische Speisen der Region, also Gerichte aus dem Alentejo wie Brotbrei (*migas*) mit Schweinefleisch oder mit Brot angedickter Eintopf (*açorda*) mit *bacalhau*, Gerichte ab 5 €.

Loja da guida: Neben der Touristeninformation, Verkauft werden regionale Produkte wie Käse, Liköre, Honig, Marmeladen, Kräuter, Keramik.

Al-Kazaf: Oficina de Cerâmica, Rua Dr. Manuel Francisco Gomes 27. Arabisch inspirierte Keramiken.

Bushaltestelle: Am Kreisel, an dem die Straßen aus der Stadt und von Beja und Serpa münden. Etwa 500 m von der Altstadt entfernt.

Parken: Das Auto sollte man außerhalb der Altstadt stehen lassen, die Gassen sind für Autos ungeeignet und teilweise extrem eng. Der Weg hinauf zum Kastell ist schön und auch zu Fuß schnell gemacht.

Heineken

REISEINFOS VON A BIS Z

Alle wichtigen Informationen rund ums Reisen auf einen Blick – von A wie Anreise bis Z wie Zeitungen

Extra: Ein Sprachführer mit wichtigen Vokabeln und Redewendungen, einem Überblick über die algarvische Speisekarte und Zahlen

Strandleben bei Albufeira

REISEINFOS VON A BIS Z

Anreise

... mit dem Flugzeug

Von allen größeren Flughäfen in Deutschland werden Charterflüge in die Algarve (Flughafen Faro) angeboten. In den Ferien muss man bis ca. 380 € für Hin- und Rückflug rechnen, in den übrigen Zeiten wesentlich weniger.

Der internationale Flughafen von Faro liegt 6 km außerhalb der Stadt. Ins Stadtzentrum, zum Bahnhof und zum Busbahnhof verkehren die Busse 14 und 16, die allerdings selten (im Schnitt circa alle 50 Min.) fahren. Ein Taxi vom Flughafen ins Stadtzentrum kostet circa. 5,5 €, mit Gepäck ca. 7 €; am Wochenende und zwischen 22 und 6 Uhr zahlt man 20% mehr.

Am Flughafen Faro gibt es einen Informationsstand des ICEP (s. S. 191), Tel. 289 81 85 82.

... mit der Bahn

Die Anreise mit der Bahn ist für ausgesprochene Bahnfans zwar schön, aber relativ umständlich und auch nicht sonderlich preisgünstig. Je nach Ausgangsort fährt man meist über Paris, wo man innerhalb der Stadt die Bahnhöfe wechseln muss. Von Paris aus gibt es einen Nachtzug direkt nach Lissabon, der nur Liege- bzw. Schlafwagen führt (Fahrzeit ca. 19 Std.). Endstation in Lissabon ist der Bahnhof Santa Apolónia (Lisboa S.A.). Von hier aus muss man zur Estação Fluvial am Platz Terreiro do Paço und mit dem Schiff über den Tejo zum Bahnhof Barreiro fahren. Ab Barreiro fahren R-, IR- und IC-Züge in die Algarve. Der IC braucht für die Strecke Lissabon–Faro circa 3,5 Std. Die Fahrtzeit Köln–Algarve beträgt insgesamt circa 30 Std.

... mit dem Bus

Die etwas preisgünstigere Variante ist die Busfahrt. Die Deutsche Touring GmbH bietet einmal in der Woche Busfahrten aus verschiedenen deutschen Städten nach Faro an. Die Fahrzeit ab Köln beträgt knapp 40 Std. und kostet circa 220 € (Hin- und Rückfahrt).

Infos: Deutsche Touring GmbH, Am Römerhof 17, 60486 Frankfurt/M., Tel. 069-79 03 50, www.deutsche-touring.com. Information in Portugal am Busbahnhof in Faro, Avenida da República 5, Tel. 289 89 97 60/1 (oder allgemeine Infos Tel. 265 52 97 20).

... mit dem Auto

In die Fahrtkosten müssen neben Benzinkosten auch die Autobahngebühren in Frankreich, Spanien und Portugal eingerechnet werden. Angaben im Internet unter www.autoroutes.fr zu Frankreich, unter www.ace-online.de zu Spanien. Verschiedene Routen sind möglich: westlich über Paris, Bordeaux, Salamanca, Lissabon oder über Paris, Bordeaux, Salamanca, Sevilla oder weiter östlich über Lyon, Perpignan, Barcelona, Madrid, Sevilla.

Apotheken

Reguläre Öffnungszeiten: Mo–Fr 9–13 und 15–19 Uhr, Sa 9–13 Uhr. Die Apotheken organisieren auch einen Notdienst rund um die Uhr. Welche Apotheke (*farmácia*) dann geöffnet hat, ist den Tageszeitungen oder den Aushängen an den Apotheken zu entnehmen.

Ärztliche Versorgung

In jedem größeren Ort gibt es ein Gesundheitszentrum (*centro de saúde*), Behandlungen müssen dort direkt bar bezahlt werden. Größere Krankenhäuser gibt es in Faro, Tavira, Lagos und Portimão (Praia do Vau). Das private Hospital Casa de Saúde Santa Maria de Faro, Largo Luís de Camões 11, Tel. 289 892040, Fax 289 803958, hat eine 24-Stunden-Ambulanz, hier gibt es auch englischsprachige Ärzte und Personal.

Deutschsprachige Ärzte und Zahnärzte gibt es in Albufeira, Quinta do Lago, Carvoeiro, Lagos, Loulé und Almancil (u.a. Deutsche Arztpraxis Carvoeiro, Tel. 282 356339, Notdienst: 962618588; Dr. Hans Stowasser, Zahnarzt, Portimão, Tel. 282 483588, Notdienst: Tel. 962 548281).

In jedem Fall muss man sich über bezahlte Behandlungen eine Quittung ausstellen lassen, um sich das Geld zuhause von der Krankenversicherung erstatten zu lassen.

Autofahren

Verkehrsvorschriften: Portugal hat Rechtsverkehr. Die Verkehrsregeln und -schilder entsprechen denen in Deutschland, Österreich und der Schweiz. Kleinere Vorfahrtsstraßen sind nicht immer als solche beschildert, oft steht nur in den einmündenden Straßen ein Stoppschild – vorsichtshalber gilt immer rechts vor links. Höchstgeschwindigkeiten für PKW: in Ortschaften 50 km/h, auf Landstraßen 90 km/h, auf Schnellstraßen 100 km/h, auf Autobahnen 120 km/h; für LKW: in Ortschaften 50 km/h, auf Landstraßen 80 km/h, auf Autobahnen 110 km/h. Es besteht Gurtpflicht, Mobiltelefonieren ist während der Fahrt verboten, die Promillegrenze liegt bei 0,5. Kontrollen sind relativ häufig, und wer z. B. mit erhöhter Geschwindigkeit erwischt wird, kann schnell 100 € loswerden.

Sprichwörtlich wie die Freundlichkeit der Portugiesen ist ihre draufgängerische Fahrweise. Und in der Tat muss man auf alle Eventualitäten gefasst sein, wobei sich die Situation in den letzten Jahren schon etwas verbessert hat. Defensive und vorausschauende Fahrweise ist angezeigt. Mit unvermitteltem Stoppen des Autos vor einem, mit Kurvenschneiden und riskanten Überholmanövern muss man rechnen. Im Dunkeln können immer und überall schlecht oder gar nicht beleuchtete Fahrzeuge fahren. Nicht beleuchtete Fahrräder und hin und wieder auch Eselkarren gibt es sogar auf der N 125. Die N 125, die in Ost-West-Richtung parallel zur Küste verläuft, gilt als eine der unfallträchtigsten Straßen Europas. Sie ist fast immer relativ voll, besonders im mittleren Drittel zwischen Faro und Lagos. Wer zügig und entspannt größere Strecken in Ost-West-Richtung zurücklegen möchte, sollte – auch unter Inkaufnahme eines Umwegs – lieber die Autobahn IP1 (»Via do Infante«) benutzen, die meistens vollkommen leer ist. Sie ist im westlichen Abschnitt noch im Bau befindlich und kostet bisher noch keine Autobahngebühr.

Kleinere Straßen im Hinterland sind meistens total leer – allerdings hat man es hier auch mal mit überhöhten Geschwindigkeiten und unvermuteten Schlaglöchern im Asphalt zu tun.

Benzin/Tankstellen: An der N 125 findet man zahlreiche Tankstellen (*postos de gasolina*). Keine Tankstellen gibt es auf der Autobahn, nur wenige an den Hauptstraßen an der Westküste (nur in Sagres und Aljezur) und im Osten sowie in den Bergregionen (im Nordosten der Algarve nur bei Alcoutim und Martinlongo). Die Tankstellen in abgelegeneren Gebieten schließen meist gegen 21 Uhr, an der N 125 – teilweise aber auch im Hinterland – gibt es Tankstellen mit 24-Stunden-Service. Verkauft werden normales und Super-Benzin (*gasolina normal, gasolina super*) und Diesel (gasóleo). Bleifreies Benzin (*gasolina sem chumbo*) wird als *gasolina s/ chumbo 95* (bleifreies Benzin 95 Oktan) und *gasolina s/ chumbo 98* (bleifreies Superbenzin 98 Oktan) verkauft.

Parken: Parken (*estacionamento*) ist in den größeren Städten ein echtes Problem. Man sollte bei Einfahrt in die Stadt rechtzeitig auf Parkplatzhinweisschilder achten oder relativ weit vom Zentrum entfernt schon anfangen, einen Parkplatz zu suchen. Meistens sind Parkautomaten aufgestellt, Schilder am Straßenrand zeigen dann an, dass man sich in einer *zona pago* befindet, in der man also zahlen muss. ›Schwarzparken‹ wird teuer, denn die Gebühren liegen meist nur bei etwa 0,4 €/Std., ein Knöllchen dagegen kostet circa 25 €. An den Parkautomaten zieht man einen *titulo* oder ein *bilhete*, den man dann in die Windschutzscheibe legt. Liest man *esta máquina não dá trocos,* muss man passend zahlen und kann alle *moedas aceitas* einwerfen, also alle Münzen, die angegeben sind.

Behinderte

Urlaub in der Algarve ist für Behinderte bisher noch mit einigen Schwierigkeiten verbunden. Nur wenige, meist teurere Hotels sind behindertengerecht gebaut. Für die Ostalgarve (Albufeira bis zur spanischen Grenze) gibt es einen sehr flexiblen und kompetenten deutschsprachigen Betreuungsservice: Karl von Gierke, Tel. 91-964 46 47, Fax 289 84 21 88, www.karl-von-gierke.de, info@karl-von-gierke.de.

Eine weitere Möglichkeit ist: Wheeling around the Algarve, David Player, Tel. 289 39 36 36, Fax 289 39 74 48, www.player.pt. Ansonsten sollte man sich bei der zentralen Auskunftsstelle in Faro erkundigen bzw. bei den Tourismusinformationen vor Ort.

Diplomatische Vertretungen

Portugiesische Botschaft in Deutschland:
Zimmerstraße 56
10117 Berlin
Tel. 030/590 06 35 00
Fax 030/590 06 36 00
Generalkonsulate gibt es in Hamburg, Osnabrück, Düsseldorf, Frankfurt/M., Stuttgart.

Portugiesische Botschaft in Österreich
Opernring 3
1010 Wien
Tel. 01-586 75 36
Fax 01-586 75 36 99

Portugiesische Botschaft in der Schweiz
Weltpoststr. 20
3000 Bern 15
Tel. 031/351 17 73
Fax 031/351 44 32
Deutsches Honorarkonsulat
Av. da República 166-4°
8000-905 Faro
Tel. 289 80 31 48, -81
Fax 289 80 13 46
www.auswaertiges-amt.de
Österreichisches Honorarkonsulat
Edifício Borda d'Água
Praia da Oura
8200-604 Albufeira
Tel. 289 51 09 00
Fax 289 51 09 99
Schweizer Botschaft
Travessa do Jardim 17
1350-185 Lisboa
Tel. 213 94 40 90
Fax 213 95 59 45
www.eda.admin.ch/eda/g/home.html

Einreisebestimmungen

Bürger der Bundesrepubliken Deutschland und Österreich und der Schweiz brauchen einen gültigen Personalausweis oder Reisepass. Besucher aus der Schweiz können ohne Visum bis zu 3 Monaten, Besucher aus EU-Ländern unbegrenzt bleiben.

Autofahrer benötigen den nationalen Führerschein und den Kfz-Schein, im Schadensfall muss man die internationale grüne Versicherungskarte dabei haben. Ist der Fahrer nicht mit dem Fahrzeughalter identisch, muss man im Ernstfall eine Vollmacht des Fahrzeugbesitzers vorzeigen können.

Zollbestimmungen: Ein- und Ausfuhr von Landes- und Fremdwährung zur Finanzierung einer Reise sind bis zu 1,2 Millionen €. frei. Auskünfte über Zollbestimmungen für Waren erhält man beim ICEP (s. Informationsstellen).

Elektrizität

Die Stromspannung beträgt 220 Volt. Normalerweise gibt es Euronorm-Stecker mit 2 runden Stiften, in seltenen Fällen braucht man einen Adapter.

Feiertage

1. Januar – Neujahrstag
Februar/März – Karnevalsdienstag
März/April – Karfreitag
25. April – Dia da Liberdade (Nationalfeiertag zum Gedenken an die Nelkenrevolution am 25. April 1974)
1. Mai – Tag der Arbeit
Mai/Juni – Fronleichnam
10. Juni – Dia de Portugal (Nationalfeiertag zum Todestag des Dichters Luís de Camões)
15. August – Mariä Himmelfahrt
5. Oktober – Dia da República (Ausrufung der Republik am 5. Okt. 1910)
1. November – Allerheiligen
1. Dezember – Dia da Restauração (Wiederherstellung der Unabhängigkeit Portugals von Spanien am 1. Dez. 1640)
8. Dezember – Fest der unbefleckten Empfängnis
25. Dezember – Weihnachten

Fotografieren

In den größeren Orten gibt es überall Foto-Fachgeschäfte. Filme sind in Portugal wesentlich teurer als in Deutschland, mitunter bezahlt man fast das Doppelte. Schwierigkeiten kann es mit Dia-Filmen geben, sie sind nicht überall zu bekommen.

Geld

Die portugiesische Währung ist der Euro. Alle gängigen Kreditkarten werden in Portugal akzeptiert, verbreitet sind Eurocard, Visa, Diners Club und American Express. Mit Kreditkarte kann man in größeren Geschäften und Läden internationaler Ketten, in größeren Hotels, in Restaurants der gehobenen Kategorie und bei Autoverleihfirmen zahlen. Vor allem in den Städten und Touristenzentren an der Küste gibt es zahlreiche Multibanco-Geldautomaten, bei denen man mit Kreditkarte und Maestro-Karte unter Eingabe der persönlichen Geheimzahl (PIN) bis zu ca. 200 € pro Tag abheben kann. Die Anweisungen in den Automaten sind mehrsprachig, in der Regel auch deutsch. Mit der Sparcard kann man an allen Automaten mit Visa-Zeichen Geld vom Postsparkonto abheben, dabei ist das Abheben vier Mal pro Jahr gebührenfrei. Pro Tag kann man umgerechnet ca. 200 € abheben. Reiseschecks kann man ohne Probleme überall einlösen, allerdings wird eine ziemlich hohe Wechselgebühr genommen.

Gesundheitsvorsorge

Man sollte sich von der Krankenkasse zuhause einen Auslandskrankenschein ausstellen lassen und zudem eine Auslandskrankenversicherung abschließen, die im Fall der Fälle die Kosten für einen Krankenrücktransport übernimmt, was bei der gesetzlichen Krankenkasse nicht inbegriffen ist.

Informationsstellen

in Deutschland:
ICEP - Portugiesisches Touristik- und Handelsbüro
Schäfergasse 17
60313 Frankfurt/M.
Tel. 069/23 40 94, 29 05 49
Fax 069/23 14 33
in Österreich:
Opernring 1, Stiege R
A-1010 Wien
Tel. 01-585 44 50
Fax 01-58 544 45
in der Schweiz:
Badenerstrasse 15
CH-8004 Zürich
Tel. 01-241 00-01,-04,-05
Fax 01-241 00 12
in der Algarve:
Região de Turismo do Algarve
Av. 5 de Outubro 18
8000-076 Faro
Tel. 289 80 04 00
Fax 289 80 04 89
Hier kann man Prospektmaterial anfordern.

Infos im Internet

www.rtalgarve.pt – generelle Infos, Unterkünfte, Veranstaltungen etc.
www.nexus-pt.com – allgemeine Infos, Unterkünfte etc.
www.beachcam.pt – Strandbedingungen, Wassersportinfos

www.algarveinfo.net – Allgemeines und Tourismus
www.algarvegolfe.com – Golf
www.pousadas.pt – Pousadas
www.portugal-insite.pt – Site des ICEP zu Portugal allgemein

Internet-Cafés

Internet-Cafés werden meist von jungen Leuten betrieben und kommen und gehen in raschem Wechsel, sind aber selbst in kleinen Küstendörfern zu finden. Aktuelle Adressen erhält man in den Touristeninformationen, oft liegen dort auch Handzettel aus.

Karten

Algarve-Straßenkarte mit sechs Stadtplänen, Maßstab 1:176 000, Turinta, Serie Bolsomap.

Landmärkte

Einige Märkte haben wechselnde Standorte. Eine Auswahl:

1. Samstag im Monat: Lagos
1. Sonntag im Monat: Almancil, Moncarapacho, Azinhal (Castro Marim)
1. Montag im Monat: Portimão
1. Dienstag im Monat: Albufeira
1. Donnerstag im Monat: Fuseta
2. Sonntag im Monat: Estói
2. Dienstag im Monat: Alvor
2. Freitag im Monat: Monchique
3. Samstag im Monat: Tavira
3. Montag im Monat: Silves, Aljezur
3. Dienstag im Monat: Albufeira
4. Samstag im Monat: Tunes
4. Sonntag im Monat: Almancil, Pereiro (Alcoutim)
4. Montag im Monat: Odeáxere (Lagos), São Bartolomeu de Messines

Literaturtipps

Literatur: Als Lesetipp für den Urlaub seien neben den Büchern von Lídia Jorge (s. S. 110) auch die Bücher einiger portugiesischer Autoren des 20. Jh. empfohlen: »Das steinerne Floß« von José Saramago, in dem sich die iberische Halbinsel von Europa löst; »Hoffnung im Alentejo«, in dem das Leben von Landarbeitern beschrieben wird, und seine zahlreichen weiteren übersetzten Romane; »Das Buch der Unruhe« von Fernando Pessoa, dessen Schauplatz Lissabon ist, und die Romane von António Lobo Antunes.
Landeskunde: Der in der Algarve ansässige Verlag VIP-Vista Ibérica Publicações gibt verschiedene Bücher mit landeskundlichen und praktischen Informationen zur Algarve in deutscher Sprache heraus. Allerdings sind sie nicht überall erhältlich, sondern am besten in den Touristenzentren zu bekommen, z. B. in Läden in der Marina von Vilamoura oder in den Hauptstraßen von Albufeira oder Praia da Rocha. Bei ESA (im Gewerbegebiet am Rand von Lagoa direkt an der N 125) erhält man außerdem eine Auswahl von deutschsprachigen Veröffentlichungen über die Algarve.
Zeitschrift: Der Verlag ESA (Entdecken Sie Algarve) gibt die gleichnamige, monatlich erscheinende Zeitschrift heraus, die in erster Linie für Residenten, aber auch für Touristen interessant ist.
Golf: Für Golfer eignet sich außerdem das Buch: Golf an der Goldenen Küste.

Der komplette Golf-Führer, John Russell & Nuno Campos, 1997.
Radfahren: Falk v. Kriegsheim: Portugal per Rad, Bd. 1: Algarve – Alentejo, 1997
Wandern: Beim zentralen Tourismusamt der Algarve in Faro gibt es einen deutschsprachigen Wanderführer. Im Buchhandel an der Algarve erhält man außerdem einen Führer mit 20 leichten Wanderungen. Julie Statham: Lasst uns wandern! VIP 1999.
Übernachten: Hotels und Landgasthäuser mit Charme in Portugal, Guide de Charme, Rivages.
Camping: Ausführliche und aktuelle Camping-Informationen erhält man in dem jährlich erscheinenden mehrsprachigen »Roteiro Campista«, der in größeren Buchhandlungen im Land verkauft wird.

Notruf

Allgemeiner Notruf: 112
(Polizei, Krankenwagen, Feuerwehr)
Pannenhilfe: ACP-Notrufnummer Tel. 21-942 91 03 (24-Std. Service)

Öffnungszeiten

Geschäfte: Die meisten Läden öffnen um 9 oder 9.30 Uhr und schließen über Mittag zwischen 12.30 und 14.30 oder 15 Uhr und haben dann bis 19 Uhr auf. Größere Einkaufszentren haben durchgehend bis 21 oder 22 Uhr geöffnet.
Banken: Die Schalterstunden liegen meist zwischen 9 und 15 Uhr.
Tourismusämter, Post und **Museen:** Die Öffnungszeiten sind ca. 9.30–12.30 und 15–18 Uhr.
Cafés und **Restaurants:** Als erstes öffnen morgens die kleinen Cafés, dort bekommt man etwa ab 8 Uhr einen Kaffee, und meist haben sie durchgängig bis 22 Uhr geöffnet. Restaurants haben etwa von 12.30–15 Uhr und 19–22 Uhr geöffnet.
Feiertage: An gesetzlichen Feiertagen bleiben in ganz Portugal Poststellen, Banken, Museen, häufig auch Touristeninformationen und die meisten Geschäfte geschlossen.

Post

Ein Postamt (*correio* oder CTT) gibt es in jedem etwas größeren Ort. Man bekommt hier Briefmarken (*selos*) für Postkarten (*postal,* pl.: *postais*) und Briefe (*carta*); Briefmarken werden aber auch in Tabakläden, an Kiosken und in kleineren Geschäften mit dem Postzeichen verkauft. Die normale Post dauert innerhalb Europas 3–7 Tage, die *correio azul* (blaue Expresspost) nur 2–3 Tage, ist aber auch teurer. Auf den Straßen gibt es rote Briefkästen für Normalpost und blaue Briefkästen für Expresspost. Von Postämtern aus kann man auch ein Fax (*fax*) schicken, was aber relativ teuer ist. In Postämtern kann man außerdem telefonieren und Telefonkarten (*cartão de telefone*) kaufen.

Radio & TV

Das portugiesische Fernsehen hat die Programme des staatlichen Senders RTP (Rádio-Televisão Portuguesa) und die privaten bzw. halbprivaten TVI (Televisão Independente) und SIC (Sociedade Independente de Comunicação). Via Satellit empfängt man in Hotels und vielen Pensionen auch ausländische Sender.

Neben dem staatlichen Sender RDP (Rádiodifusão Portuguesa) mit Antena 1, 2 und 3 gibt es die privaten Sender Rádio Renascença und Rádio Comercial sowie kleine lokale Sender. Lohnend sind mitunter abendliche Musikprogramme auf Antena 1 oder auf den Privatsendern. Deutsches Radio empfängt man über die Deutsche Welle, deren aktuelle Sendefrequenzen und Programme man bei der Deutschen Welle, 50588 Köln, Tel. 0221/389-0, Fax 389-3000 erfährt.

Reisekasse & Preise

Unterkunft: In der Algarve gibt es eine Vielzahl von Unterkünften, sowohl was die Zimmerzahl als auch was Lage und Kategorien betrifft. Wer sehr einfach und günstig übernachten will, findet ebenso etwas, wie diejenigen, die luxuriöse Hotels suchen. Die günstigsten Übernachtungsmöglichkeiten sind Privatzimmer (s. S. 196), wo man manchmal nur ca. 20 € für ein Doppelzimmer zahlt. Für durchaus gute Doppelzimmer in einer normalen Pension ohne irgendwelche Extras zahlt man um 40 €.

Schlecht dran sind Einzelreisende, da sie in der Regel hohe Übernachtungskosten haben. Es gibt kaum Einzelzimmer, und für ein einzeln genutztes Doppelzimmer muss eine Person normalerweise 70–80% vom Doppelzimmerpreis, mitunter sogar den gleichen Preis wie zwei Personen bezahlen.

Preisniveau: Portugal liegt heute im Schnitt noch unter dem Preisniveau der Bundesrepublik Deutschland. Innerhalb der Algarve gibt es unterschiedliche Niveaus – in den touristischen Zentren kann man mit mitteleuropäischen Preisen rechnen, in abgelegenen Gebieten liegen die Preise teilweise weit darunter. Wer möchte, kann einen Algarve-Urlaub sehr günstig gestalten. Es gibt viele preiswerte und einfache Unterkünfte, umgerechnet ab etwa 10 € pro Person in einem Doppelzimmer. Übernachtungspreise und Komfort können ansonsten – je nach Wünschen – auch sehr weit oben liegen. Öffentliche Verkehrsmittel sind sehr günstig, eine Fahrt mit dem Schnellbus von Faro nach Lissabon beispielsweise kostet zwischen 12 und 15 €. Generell ist Essengehen preisgünstig. Selbstversorger, die im *supermercado* oder in den großen *hipermercados* einkaufen, stellen sich nicht besser, hier findet man vielfach mitteleuropäische Preise. In guten einfachen Restaurants zahlt man für ein Hauptgericht umgerechnet im Schnitt weniger als 8 €.

Ein paar Preisbeispiele: Benzin, normal, bleifrei: 0,9 €, Super: 1 € ; in einem normalen Stadtcafé kosten ein Espresso 0,4 €, ein Glas Milchkaffee 0,75 €, eine Coca-Cola 0,75 €, ein frisch gepresster Orangensaft 1,75 €, ein kleines Bier 0,55 €.

Eintrittspreise: Seit einiger Zeit muss man in der Algarve für die Besichtigung interessanter Kirchen Eintritt bezahlen; dazu gehört beispielsweise die bekannte Kirche São Lourenço in Almancil. Oft hat man sich wirklich etwas einfallen lassen, um Eintrittsgelder für einen Sakralbau nehmen zu können, so zum Beispiel, wenn eine Kirche nur in Verbindung mit einem Museumsbesuch besichtigt werden kann (Kirche Santo António/Museu Municipal in Lagos). Auch die Kathedrale in Faro kann man nur gegen ein Eintrittsgeld besichtigen, das offiziell für die Kirchturmbesteigung genommen wird. In jedem Fall zahlt man mit ca. 1,5 € nicht besonders viel. Auch ein Museumsticket kostet in der Algarve im Allgemeinen nicht mehr als 1,5 €. Angesichts der insgesamt sehr niedrigen Eintrittspreise ist es verständlich, dass es bisher keine Familientickets oder ähnliche Vergünstigungen gibt.

Sicherheit

Generell wird man in der Algarve kaum einmal mit gefährlichen Tieren zusammentreffen. Es gibt Schlangen, darunter auch giftige. Meistens halten sie sich aber nur im Hinterland in abgelegenen Gebieten auf. Zu den wenigen giftigen Schlangen gehört eine Vipernart. An den Rändern von Felsstränden kann es Skorpione geben, die in den Steinen sitzen.

Vorsicht ist beim Baden auf steinigem Grund geboten, da dort Seeigel sitzen können – beste Vorsichtsmaßnahme sind Badeschuhe. Ist man in einen Seeigel getreten, sollte man einen Arzt aufsuchen, der die Stachelspitzen professionell entfernen und die Wunden fachgerecht versorgen kann. Ähnliches gilt für den Fisch *peixe aranha*, in Deutschland als Petermännchen bekannt, der im Sand in der Brandungszone sitzen kann, mit einem Stachel in der Rückenflosse ausgestattet ist und lokale Vergiftungen verursachen kann. Wer das – sehr seltene – Pech hat, auf so einen Fisch zu treten, sollte die Wunde selbst erstmal mit Wasser auswaschen und dann zum Arzt gehen.

Telefonieren

Telefonieren kann man in Postämtern und in öffentlichen Telefonzellen. In Postämtern zahlt man nach Ende des Gesprächs am Schalter. Die meisten Telefonzellen sind *Credifone*-Zellen, von denen man auch internationale Gespräche mit Telefonkarten führen kann. Telefonkarten (*cartão de telefone*) erhält man mit unterschiedlichen Einheitenmengen in Postämtern oder in Kiosken, Zeitungsläden und Cafés mit einem Postzeichen. Oft bieten auch Cafés mit dem Postzeichen einen Telefonservice, wobei das Telefonieren hier aber teurer ist.

Mobil: In Portugal gibt es mehrere Netzbetreiber, die wichtigsten sind telemovel (TMN), telecel (TLCL) und optimus. Man sollte sich vor dem Urlaub mit seinem Netzbetreiber in Deutschland in Verbindung setzen, um die Tarife in Portugal zu erfahren und sich dann in das günstigste Netz einwählen zu können. Nach Deutschland wählt man die Vorwahl 0049 und lässt die 0 der Ortskennzahl weg, dasselbe gilt auch für ein Gespräch mit einem deutschen Mobiltelefon. Für Gespräche innerhalb Portugals – Festnetz und Mobiltelefone – wählt man sich mit der portugiesischen Vorwahl 00351 ein.

Trinkgeld

Ein Trinkgeld von 5–10% gibt man im Restaurant, in Hotels, für Gepäckträger, Taxifahrer oder Reiseführer. In Cafés und Restaurants ist ein möglichst dezentes, unkompliziertes Vorgehen üblich. Man legt den zu zahlenden Betrag auf den kleinen Teller mit der Rechnung, wartet auf das Wechselgeld und lässt dann vom Wechselgeld ein kleines Trinkgeld liegen oder legt noch etwas dazu. Wenn man im Café nur ein Getränk zu sich nimmt, lässt man beim Weggehen eine kleine Münze o. ä. auf dem Tisch liegen.

Übernachten

Hotels werden in Kategorien von ein bis fünf Sterne eingeteilt. 1-Sterne-Hotels sollte man meiden, da es viele bessere Alternativen gibt, auch bei 2-Sterne-Hotels sollte man überlegen. Innerhalb der Kategorien gibt es teilweise starke Unterschiede. In den oberen Kategorien findet man Luxusadressen.

Pensionen (pensão, pl.: pensões) sind mit ein bis vier Sternen kategorisiert, wobei man Pensionen mit zwei und drei Sternen am häufigsten findet. Einfache Pensionen unterscheiden sich oft nicht besonders von Privatunterkünften. Etwas bessere Pensionen sind dagegen eine gute Unterkunft und vergleichbar mit preisgünstigen Hotels bzw. atmosphärisch sogar netter. Eine Vier-Sterne-Pension ist einem einfachen Hotel meistens vorzuziehen. Frühstück ist im Preis mitunter nicht inbegriffen.

Privatzimmer: In vielen Orten werden Gästezimmer (*quartos*), selten auch Betten (*camas*) vermietet. In Orten mit viel Fremdenverkehr werden den Touristen Privatzimmer gleich bei Ankunft des Busses o. ä. angeboten. Ansonsten erkennt man solche Unterkünfte an »*quartos*«-Schildern an der Tür oder im Fenster eines Hauses. Oft sind sie auch überhaupt nicht gekennzeichnet, und man muss in der Touristeninformation oder in Cafés fragen, oder man erhält Auskunft in einer Pension, wenn sie voll besetzt ist. Normalerweise gibt es bei Privatunterkünften kein Frühstück.

Pousadas: Ferien auf dem Land und Unterkünfte mit Atmosphäre s. S. 63.

Jugendherbergen (*pousadas de juventude*) gibt es in der Algarve in Alcoutim, Lagos, Faro und Vila Real de Santo António. Man braucht einen internationalen Jugendherbergsausweis, den man im Fall der Fälle auch in der jeweiligen Jugendherberge erwerben kann. Die Übernachtungen kosten in der Saison pro Person ab 7 €. Viele Jugendherbergen haben auch Doppelzimmer, einige sogar mit eigenem Bad. In den Sommermonaten sollte man vorher reservieren; direkt vor Ort oder über die Lissabonner Zentrale Tel. 707 20 30 30, Fax 723 21 01, reservas@movijovem.pt.

Camping: Eine preiswerte Alternative zu Hotels sind natürlich Campingplätze (*parques de campismo*), unter denen es in der Algarve einige recht schöne gibt. Insgesamt stehen 18 öffentliche Campingplätze mit 1–4 Sternen zur Verfügung. Federação Portuguesa de Campismo, Avenida Coronel Eduardo Galhardo 24D, P-1170-105 Lisboa, Tel. 218 126890, Fax 218126918. Informationen im Internet: www.roteiro-campista.pt; Campingführer s. S. 193.

Verkehrsmittel in der Algarve

Busse: Innerhalb der Algarve gibt es ein gutes Busnetz, und die Busse der EVA-Transportes sind das gängigste öffentliche Verkehrsmittel. Größere Orte und Städtchen sind alle mit Bussen gut zu erreichen; die Busbahnhöfe liegen, anders als das bei Zugbahnhöfen der Fall ist, immer zentral. Abgelegene Orte werden aber nur selten angefahren.

Informationen:
EVA Transportes, Av. da República 5, Tel. 289 899 760/1
Zentrale Busbahnhöfe:
Faro: Av. da República 5
Lagos: Rossio de São João
Portimão: Largo do Dique 2–4

Sehr gut ist auch die Busverbindung nach Lissabon. Von allen größeren Orten an der Algarve kommt man mit bequemen Schnellbussen (*rápidos*) in die portugiesische Hauptstadt – die Fahrzeit Faro–Lissabon beträgt ca. 4 Std. Angeboten werden Fahrten von EVA-Transportes oder von Gesellschaften wie Renex, die ihre Schalter dann im oder unmittelbar in der Nähe vom Busbahnhof haben – die Fahrpreise unterscheiden sich nicht sonderlich (12–15 €), die Fahrtdauer ist mitunter unterschiedlich. Gute Verbindungen gibt es auch nach Andalusien (Huelva und Sevilla).

Zug: Es gibt nur eine Ost-West-Verbindung, die von Lagos nach Vila Real de Santo António führt. Westlich von Lagos gibt es keinen Zugverkehr. Bei dem Ort Tunes zweigt eine weitere Strecke in Richtung Norden nach Lissabon ab, die – wie auch die Busse – bei São Marcos de Serra die Algarve-Berge überquert. In Lissabon kommt man am südlichen Tejo-Ufer an und fährt dann in direktem Anschluss mit einem Schiff hinüber zur Innenstadt (im Bahnticket enthalten). Eine Fahrt von Lagos nach Vila Real de Santo António dauert 3–4 Std., die Fahrt mit dem IC von Faro nach Lissabon 4,5 Std. Das große Manko am Zugfahren in Portugal ist die Lage der Bahnhöfe, die oft recht weit außerhalb der Orte liegen. Selbst wenn auf dem Fahrplan Haltepunkte wie Albufeira oder Loulé angegeben sind, liegen diese Bahnhöfe ca. 5 km außerhalb mitten in der Landschaft. Relativ günstig liegen die Bahnhöfe in Faro, Vila Real de Santo António, Tavira, Fuseta, Olhão, Portimão und Lagos. Man sollte sich vor Abfahrt also unbedingt eine Karte mit der eingezeichneten Bahnstrecke ansehen.

Für Zugfahren an der Algarve sprechen die landschaftlich schöne Strecke – besonders im Osten zwischen Vila Real de Santo António und Faro – und die günstigen Fahrpreise.

Die Zugkategorien entsprechen etwa denen in Deutschland: es gibt den *regional* (Regionalzug), *interregional* (Interregio) und die *intercidades* (Intercity-Züge).

Angeboten wird ein *bilhete turístico* (Touristenpass) für 7, 14 und 21 Tage (100, 170 und 250 €), der in ganz Portugal in allen Zügen gilt.

Schiffe/Fähren: Der Schiffsverkehr an der Algarve besteht im Wesentlichen aus Ausflugsfahrten entlang der Küste bzw. Bootsfahrten von Faro, Olhão, Fuseta und Tavira zu den vorgelagerten Inseln. Ausflüge werden auch von Vila Real de Santo António den Guadiana hinauf angeboten (s. S. 173) sowie von Portimão aus auf dem Rio Arade nach Silves (s. S. 98).

Einen regelrechten Fährverkehr gibt es zwischen Vila Real de Santo António und Ayamonte in Andalusien (s. S. 173).

Taxifahren: Wer längere Strecken mit dem Taxi zurücklegen möchte, zahlt den festen Satz von 0,6 € für 1 km, also 6 € je 10 km. Für Gepäckstücke muss man zusätzlich zahlen. An Wochenenden und zwischen 22 und 6 Uhr wird ein Zuschlag von 20% berechnet. Tarifübersichten liegen in jedem Wagen aus.

Mietfahrzeuge: Im Flughafengebäude in Faro befinden sich die Stände zahlreicher nationaler und internationaler Mietwagenfirmen wie Avis, Europcar, Hertz, Sixt, Budget, Auto Jardim. Vom Flughafen aus wird man mit kleinen Shuttle-Bussen zu den eigentlichen Autostellplätzen und Büros an der Zufahrtsstraße zwischen Flughafen und Stadt gefahren. Den Shuttle-Dienst gibt es auch bei der Mietwagenrückgabe vor der Rückreise.

Wasserparks

Portugals Wasserparks sind in den letzten Jahren nach mehreren Unfällen schwer in die Kritik geraten. Noch vor kurzem alarmierten die Untersuchungsergebnisse einer portugiesischen Verbraucherschutzorganisation die Wasserpark-Besucher. Sicherheit, Wasserqualität und Hygiene wurden untersucht und vielfach beanstandet. Als sicherste Wasserparks gelten »The Big One« an der N 125 zwischen Lagoa und Alcantarilha und »Slide & Splash« an der N 125 zwischen Lagoa und Estômbar.

Zeit

Portugal hat Greenwicher Zeit, d. h. es ist eine Stunde ›früher‹ als in Mitteleuropa. Da es auch in Portugal Sommerzeit gibt, müssen die Uhren bei Ankunft aus Deutschland das ganze Jahr über eine Stunde zurückgestellt werden.

Zeitungen

Internationale und deutsche Zeitungen und Zeitschriften erhält man in den großen Ferienorten. **Deutschsprachige Magazine** über die Algarve sind »Entdecken Sie Algarve« und »Xtrablatt«, in denen jeweils auch aktuelle Veranstaltungshinweise gegeben werden.

Die großen portugiesischen **Tageszeitungen** sind »Diário de Notícias«, »Público« und »Journal de Notícias«, **Wochenzeitschriften** sind »Espresso«, »O Independente« sowie die Wochenmagazine der drei genannten Tageszeitungen.

SPRACHFÜHRER

Begrüßung und Abschied

guten Morgen, guten Tag	bom dia
guten Tag (ab 12 Uhr mittags)	boa tarde
guten Abend	boa noite
hallo!	olà!
Wie geht es Ihnen?	Como està?
gut	bom
schlecht	mal
auf Wiedersehen	adeus
tschüß	ciao
bis später	até logo

Allgemeines

ja	sim
nein	não
Frau	a senhora
Herr	o senhor
danke	obrigada (sagen Frauen) obrigado (sagen Männer)
vielen Dank	muito obrigada, o
bitte	por favor
Ich verstehe nicht	Não compreendo
Sprechen Sie Englisch (Deutsch)?	(O senhor, a senhora) fala inglês (alemão)?
ich möchte (höflicher:	quero queria)
ich suche	procuro
Verzeihung	desculpe
heute	hoje
morgen	amanhã
wann	quando
wer	quem
was	que
wo	onde
Wo ist...?	Onde é...?
wohin	aonde, para onde
wieviel	quanto
Was kostet...?	Quanto custa...?
Wie spät ist es?	Que horas são?
Haben Sie...?	Tem...?
Gibt es...?	Há....?
mehr	mais
weniger	menos
geöffnet	aberto
geschlossen	fechado, encerrado
Eingang, Einfahrt	entrada
Ausgang, Ausfahrt	saída
drücken/ziehen	empurre/puxe
(Nicht-)Raucher	(não) fumadores
Toiletten	casa de banho, lavabos
Damen	senhoras
Herren	homens

Unterkunft

Hotel	hotel
Pension	pensao
Zimmer	quarto
mit Bad	com banho
Bett	cama
Doppelbett	cama de casal
Frühstück	pequeno almoço
für eine Nacht	para uma noite
für zwei Wochen	para duas semanas

Im Restaurant

ich möchte gern	queria
wir möchten gern	queriamos
die Speisekarte	a ementa, a lista
zu essen	para comer

zu trinken	para beber
die Rechnung bitte	a conta faz favor

Unterwegs

Auskunft, Information	informação
rechts	à direita
links	à esquerda
geradeaus	sempre em frente
Bus	autocarro
Haltestelle	paragem
Zug	comboio
Bahnhof	estação
Fahrschein	bilhete
hin und zurück	ida e volta
Fahrplan	horário
Flugzeug	avião
Flughafen	aeroporto
Ankunft	chegada
Abflug	partida
Auto	carro
Parkplatz	parque de estacionamento
Parkverbot	estacionamento proibido
kostenpflichtiges Parken	zona pago
Umleitung	desvio
Geschwindigkeit	velocidade

Krankheit

Apotheke	farmácia
Arzt	médico
Zahnarzt	dentista
Krankenhaus	hospital

Ortsbezeichnungen

Stadt	cidade
Straße	rua, estrada
Platz	praça
Markt	mercado
Zentrum	centro
Touristeninformation	turismo
Treppe	calçada
Park	parque
Garten, Park	jardim
Rathaus	câmara municipal
Museum	museu
Palast	palácio
Burg	castelo
Brücke	ponte
Turm	torre
Leuchtturm	farol
Meer	mar
Strand	praia
Bucht	baia

Wochentage, zeitl. Bestimmungen

ein Tag	um dia
Woche	semana
ein Monat	um mês
Jahr	ano
Montag	segunda-feira, 2ª feira
Dienstag	terça-feira, 3ª feira
Mittwoch	quarta-feira, 4ª feira
Donnerstag	quinta-feira, 5ª feira
Freitag	sexta-feira, 6ª feira
Sonnabend	sábado
Sonntag	domingo
Feiertag	feriado

Zahlen

1	um, uma
2	dois, duas
3	três
4	quatro
5	cinco

6	seis
7	sete
8	oito
9	nove
10	dez
11	onze
12	doze
13	treze
14	catorze
15	quinze
16	dezaseis
17	dezasete
18	dezoito
19	dezanove
20	vinte
21	vinte-e-um
30	trinta
40	quarenta
50	cinquenta
60	sessenta
70	setenta
80	oitenta
90	noventa
100	cem, cento

Kulinarisches Lexikon

entradas	**Vorspeisen**
sopas	Suppen
sopa do dia	Tagessuppe
sopa de legumes	Gemüsesuppe
canja	Hühnersuppe

carne	**Fleisch(gerichte)**
carne de porco	Schweinefleisch
carne de vaca	Rindfleisch
espetada de carne	Fleischspieß
frango	Hähnchen
cabrito	Zicklein

peixe	**Fisch(gerichte)**
bacalhau	Stockfisch, Kabeljau
linguado	Seezunge
atum	Thunfisch
cherne, robalo	Barsch
pescada	Seehecht
lulas	kleine Tintenfische
peixe espada	Schwertfisch
espadarte	Schwertfisch
truta	Forelle
enguia	Aal
mariscos	Meeresfrüchte

grelhado	gegrillt
cozido	gekocht
frito	fritiert
assado	gebraten
espetada	am Spieß

legumes	**Gemüse**
batatas	Kartoffeln
arroz	Reis
cebolas	Zwiebeln
tomates	Tomaten
cenouras	Mohrrüben
salada mista	gemischter Salat
espinafre	Spinat
cogumelos	Pilze

sobremesa	**Nachspeisen**
frutas	Obst
maçã	Apfel
pêra	Birne
pêssego	Pfirsich
banana	Banane
morangos	Erdbeeren
laranja	Orange
uva	Weintrauben

bebidas	**Getränke**
água mineral	Mineralwasser

com (sem) gás	mit (ohne) Kohlensäure
sumo	Saft
sumo de maçã	Apfelsaft
galão	Espresso mit viel Milch (im Glas)
café com leite	Kaffee mit Milch (in der Tasse)
meia de leite	halb Kaffee, halb Milch (in der Tasse)
bica	kleiner schwarzer Kaffee
cha	Tee
cerveja	Flaschenbier
uma imperial	kleines gezapftes Bier (ca. 0,3 l)
uma caneca	großes gezapftes Bier (ca. 0,5 l)
vinho branco	Weißwein
vinho tinto	Rotwein
vinho verde	leicht moussierender junger Wein
vinho da mesa	Tischwein
vinho da casa	Hauswein

REGISTER

Rua du 5 de Outubro in Albufeira ▷

TURISMO i
ALBUFEIRA
Confecção Diversa
Tralha
FIDELIDADE
Olá

ALGARVE-ATLAS

LEGENDE

1 : 250.000

0 — 10 km

Autobahn mit Nummer	Burg	Sehenswürdigkeit
Schnellstraße	Burgruine	Internationaler Flughafen
Fernstraße mit Nummer	Kirche	Flugplatz
Hauptstraße	Kloster	Aussichtspunkt
Nebenstraße	Klosterruine	Campingplatz
Straße in Bau	Leuchtturm	Naturpark
Straße in Planung	Turm	Naturreservat
Straße, ungeteert	Windmühle	Jugendherberge
Fahrweg; Fußweg, Pfad	Wasserfall	Jachthafen
Staatsgrenze	Höhle	Ankerplatz, Hafen
Provinzgrenze	Golfplatz	Badestrand

A
B
C
1
2
3
4
Praia de Odeceixe
Odeceixe
São Miguel
Pisco
243 m
Monte Novo
Praia da Samouqueira
Maria Vinagre
Fonte Ferrenha
Zambujeira
Ribeira de Seixe
Samouqueira
Azenha
Galé de Baixo
Foz do Besteiro
Foz do Arroio
IC 4
120
Azia
Galé de Cima
Chã da Casinha
Bunheira
Rogil
Saiceira
Giraldo
Praia de Vo
Serominheiro
Praia da Carriagem
Carrascalinho
Besteiro
Praia de Monte Clérigo
Rib. de Alfambres
Castelo mourisco
Cerca dos Pomares
Pacil
Portela
Praia do Bo
Ponta da Atalaia
Aljezur
Igreja Nova
Marmelete
Pontal
Carr
Praia do Amad
Praia da Murração
Praia do Mirouço
Praia d. Mouranitos
Praia da Cordama
Praia do Castelejo
Oceano Atlântico
Reserva Natural do Sudoeste
Alentejano e Costa Vicentina
Torre de Aspa
156 m
Vila do Bispo
Ponta Ruiva
Praia d. Ponta Ruiva
Atlantischer Ozean
Praia do S. Telheiro
Santo Antonio
268
Beliche
Enseada
Pousada do Infante
de Belixe
Sagres
Cabo de São Vicente
Ponta de Sagres
Praia de Mareta
Ponta da

D
E
F
Castelo mourisco
Aljezur
Ribeira de Alfambres
Cerca dos Pomares
Igreja Nova
Vale da Nora das Arvores
Monte da Gorda
Abutareira
Marmelete
Pacil
Portela
Pé do Frio
Boucinhas
Picos 574 m
Gralhos
Maçarotal
Ladeira
Vale Formoso 334 m
Zebro
Vale de Agua
Malhão
Romeiras
Tojeiro
Embarradoiro
Ribeira da Torre
Serra de Espinhaço de Cão
Três Figos
Vale da Horta
S. 210
Montes de Cima
Corcino
Guena
Barranco do Milho 217 m
Palmeirinha
Vales
Arrifana 114 m
Canal
Penedo
Barranco da Vaca
Chabouco
Monte Novo
Monte Ruivo
Mesquita 115 m
Ribeira de Alfambre
Ribeira da Bordeira
Pincho
Alamos 181 m
Barragem da Bravura
Túmulos de Alcalar
Bordeira
Rib. da Carrapateira
Milharada
Vilarinha
Monte Ruivo 133 m
Contifo
Ruivo
Arão
Ribeira do Farel
Alcala
Mexilhoeira Grande
Petra Branca
Rib. de Odiaxere
Bensafrim
Pedra Branca 178 m
Barão de São João
Lagan Rasa
Colégio
Cerro Ruivo
Odiáxere
Abicada (Vila Romana)
Alfarrobeira
Sargaçal
Caldeiroa
Torre
Vale de Lama
Alvor
Pedralva
Pardieiro 178 m
Pêro Queimado
Louzeira
Portelas
Rib. de Bensafrim
Caliças
Pedragosa
Monte Judeu
Marateca
Meia Praia
Alto da Cerca
Falfeira
Alhardeira
Meia Praia
Barão de São Miguel
Mosqueiro 143 m
Ferrel
Espiche
Santo Antaro
Lagos
Baía de Lagos
Nuestra Senhora de Guadalupe
Budens
Vale de Boi
Montinhos de la Luz
Caliços
Torralto
Praia d. Dona Ana
Praia d. Camilo
Fingueira
Burgau 84 m
Luz
20 m
Barrancão
Burgau
Mosqueiro 143 m
Salema
Ponta da Piedade
Praia d. Canavial
Praia de Porto de Mós
Praia da Luz
Praia d. D. Maria
Praia de Burgau
Ponta de Almadena
Praia de Almadena
Praia do Boca do Rio
Praia da Salema
Praia de Figueira
40 m
Ponta da Torre
Praia do Zavial
Praia da Ingrina
Praia d. João Vaz
Praia do Barranco
IC 4
120
125
125-9
267
268
1
2
3
4

A
B
C
Mesquita
516 m
Carvalho
Foz do Carvalhoso
Ladeira de Cima
Monte Velho
Serra da Carapinha
Sao Marcos da Serra
Cansino
266
Pomba
Serra de Monchique
Silveira
Pedras Juntas
Barranco dos Pisões Garganta
E 01
IP 1
Ramos
Boucinhas
Cabeços
Umbria
Alferce
Sapeira
264
Peso
Cabeça de Aguia
Malhada Quente
Sela
353 m
Monchique
267
Fóia
902 m
Picota
773 m
Ribeira de Odelouca
Seiceira
265
Maçarotal
Belém
Meia Viana
Picota
Talurdo
Nave
266
Barranco do Banho
Fornalha
Ladeira
267
Gil Bordalo
Caldas de Monchique
Caldas de Monchique
Pego Escuro
Ribeira da Torre
Barracão
DISTRITO DE FARO
Berragem Funcho
Funcho
Ribeira das Canas
Cavaca
229 m
Chiqueiro
237 m
Berragem de Arade
Vale Fuzeiros
Ribeira da Boina
Cortes
Gregórios
Barranco do Resgalho
Casa Queimada
Montes de Cima
Moinho da Rocha
Rio Arade
Cumeada
124
Nora
Franqueira
Castelo Belinho
105 m
Túmulos de Alcalar
266
Odelonca
Norinha
S. 209
Silves
(arab.: Xelb)
Furadoura
112 m
Almarjão
Porto de Lagos
Vale da Vila
Ribeira do Farelo
Reguengo
Palacio
124
Figueirinha
Sé Catedral
Medeiros
Torre
Arrochela
Montes Grandes
Malhão
Alcala
Donalda
269
Chão das Donas
Venda Nova
125
IC 4
Poço Fundo
Fonte da Matosa
Penina
Seixos
Montes de Alvor
Cardosas
Estômbar
Abicada (Vila Romana)
Loubite
261-1
São Sebastião
Grutas de Ibne Ammar
Sobral
102 m
Vale de Lousas
Vale de Lama
Pirra
Mocho
Lagoa
125
IC 4
Alvor
Vale da França
Parchal
Sr. do Carmo
Alcantar
Portimão
Porches
Seixosas
Lombos
Quintão
Pêra
Vau
Ferragudo
Salicos
Porches Velho
269-1
Aldea Mourisca
Mato Serrão
Monte Carvoeiro
Pontal
Alfanzina
Armação de Pêra
Caramujeira
Carvoeiro
Benagil
Praia d. Alvor
Praia de Três Irmãos
Praia d. João de Arens
Praia do Vau
Praia da Rocha
Praia d. Ferragudo
Ponta do Altar
Praia d. Caneiros
Praia d. Vale da Lapa
Praia d. Carvoeiro
Cabo Carvoeiro
Praia do Carvalho
Praia de Benagil
Praia de Marinha
Praia da Senhora da Rocha
Praia d. Cova Redonda
Praia de Armacão de Pêra
Praia da Galé
1
2
3
4

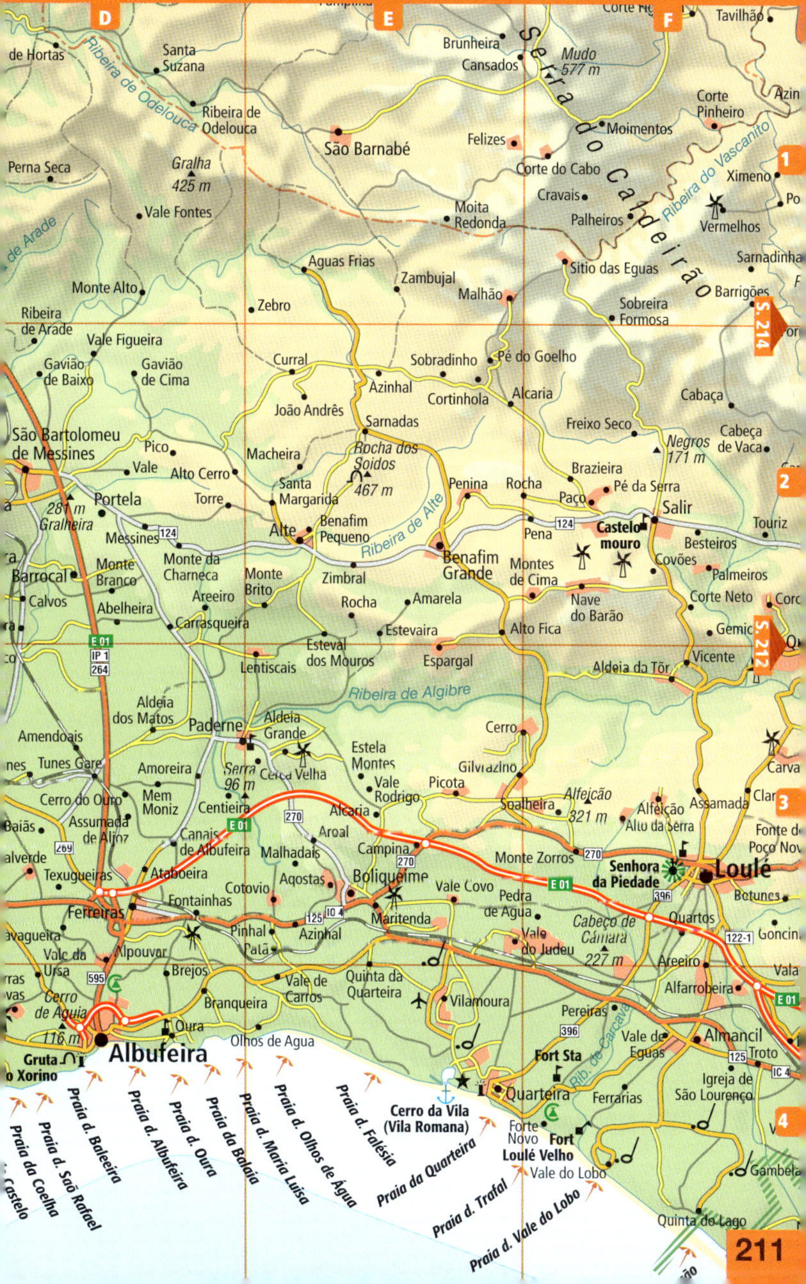
D
E
F
1
2
3
4
S. 214
S. 212
de Hortas
Santa Suzana
Ribeira de Odelouca
Ribeira de Odelouca
Perna Seca
Gralha 425 m
Vale Fontes
de Arade
São Barnabé
Brunheira
Cansados
Serra do Caldeirão
Mudo 577 m
Tavilhão
Corte Pinheiro
Moimentos
Felizes
Corte do Cabo
Ribeira do Vascanito
Ximeno
Cravais
Vermelhos
Moita Redonda
Palheiros
Aguas Frias
Zambujal
Malhão
Sitio das Eguas
Sarnadinha
Barrigões
Monte Alto
Zebro
Sobreira Formosa
Ribeira de Arade
Vale Figueira
Gavião de Baixo
Gavião de Cima
Curral
Sobradinho
Pé do Goelho
Azinhal
Cortinhola
Alcaria
Cabaça
João Andrês
Sarnadas
Freixo Seco
Cabeça de Vaca
São Bartolomeu de Messines
Pico
Vale
Alto Cerro
Macheira
Rocha dos Soidos 467 m
Negros 171 m
Brazieira
Santa Margarida
Penina
Rocha
Pé da Serra
Portela
281 m Gralheira
Torre
Paço
Salir
Messines
124
Alte
Benafim Pequeno
Ribeira de Alte
Pena
124
Castelo mouro
Touriz
Besteiros
Monte Branco
Monte da Charneca
Zimbral
Benafim Grande
Montes de Cima
Covões
Barrocal
Monte Brito
Palmeiros
Calvos
Areeiro
Rocha
Amarela
Nave do Barão
Corte Neto
Abelheira
Carrasqueira
Estevaira
Alto Fica
Gemic
E 01
IP 1
264
Esteval dos Mouros
Espargal
Vicente
Lentiscais
Aldeia da Tôr
Ribeira de Algibre
Aldeia dos Matos
Paderne
Aldeia Grande
Cerro
Amendoais
Estela
Tunes Gare
Amoreira
Serra 96 m
Cerca Velha
Montes
Gilvrazino
Carva
Cerro do Ouro
Mem Moniz
Centieira
Vale Rodrigo
Picota
Alfeição 321 m
Alfeição
Alto da Serra
Assamada
Baiãs
Assumada de Aljoz
E 01
270
Alcaria
Soalheira
Fonte d
Poço Nov
269
Canais de Albufeira
Aroal
Campina
Monte Zorros
270
Texugueiras
Ataboeira
Malhadais
270
Senhora da Piedade
Loulé
Boliqueime
Agostas
Vale Covo
E 01
Cotovio
396
Betunes
Fontainhas
Pedra de Agua
Ferreiras
125
IO 4
Maritenda
Cabeço de Câmara 227 m
Quartos
Pinhal
Azinhal
Vale do Judeu
122-1
Valc da Ursa
Alpouvar
Palã
Areeiro
595
Brejos
Quinta da Quarteira
Alfarrobeira
Cerro de Agua 116 m
Vale de Carros
Vilamoura
E 01
Branqueira
Pereiras
Rib. de Carcavai
Oura
396
Vale de Eguas
Almancil
Albufeira
Olhos de Agua
Fort Sta
125
Troto
Gruta
Xorino
IC 4
Igreja de São Lourenço
Quarteira
Ferrarias
Cerro da Vila (Vila Romana)
Forte Novo
Fort
Loulé Velho
Vale do Lobo
Gambela
Quinta do Lago
Praia d. Baleeira
Praia d. Albufeira
Praia d. Oura
Praia da Balaia
Praia d. Maria Luisa
Praia d. Olhos de Água
Praia d. Falésia
Praia da Quarteira
Praia d. Trafal
Praia d. Vale do Lobo
Praia da Coelha
Praia d. São Rafael
Castelo

A
B
C
1
2
3
4
DISTRI
Cavalos
Pelados 589 m
S. 214
Barrigões
Sobreira Formosa
das Eguas
Fornalha
Pero Ponto
Figueirinha
Parelh
Fonte do Corxo
Vales
Currais
Medronheira
397
Alcaria Alta
Alcornicosa
Vales Luís Neto
Vale da Rosa
Corticadas
Fonte da Raja 541 m
Feiteira
Merca
Cabaça
Cumeada
Pêro de Elvas
Montes Novos
Castelão
Cortelha
Cerróis
Seco
Negros 171 m
Cabeça de Vaca
Besteirinhos
Carrasqueiro
Cortelha
124
Amendoe
Pé da Serra
Salir
Parizes
Cabanas
Lajes
Alcari
Castelo mouro
Touriz
Quintã
Barranco Velho
Javali
Cerro
Besteiros
Covões
Palmeiros
2
Malhado do Judeu
Serra de A
Corte Neto
Corcitos
Corgas Bravas
Alcorvel
Gemica
396
Agua de Tábuas
Querença
Tábuas 503 m
Malhada de Santa Maria
Vicente
Aldeia da Tôr
Bispo 480 m
Cova da Muda
Ribeira de Alportel
Porto Carvalhoso
Várzeas Vinagre
Pousada de São Brás
Amendoeira
Alportel
Tareja
Barroso
Carvalhal
Almargens
Vigia 240 m
Clareanes
São Romão
Santa Catarina do Fonte do Bispo
Assamada
Mealhas
Alfeição
Alto da Serra
Barranco de Apra
Ferreiros
Mesquita
270
Alcarias
Fonte de Apra
São Bras de Alportel
Poço Novo
270
Gralheira
Desbarate
Loulé
Gorjoes
Fonte da Murta
398
S. 211
396
Betunes
Machados
Ribeira de Assec
Quartos
Palhagueira
Benatrite
Bordeira
Azinhal e Amendoeira
Foupana
Agosto
122-1
Goncinha
Canal
Barranco de São Miguel
Jordana
Lagos e Relva
2
Bemposta
E 01
Grutas de Moncarap
Areeiro
Azinheiro
Laranjeira
Alcaria Branca
Serra de Monte Figo
Cabeça
Valados
Alfarrobeira
Santa Bárbara de Nexe
Igreja
E 01
Estói
Palácio de Estói
Gião
Poço do Moaro
Vale de Eguas
Almancil
Esteval
Falfosa
Ruinas de Milreu (Vila Romana)
Moncarapacho
Arjona
Fornalha
Maragota
125
Troto
IC 4
Igreja de São Lourenço
Medronhal
Rio Seco
Alecrineira
Boavista
Poço Longo
Ferrarias
Chaveca
Besouro
2-6
Pechão
Bias do Norte
Vale da Venda
Conceição
Vale da Mó
Paraíso
Quelfes
Bela Romão
Brancanes
Ana Velha
Biogal
Patacão
Campina
Belmonte
Gambelas
Marim
Quatrim
Arrochela
Bias do
Bracials
Galvana
Monte Negro
Torre de Natal
2
Quatrium Su
Vergílios
Quinta do Lago
Marchil
Areal Gordo
125
Olhão
C. de Marim
Ludo
Rio Seco
Ilha da Ar
Canal de Olhão
Arábio
Parque Natural
Aeroporto de Faro
FARO
Praia do Ancão
Esteiro da Barra Grande
Praia da Armona
Praia de Faro
Ilha do Ancão
Ilha da Culatra
da Ría Formosa
Praia d.Culatra
Praia d. Hangares
Ilha da Barreta
Praia d. Farol
Cabo de Santa Maria
20 m
40 m

D
E
F
S. 215
1
2
3
4
Alcaria
Taipas
Estrada
Alta Mora
276 m
Corujos
Magoito
190 m
Murteira
Cabaços
Funchosa
Corte
do Gago
Sentinela
Piçarral
Rio Guadiana
Vale
da Rosa
Cabeça
Gorda
DE FARO
Poço dos
Negros
Marroquil
Alcarias
Azinhal
Barragem
de Beliche
Beliche
Chitados
Beliche
do Cerro
Tafe
Umbrias
de Camacho
Cortelha
Vale Andreu
Cerro
do Anho
Junqueira
Vale Covo
115 m
Campeiros
Botelhas
Cabeço
Carrapateira
Campeiros
Malhada
de Algarvai
Borracheira
Alcaria
Vale de
Ebros
Nora
Pomar
Soalheiras
Monte
Francisco
Taleiros
Miguel Anes
229 m
Lagoa
Sesmaria
Ribeiro
Rio Seco
Cotovio
Corte
Besteiros
Estorninhos
Esteiro da Lezíria
Reserva Natural do Sapal
de Castro Marim
Castro
Marim
Ayamon
Ribeirinha
Malhada de
Santa Maria
Champana
Ribeira
da Gafa
Montinho
Aroeira
IP 1
125-6
São
Bartolomeu
Vila Real de
Sto. António
Carriço
E 01
Malhada
do São
Zimbral
Malhada
do Peres
Pocinho
Coutada
Altura
125
Monte
Gordo
Palheirinhos
Currais
Boieiros
Santa Rita
Morgadinha
Vila Nova
de Cacela
Lagoa
Eira do Palma
Nora
Praia de
Monte Gordo
Praia Verde
Praia d. Alagoas
Cascata Moinhos
da Rocha
E 01
Valongo
Manta Rota
São Marcos
Cacela
Praia de Manta Rota
Asseca
Mato do
Santo Espírito
125
Malhão
397
Conceição
Santa
Margarida
Armação
da Abóbora
Santo
Estevão
270
Cabanas
Tavira
Castello
mouro
Sinagoga
Praia de Cabanes
São Pedro
Pedras
de El-Rei
Santa Luzia
Praia das Cascas
Praia da Ilha de Tavira
Ilha de Tavira
Luz
Arroio
125
Arrotoia
Praia de Barril
Fuseta
Fuzeta

A
B
C
1
2
3
4
Tacões
Penilhos
Santa Bárbara de Padrões
Figueirinha
Martinhanes
Palma
Romeiras
Sete
Cerro Grande
236 m
Espargosa
São João dos Caldeirei
Lombador
Espanca
Simões
Monte dos Mestres
Monte do Corvo
Ribeira de Oeiras
Herdade de Santa Maria
Porteirinhos
Guedelhinhas
Do Neves
Caiada
276
Castanhos
Pereiras
Pires Alves
São Sebastião dos Carros
Senhora da Graça de Padrões
Alcaria Longa
Brancanes
Góis
Semblana
288 m
Cumeadas
Serranos
São Miguel do Pinheiro
Manuel Galo
Ma Noite
262 m
Rib. de Carreiros
Gato
Gorazes
Casa Velha da Botelha
Murteira
Almodôvar
Monte da Vinha
DISTRITO DE BEJA
Viúvas
Corredoura
Diogo
São Pedro de Solis
Quintã
Guedelhas
Montinho
Gonçalo Anes
343 m
A-dos-Grandes
Penedos
Acharrua
Monte João Dias
Castelejo
Negas
Roncão
Corcha
Ribeira da Esteveira
Bicada
Castelhanos
Monte das Mestras
Fialho
Lab
Boi
Mocho
310 m
Santa Cruz
Romba
Diogo Dias
Azinhal
Martim Longo
Dogueno
Pessegueiro
Estacas
Tremelgo
Azinhal
Barrada
Monte Branco
Vascão
Pero Dias
Fornalha
Monte Novo
Corvos
Barroso
Monte de Argil
Cumeada do Malhão
381 m
Estradas
Corte Figueira
Tavilhão
Reveses
Arrizada
Pão Duro
Vale da Moita
Corte Serranos
Corte Juão Marques
Corte Pinheiro
Azinhal
Ameixial
Vale de Odre
S. 211
Mealha
Medronheira
Corte do Ouro
Ximeno
Casas Baixas
124
Ribeira do Vascanito
Portela
475 m
Cachopo
Vermelhos
Besteiros
Garcia
Botareo
493 m
Sarnadinha
Parelinhos
Almarginho
Cavalos
Currais
Pelados
589 m
Medronheira
397
Barrigões
Fonte do Corxo
Vales
Sobreira Formosa
Pêro Ponto
Figueirinha
Fornalha
Vales Luís Neto
Alcaria Alta
Alcornicosa
Vale da Rosa
Fonte da Raja
541 m
Cabaça
S. 212
Corticadas
Feiteira
Cumeada
Pêro de Elvas
Cortelha

Mértola
Namorados
Quinta
Moreanes
Sapos
Costa
Monte Alto
Fernandes
Neves
Santana de Cambas
Tamejoso
Alves
Bens
Picoitos
Salgueiros
Lombardos
Bicada
Alamo
Roncão
189 m Achada da Mina
Embalse del Chanza
SPANIEN
Formoa
Pomarão
Cruz 230 m
Moinho de Vento
Almoinha Velha
Espírito Santo
Vicentes
Colgadeiros
Mesquita
Sedas
Mina de Santa Catalina
Granado 318 m
El Granado
S. Bartolomeu de Via Glória
Gato
Zambujal
Besteiros
Alcarias de Javazes
200 m
Monte Vascão
Rio Guadiana
Afonso Vicente
Santa Marta
Sapateiro 194 m
Cortes Pereiras
Castro de Santa Bárbara
Sanlúcar de Guadiana
Alcoutim
Clarines
Cerro da Vinha
Coita
Ribeira de Cadavais
Giões
Farelos
Tesouro
Corte Tabelião
Viçoso
Velhas
Vicentes
Corte da Seda
Marmeleiro
Pereiro
Alcaria Alta 289 m
Alcaria Alta
Fornalha 273 m
Torneiro
Marim
Alcaria
Santa Justa
Fonte Zambujo
Balurcos
Balurcos 226 m
Puerto Carbón
El Romerano
Palmeira
Laranjeiros
Guerreiros do Rio
Mesquita
Alcaria Queimada
Alamo
Soudes
Zambujal
Corte das Donas
Corte de São Tomé
Mafrade
Corte Nova
Vale de Pinheiro
Tenencia
Preguiças
Furnazinhas
Foz de Odeleite
Casas de la Parra
Fortes
Montinho
Galaxos
Bentos
Ribeira de Odeleite
Casas Espartero
Jardos
Várzea
Odeleite
Fernandilho
Carvalhinhos
Alcaria
Preguiça
Monte de Baixo Grande
Choça Queimada
Portela Alta
Fonte do Penedo
Alcarias
Almada de Ouro
Estrada
Corujos
Taipas
Alta Mora 276 m
Magoito
Quebradas 190 m
Murteira
Cabaços
Corte do Gago
Piçarral
Vale da Rosa
Funchosa
Sentinela
Cabeça Gorda
Poço dos Negros
Marroquil
Alcarias
Azinhal
Beliche do Cerro
Chitados
Barragem de Beliche
Umbrias
Cortelha
S. 213

Abbildungsnachweis

Ralf Freyer (Freiburg): S. 32, 64, 66, 102, 166

Werner Gartung/laif (Köln): S. 61, 89

Ottmar Heinze (Hamburg): S. 47

Eva Missler (Bremen): Umschlaginnenklappe vorn, Vignette, S. 2/3, 24, 30, 43, 44, 69, 125, 131, 140, 145, 157, 164/165, 178, 206

Rolf Osang/laif (Köln): S. 8, 21, 52, 79

Hubert Stadler (Fürstenfeldbruck): Umschlaginnenklappe hinten, S. 19, 72, 74, 84/85, 100/101

Martin Thomas (Vaals): S. 10, 14, 26, 37, 45, 50, 54, 58/59, 80, 83, 93, 96, 103, 108/109, 115, 118, 128/129, 135, 138, 143, 149, 154, 170/171, 176, 180/181, 182/183, 184

Fulvio Zanettini/laif (Köln): S. 38, 56, 161

Abbildungen

Vordere Umschlagklappe: Palácio de Estói

Hintere Umschlagklappe: Praia do Amado

S. 2/3: Fischerboote

Kartografie

© DuMont Reiseverlag, Köln

2., aktualisierte Auflage 2003

Grafisches Konzept: Groschwitz, Hamburg
Druck: Rasch, Bramsche
Buchbinderische Verarbeitung: Bramscher Buchbinder Betriebe

ISBN 3-7701-5571-8